sensível

Jenn Granneman & Andre Sólo

sensível

O PODER SECRETO DAS
PESSOAS ALTAMENTE SENSÍVEIS
EM UM MUNDO SOBRECARREGADO

SEXTANTE

Título original: *Sensitive – The Hidden Power of
the Highly Sensitive Person in A Loud, Fast, Too-Much World*

Copyright © 2023 por Jennifer Granneman e Andrew Jacob
Copyright da tradução © 2023 por GMT Editores Ltda.

Todos os direitos reservados. Nenhuma parte deste livro pode ser utilizada ou reproduzida sob quaisquer meios existentes sem autorização por escrito dos editores.

tradução: Bruno Fiuza
preparo de originais: Rafaella Lemos
revisão: Rachel Rimas e Tereza da Rocha
diagramação e adaptação de capa: Natali Nabekura
capa: Irene Ng
impressão e acabamento: Bartira Gráfica

CIP-BRASIL. CATALOGAÇÃO NA PUBLICAÇÃO
SINDICATO NACIONAL DOS EDITORES DE LIVROS, RJ

G788s

Grannneman, Jenn
    Sensível / Jenn Granneman, Andre Sólo ; [tradução Bruno Fiuza]. - 1. ed. - Rio de Janeiro : Sextante, 2023.
    240 p. ; 23 cm.

Tradução de: Sensitive
ISBN 978-65-5564-687-0

1. Sensibilidade (Traço da personalidade). 2. Autorrealização (Psicologia). I. Sólo, Andre. II. Fiuza, Bruno. III. Título.

23-84220
    CDD: 155.232
    CDU: 159.942.2

Meri Gleice Rodrigues de Souza - Bibliotecária - CRB-7/6439

Todos os direitos reservados, no Brasil, por
GMT Editores Ltda.
Rua Voluntários da Pátria, 45 – Gr. 1.404 – Botafogo
22270-000 – Rio de Janeiro – RJ
Tel.: (21) 2538-4100 – Fax: (21) 2286-9244
E-mail: atendimento@sextante.com.br
www.sextante.com.br

*Para todos aqueles que são mais sensíveis
do que deixam transparecer*

Sumário

Introdução 11
    O traço de personalidade que falta 14
    Para quem este livro é 15
    O que este livro contém 16
    A sensibilidade é uma força 17

Capítulo 1 – Sensibilidade: estigma ou superpoder? 19
    O estigma de ser sensível 22
    Você é uma pessoa sensível? 27
    Uma vantagem evolutiva 31
    O cérebro sensível de processamento profundo 35
    O que a sensibilidade não é 38
    O mito da dureza 40
    O Jeito Sensível 44

Capítulo 2 – O efeito estimulante da sensibilidade 46
    Está nos genes 48
    Os três tipos de sensibilidade 51
    O que os filhos dos sobreviventes do 11 de Setembro nos ensinam 53
    Mensagens dos nossos ancestrais 55
    A outra metade da história 56
    A vantagem da sensibilidade 59

Capítulo 3 – As cinco virtudes da sensibilidade 64
  Empatia 67
  Criatividade 72
  Inteligência sensorial 76
  Profundidade de processamento 79
  Profundidade emocional 80

Capítulo 4 – Muita coisa, muito alto, muito rápido 85
  Quando não há saída 86
  Por que a hiperestimulação acontece 90
  Impulso, ameaça, conforto 93

Capítulo 5 – A dor da empatia 106
  O lado sombrio da empatia 108
  Contágio emocional 110
  Indo além da empatia 114
  O poder da compaixão é capaz de mudar o cérebro 115
  Como passar da empatia à compaixão 117
  A vida nos limites do mundo 122

Capítulo 6 – Do fundo do coração 125
  O dilema da pessoa sensível num relacionamento 127
  A necessidade de algo mais 130
  Como tornar seus relacionamentos mais significativos 134
  Um final feliz 143

Capítulo 7 – Criando uma geração sensível 145
  Seu filho é sensível? 147
  Equívocos comuns sobre crianças sensíveis 151
  A vantagem secreta das crianças sensíveis 153
  Aceite as crianças sensíveis por quem são 155
  A disciplina delicada funciona melhor 157
  Seja o mentor emocional do seu filho 163
  Tenha esperança 169

Capítulo 8 – Mais que apenas um salário 170
    O ambiente físico ideal para trabalhadores sensíveis 174
    O ambiente emocional ideal para trabalhadores sensíveis 176
    O desejo de encontrar sentido no trabalho 177
    Moldando o próprio trabalho 185
    Maneiras de moldar seu trabalho 187

Capítulo 9 – A revolução sensível 192
    Pessoas sensíveis devem se sentir empoderadas para liderar 194
    As vantagens da liderança sensível 196
    Deixe sua intuição apontar o caminho 200
    Libertando-se do ciclo da vergonha 201
    Como falar sobre sensibilidade de forma que os outros
       prestem atenção 205
    A revolução sensível é boa para todo mundo 210

Resumo rápido da Sensibilidade 212

Agradecimentos 214

Leituras complementares e referências 219

Notas 221

Introdução

Tudo começa com um menino e uma menina. Eles nunca se conheceram, mas a história de cada um tem o mesmo ponto de partida. Ambos são do Meio-Oeste, filhos de pais operários que ganham pouco. A família de nenhum dos dois sabe o que fazer. Porque eles são diferentes das outras crianças e isso está começando a ficar evidente.

Às vezes, o menino parece bastante normal. Ele segue as regras no jardim de infância. É educado com os professores e simpático com as outras crianças, mas, quando chega o recreio, ele encolhe. Alguma coisa ali no parquinho é um pouco de mais para ele. Em vez de ir jogar bola, brincar de pega-pega ou subir no trepa-trepa, ele escapole. Fugindo dos gritos e das risadas, se esconde no único lugar que consegue encontrar: uma velha tubulação de esgoto.

A princípio, os professores nem percebem, porque ele sempre volta de fininho quando toca o sinal marcando o fim do recreio. Mas um dia ele leva uma bola com ele para não ficar sozinho. Se as circunstâncias fossem outras, isso até poderia ser fofo, mas nunca há bolas suficientes para todo mundo, e as outras crianças reclamam quando o veem fugir com uma delas. É então que os professores o encontram e a preocupação começa. Seus pais não entendem: "Por que você se esconde em uma tubulação de esgoto? O que você *fica fazendo* lá?" A resposta dele – "Lá é mais tranquilo" – não adianta muito. Ele vai ter que aprender a brincar com as outras crianças, dizem eles, não importa quão barulhento o parquinho seja nem que haja estímulos em excesso.

A menina, por outro lado, não se esconde. Ela inclusive parece ter um talento especial para ler as pessoas. Torna-se a líder do grupo de amigos, percebendo com facilidade o que cada criança quer e o que as deixará contentes. Em pouco tempo, reúne todas para organizar eventos na vizinhança: uma feira de diversões completa, com jogos e prêmios, ou uma casa mal-assombrada especialmente elaborada para o Halloween. Esses eventos exigem semanas de planejamento, e ela se sente perfeitamente à vontade cuidando de cada detalhe. No entanto, quando chega o grande dia, ela não está no meio do agito, aos berros diante do teatro de marionetes nem pulando de uma brincadeira para outra. Em vez disso, está sempre à margem. Há gente demais, emoções demais, risadas e gritos demais, vitórias e derrotas demais. Sua própria feira de diversões é demais para ela.

Não é a única vez que ela se sente assoberbada. Ela precisa ajustar as próprias roupas, cortando as alças para que o tecido não encoste em sua pele (quando era bebê, lembra sua mãe, eles tiveram que cortar os pés de seus macacõezinhos). No verão, ela fica animada com a perspectiva de passar uma semana em um acampamento, mas sua mãe acaba tendo que ir buscá-la mais cedo, porque ela não consegue dormir em um dormitório lotado, ainda mais se estiver fervilhando com sentimentos e intrigas de dezenas de outras meninas. Suas reações surpreendem e decepcionam as pessoas, e as reações delas, por sua vez, surpreendem e decepcionam a menina. Para os pais, seu comportamento é motivo de preocupação: e se ela não for capaz de lidar com o mundo lá fora? Ainda assim, sua mãe faz o possível para encorajá-la e seu pai a lembra de que ela precisa dizer as coisas em voz alta, não deixá-las apenas em sua cabeça. Mas ela tem *muitos* pensamentos – bibliotecas inteiras cheias deles –, e as pessoas raramente os entendem. Ela é chamada de muitas coisas, às vezes até de sensível, mas nem sempre é em tom de elogio. É algo que precisa ser corrigido.

Ninguém chama o menino de sensível. Eles o chamam de superdotado quando ele lê e escreve acima da média de seu nível escolar, e às vezes consegue autorização para passar o intervalo do almoço na biblioteca da escola – isso o livra do barulho do refeitório e é menos preocupante do que uma tubulação de esgoto. Seus colegas usam outras palavras para se referir a ele. Eles o chamam de esquisito. Ou, a pior de todas: *frouxo*. Não ajuda o fato de ele nunca conseguir esconder seus sentimentos mais intensos, às vezes chorar na escola e ficar arrasado quando testemunha alguma situação de bullying, mesmo que a vítima não seja ele.

Mas, à medida que cresce, ele se torna cada vez mais a vítima. Os outros meninos têm pouco respeito pelo menino sonhador que prefere uma caminhada na floresta a jogar futebol, que escreve histórias em vez de ir a festas. E que não tem interesse nenhum em lutar para ganhar a aprovação deles. Isso tem um preço: costumam empurrá-lo nos corredores, ridicularizá-lo na hora do almoço e, para ele, a aula de educação física podia muito bem ser um pelotão de fuzilamento. Ele é considerado tão molenga, tão fraco, que é uma garota mais velha quem mais faz bullying contra ele, rindo enquanto escreve obscenidades em sua camisa com caneta permanente. Ele não pode contar nada disso em casa, muito menos ao pai, que lhe disse que a maneira certa de lidar com esse tipo de coisa é dando um soco na cara da pessoa. O menino nunca deu um soco em ninguém.

Tanto a menina quanto o menino, cada um em sua vida, começam a sentir que não existe no mundo ninguém como eles. E ambos buscam uma saída. Para a menina, a solução é se recolher. No ensino médio, tudo ao seu redor a deixa atarantada, e ela chega em casa tão cansada que se esconde dos amigos em seu quarto. É comum ela faltar à aula alegando estar doente, e, embora seus pais lidem bem com isso, a garota se pergunta se eles se preocupam com ela. Para o menino, a saída é aprender a se fingir de durão. Agir como quem não se importa com ninguém, como se fosse capaz de enfrentar todos eles. Essa postura combina tão bem com ele quanto um capacete de adulto na cabeça de uma criança. Tampouco tem o efeito esperado: em vez de passar a respeitá-lo, as outras crianças o evitam por completo.

Não demora muito e o menino está matando aula e andando com um grupo de artistas usuários de maconha, pessoas tão sensíveis quanto ele, que não julgam sua maneira de ver o mundo. A menina encontra aceitação em uma igreja abusiva, cujos membros afirmam que não a acham esquisita. Eles acreditam que a jovem tem poderes milagrosos, até mesmo um propósito especial, contanto que ela faça tudo que eles dizem.

O que ninguém diz é: você é perfeitamente normal. Você é sensível. E se aprender a usar esse dom, será capaz de realizar coisas incríveis.

O traço de personalidade que falta

No uso comum, *sensível* pode se referir a uma pessoa que tem *emoções intensas* – que chora de alegria, transborda de afeição e murcha diante de críticas. Também pode ser uma característica *física*: você pode ser sensível a temperatura, cheiros ou sons. Um volume cada vez maior de evidências científicas nos diz que esses dois tipos de sensibilidade são reais e que, no fundo, são a mesma. Ambas estão tão intimamente ligadas que, de acordo com as pesquisas, se você tomar paracetamol para aliviar uma dor de cabeça, terá uma pontuação mais baixa em um teste de empatia até que o efeito do medicamento passe.

A sensibilidade é uma característica humana essencial e está ligada a algumas das melhores qualidades de nossa espécie. Mas, como veremos, ainda não é amplamente compreendida pelo público, apesar de ser bastante estudada pela comunidade científica. Hoje em dia, graças aos avanços da tecnologia, cientistas podem medir com segurança a sensibilidade de uma pessoa. Eles conseguem detectar diferenças no cérebro de pessoas sensíveis em exames de ressonância magnética funcional (fMRI) e são capazes de identificar com precisão o comportamento de pessoas sensíveis em estudos científicos, inclusive as grandes vantagens de ser sensível. No entanto, a maioria das pessoas – talvez seu chefe, seus pais ou seu cônjuge – não pensa na sensibilidade desta forma, como um traço de personalidade real e mensurável.

Indo direto ao ponto, a sensibilidade costuma ser vista como algo ruim. Nós a desencorajamos em nossos filhos ("Para de chorar!" ou "Já chega!") e a usamos como arma contra os adultos ("Você está exagerando" ou "Você está sendo sensível demais"). Esperamos que este livro mude isso. Vislumbramos um mundo onde a palavra *sensível* seja lugar-comum em nossas conversas cotidianas, de modo que uma pessoa possa dizer "Sou muito sensível" em uma entrevista de emprego ou em um primeiro encontro e receber em troca um sorriso de aprovação. Esta é uma tarefa difícil, mas não impossível. *Introvertido* também já foi um palavrão, mas hoje não há nada de estranho em se apresentar dessa forma. Queremos um mundo onde o mesmo se aplique à sensibilidade. Acreditamos que normalizar essa característica profundamente humana permitirá que pessoas sensíveis prosperem – e, quando isso ocorrer, a sociedade se beneficiará de seus dons singulares. Na última década, ouvimos muitas conversas nas quais alguém aprendeu pela primeira vez o que era, de fato, a sensibilidade. Nessas ocasiões, foi como se uma peça que faltava se encaixasse no lugar. Essas pessoas enfim entenderam quem elas são e por que fazem as coisas que fazem – ou finalmente veem o filho, o colega de trabalho ou o cônjuge de outra perspectiva. Portanto, acreditamos que a sensibilidade é muitas vezes o traço de personalidade que falta. Ela falta em nossas conversas diárias e em nossa consciência como sociedade. Falta nas escolas, no ambiente de trabalho, na política, nas instituições, nas famílias e nos relacionamentos.

Esse conhecimento que falta tem um impacto. É essa ausência que faz as pessoas sensíveis esconderem quem são, como o menino da nossa história, ou se sentirem deslocadas, como a nossa menina. Talvez esse conhecimento também esteja faltando na sua vida. Nesse caso, esperamos que você encontre conforto nestas páginas e obtenha uma compreensão mais profunda de si mesmo.

Para quem este livro é

Este livro foi escrito para três tipos de pessoas. O primeiro é o leitor que já sabe que é sensível e talvez até se identifique como uma *pessoa altamente sensível*. Se esse é o seu caso, esperamos que tudo que apresentamos aqui lhe seja valioso e que você aprenda algo novo. Escrevemos com base nas pesquisas mais recentes de diferentes disciplinas, de modo a lhe oferecer as ferramentas necessárias para tirar proveito de seu incrível dom e se proteger do excesso de estímulos. Mais do que isso, temos a intenção de ajudá-lo a fazer o trabalho fundamental de virar o jogo na conversa sobre o que significa ser sensível. Você vai aprender a prosperar em um mundo muitas vezes opressor, a mudar padrões baseados na vergonha e a assumir o papel de líder quando necessário, mesmo que não se sinta assim. No fim das contas, esperamos que você se sinta empoderado para lutar por tempos melhores e mais sensíveis em um mundo cada vez mais barulhento e cruel.

O segundo tipo é a pessoa que talvez nunca tenha se considerado sensível, mas que está começando a se questionar. Talvez você sempre tenha sabido que sua forma de pensar e reagir às situações é diferente. Talvez tenha uma sensibilidade profunda dentro de si que nem sempre traz à tona. Ou talvez esteja simplesmente começando a se reconhecer no que descrevemos. Se esse é o seu caso, esperamos que este livro lhe dê algumas respostas. Você pode até encontrar um pouco de paz ao descobrir que outras pessoas compartilham dificuldades muito parecidas com as suas e que não está sozinho na sua trajetória. No fim das contas, pode ser bom se considerar uma pessoa sensível. Existe poder nas palavras, nos nomes e nos rótulos, como as pessoas sensíveis já sabem. Muitas vezes, quando nomeamos alguma coisa, isso nos ajuda a entendê-la, acolhê-la e cultivá-la de maneira saudável.

O terceiro tipo de pessoa é o nosso querido convidado. É o leitor que ganhou este livro de um amigo, cônjuge, filho ou funcionário. Se esse é o seu caso, alguém em sua vida sabe que é sensível e quer que você o entenda. É um sinal de confiança. Isso pode significar que a pessoa tem sido cautelosa em compartilhar sua sensibilidade até agora, temendo que outros enxerguem essa característica como uma fraqueza. Ou que ela se esforçou para colocar isso em palavras. De qualquer forma, ela provavelmente espera que, à medida que for lendo, você entenda as experiências e necessidades dela – aceitando-as como válidas. Ela está lhe pedindo que fique do lado dela.

O que este livro contém

A primeira metade deste livro lhe dará uma visão clara do que de fato significa ser sensível e quais pontos fortes as pessoas sensíveis trazem ao mundo. Também o ajudará a ver com quais partes da sensibilidade você se identifica e a determinar por si mesmo se você é uma pessoa sensível. Vamos mergulhar nos dados científicos por trás da sensibilidade e nos cinco poderosos dons com os quais todas as pessoas sensíveis nascem. Também veremos o preço que esses dons cobram – o excesso de estímulos – e como as pessoas sensíveis podem superar esse fato e prosperar. Por fim, vamos conhecer em detalhes um dos dons mais incompreendidos de todos, a empatia, e falar sobre como fazer com que ela deixe de ser uma fonte de sofrimento para se transformar em uma força capaz de mudar o mundo.

A segunda metade deste livro abordará alguns pontos específicos: como exatamente uma pessoa sensível prospera na vida e quais necessidades suas são diferentes das de pessoas menos sensíveis? Vamos ver como as pessoas sensíveis lidam com o amor e a amizade, como criar um filho sensível, como construir uma carreira significativa e as características poderosas de líderes sensíveis, que em geral costumam ser os mais eficazes de todos. Por fim, vamos pintar um quadro do que está por vir: como podemos parar de esconder nossa sensibilidade e começar a valorizá-la. Apesar de vivermos em um mundo barulhento, agitado e excessivo, cada vez mais tenso e polarizado, acreditamos que nunca houve um momento melhor para sermos sensíveis. Na verdade, os maiores desafios do nosso mundo são oportunidades incríveis para as pessoas sensíveis brilharem. Acreditamos que elas são os líderes, os terapeutas e os visionários de que nosso mundo mais precisa agora – desde que saibamos reconhecer seus pontos fortes.

A sensibilidade é uma força

Como nosso menino e nossa menina descobriram, nada disso é fácil. Depois de adultos, ambos encontraram apenas metade da solução. O menino desenvolveu um estilo de vida independente que deixava sua mente vagar livremente, cruzando o México de bicicleta e dormindo sob o céu estrelado enquanto escrevia livros. Era uma forma significativa de viver, e ele não precisava se preocupar com o excesso de estímulos. Mas ainda negava que fosse sensível e escondia suas emoções mais intensas.

A menina sabia muito bem que era sensível e colocava o coração em primeiro lugar, mas tinha dificuldade em construir uma vida que funcionasse para ela. Ela passou por uma série de relacionamentos e carreiras que esperava que trouxessem significado para sua vida – jornalismo, marketing e magistério –, mas todos bombardearam sua mente sensível, até que ela voltou para casa em meio a uma névoa. Ela conseguia perceber que estava à beira do esgotamento – mais uma vez.

E então eles se conheceram.

Uma coisa curiosa aconteceu. A menina ensinou ao menino o que significa ser sensível e ele finalmente parou de esconder seus sentimentos. O menino ensinou a menina a viver de um jeito diferente, ajudando-a a não passar todos os minutos com uma sensação de esgotamento. Em pouco tempo, eles uniram forças. Começaram a trabalhar juntos, fundaram um site e, pouco a pouco, cada um construiu uma vida mais feliz e sensível.

E se tornaram os autores deste livro.

Essas crianças éramos nós. Jenn saiu da igreja tóxica e construiu uma vida em que sua força passou a vir de dentro, não da aprovação dos outros. Andre aposentou sua bicicleta – temporariamente, ele insiste – e aprendeu a se orgulhar de sua mente sensível. E, juntos, nós criamos o Sensitive Refuge, o maior site do mundo para pessoas sensíveis. Somos sensíveis e temos orgulho disso.

Nossa história é apenas uma das inúmeras formas pelas quais a sensibilidade pode ser uma força. Cada pessoa sensível pode escolher seu próprio caminho. Mas há um passo que todos nós temos que dar, e é o mais difícil de todos: deixar de ver a sensibilidade como um defeito e começar a vê-la como um dom.

capítulo 1

Sensibilidade: estigma ou superpoder?

> Não suporto o caos. Detesto ambientes barulhentos.
> A arte me faz chorar. Não, não sou maluca; sou
> um exemplo clássico de pessoa altamente sensível.
> — Anne Marie Crosthwaite

O ano era 1903. Picasso dançava no Moulin Rouge, luzes elétricas iluminavam casas noturnas a noite toda e as cidades da Europa entravam com estardalhaço em uma nova era. Bondes transportavam passageiros em meio a ruas cheias de charretes, telégrafos conectavam lugares distantes e notícias de última hora atravessavam continentes em questão de minutos. A tecnologia também conquistou a casa das pessoas, com fonógrafos grasnando música sob demanda nas festas. As canções podiam ser um prelúdio para uma noite no cinema ou uma tentativa de abafar o som de ruas sendo escavadas para a instalação de sistemas modernos de saneamento. Até mesmo a zona rural estava agitada, com agricultores usando equipamentos mecanizados pela primeira vez. A vida estava mudando, e o progresso, acreditava-se, era bom.

A cidade alemã de Dresden não ficaria para trás. Seus líderes queriam exibir seus próprios avanços e reproduzir conquistas de outras cidades. Depois de uma votação e da formação de comitês, foi anunciada uma exposição em toda a cidade, completa, com uma série de palestras públicas. Um dos palestrantes era o sociólogo Georg Simmel. Embora pouco conhecido hoje, Simmel foi influente em seu tempo. Sendo uma das primeiras pessoas a aplicar uma abordagem científica às interações humanas, seu trabalho abordou todos os aspectos da vida moderna, desde o papel do dinheiro na felicidade humana até os motivos pelos quais as pessoas flertam. No entanto, se as autoridades da cidade esperavam que ele elogiasse o progresso, estavam muito enganadas. Simmel subiu ao púlpito e de pronto jogou fora as instruções que havia recebido. Ele não estava lá para falar sobre as glórias da vida moderna, mas para debater seu efeito na alma humana.

A inovação, sugeriu ele, não apenas nos dava uma vida de mais eficiência; ela nos dava um mundo que sobrecarregava o cérebro humano e comprometia sua capacidade de acompanhar os acontecimentos.[1] Ele descreveu um fluxo ininterrupto de "estímulos externos e internos" em um mundo barulhento, agitado e sobrecarregado. Muito à frente de seu tempo, Simmel sugeriu que as pessoas tinham uma quantidade limitada de "energia mental" – algo que hoje sabemos ser mais ou menos verdadeiro – e que um ambiente altamente estimulante a consome muito mais. Um lado de nossa psique, o lado construído em torno de conquistas e trabalho, podia ser capaz de acompanhar o ritmo da vida, explicou ele, mas nosso lado espiritual e emocional estava absolutamente esgotado. A humanidade, dizia Simmel, era sensível demais para uma vida como aquela.

Uma preocupação específica de Simmel era como as pessoas lidavam com aquilo. Incapazes de reagir de modo significativo a cada nova informação, os cidadãos tendiam a se tornar *blasé*, ou simplesmente apáticos, diante do excesso de estímulos. Eles aprenderam a reprimir seus sentimentos, a tratar uns aos outros de um jeito protocolar, a se importar menos. Afinal, não tinham escolha. Ouviam diariamente notícias terríveis do mundo todo, como a erupção do vulcão Pelée, que matou 28 mil pessoas em minutos, ou os horrores dos campos de concentração britânicos na África. Ao mesmo tempo, tropeçavam em moradores de rua e ignoravam estranhos amontoados nos bondes. Como poderiam oferecer empatia, ou mesmo um simples cumprimento, a todos com quem cruzavam? Em vez disso, fecharam o próprio coração por necessidade. O mundo exterior exigente devorou o mundo interior deles e, nesse processo, levou junto sua capacidade de estabelecer conexões.

Simmel alertou que, vivendo sob tal sobrecarga, corríamos o risco de "ser nivelados e engolidos".² Como se pode imaginar, suas palavras foram a princípio recebidas com desdém. Mas, uma vez publicadas, elas se transformaram em seu ensaio mais famoso. O texto se espalhou rapidamente, porque traduzia em palavras algo que muitas pessoas sentiam em silêncio: que o mundo havia se tornado muito agitado, muito barulhento, muito tudo.

Isso foi há mais de 120 anos, quando grande parte da vida ainda se movia na velocidade do cavalo e das charretes. Foi antes da invenção da internet, do smartphone e das redes sociais. Hoje, a vida é ainda mais atribulada, pois trabalhamos longos expedientes, cuidamos de nossos filhos ou pais idosos com pouco apoio, e encaixamos as amizades entre uma tarefa e outra, via mensagem instantânea. Não admira que estejamos estressados, esgotados e ansiosos. Até o próprio mundo é objetivamente mais hiperestimulante do que na época de Simmel. De acordo com algumas estimativas, hoje estamos expostos a mais informações em um dia do que uma pessoa que viveu no Renascimento encontrava em toda a sua vida:³ em 2020, produzimos 2.500.000.000.000.000.000 bytes de dados *por dia*.⁴ Segundo esse ritmo, cerca de 90% de todos os dados da história humana foram criados nos últimos cinco anos. Cada fragmento desses dados, em tese, é direcionado ao cérebro de alguém.

O animal humano não é projetado para esse input ilimitado de dados. Pelo contrário, nosso cérebro é um instrumento sensível. Os pesquisadores que o estudam concordam que, assim como Simmel alertou, ele só pode processar um determinado volume de informação.⁵ Ultrapassado esse limite, todo mundo, não importa a personalidade ou quanto seja resistente, acaba atingindo o ponto de sobrecarga. As reações começam a se tornar mais lentas, a tomada de decisão fica comprometida, surge uma sensação de raiva ou exaustão e, se a pressão continua, vem o esgotamento. Esta é a realidade de uma espécie inteligente e emotiva: como um motor sobrecarregado, chega uma hora em que o nosso grande cérebro precisa de um tempo para esfriar. A humanidade é mesmo, como Simmel sabia, uma criatura sensível.

O que ele não sabia é que nem todos são sensíveis no mesmo grau. Na prática, existe um grupo de pessoas programado para ser mais física e emocionalmente responsivo do que outros. Essas pessoas – as pessoas sensíveis – experimentam este mundo excessivo de uma forma mais profunda.

O estigma de ser sensível

Embora esteja lendo este livro, pode ser que você não queira ser chamado de sensível. Muito menos de *altamente sensível*. Para muitas pessoas, *sensível* é um palavrão. Parece um ponto fraco, uma confissão de culpa ou, pior, uma ofensa. No dia a dia, *sensível* pode significar muitas coisas, e a maioria delas se baseia em vergonha:

- Quando chamamos alguém de sensível, o que de fato queremos dizer é que essa pessoa não aceita brincadeiras, se ofende com facilidade, chora demais, se magoa com frequência ou não consegue lidar com avaliações ou críticas.
- Quando nos referimos a nós mesmos como sensíveis, o que muitas vezes queremos dizer é que temos o hábito de reagir de forma exagerada.
- A sensibilidade está associada à delicadeza e à feminilidade; de modo geral, os homens costumam não querer ser vistos como sensíveis.
- Um assunto sensível é aquele que pode ofender, magoar, irritar ou deixar os interlocutores constrangidos.
- Da mesma forma, a palavra *sensível* costuma estar associada a um intensificador: não seja sensível *demais*; por que você é *tão* sensível?

À luz dessas definições, faz sentido alguém se irritar ao ser chamado de sensível. Por exemplo: durante a escrita deste livro, amigos e parentes curiosos nos perguntaram sobre o que ele tratava. "Pessoas altamente sensíveis", respondíamos. Alguns ficavam empolgados, porque sabiam o que o termo significava. "Eu sou assim!", nos diziam com entusiasmo. "Você está me descrevendo." Mas, na grande maioria das vezes, as pessoas tinham uma ideia errada do que estávamos falando, e esses equívocos em relação à sensibilidade ficavam explícitos. Algumas acharam que estávamos escrevendo um livro sobre como nossa sociedade se tornou politicamente correta demais. Outras, que estávamos dando conselhos sobre como deixar de se ofender com tanta facilidade (a expressão *floco de neve*, termo usado de forma pejorativa para se referir a jovens nascidos após o ano 2000 – considerados únicos e frágeis –, foi mencionada mais de uma vez).

Em outra ocasião, pedimos a uma amiga escritora que lesse uma primeira versão do manuscrito e nos desse um feedback. Ao ler, ela percebeu que ela mesma era uma pessoa sensível e que o homem com quem ela estava namorando também se encaixava nessa categoria. Para ela, essa revelação foi extremamente positiva. No entanto, quando ela tocou no assunto com o namorado, ele ficou na defensiva. "Se alguém me chamasse de sensível", retrucou ele, "eu ficaria bem ofendido".

A sensibilidade, portanto, como uma dimensão da personalidade humana, ganhou má reputação: passou a ser erroneamente associada a fraqueza e vista como um defeito que precisa ser corrigido. Basta digitar a palavra *sensível* no Google para entender o que queremos dizer: em dezembro de 2021, as três principais pesquisas relacionadas eram "desconfiado", "constrangido" e "inferior". Digite a frase "Sou sensível demais" e você vai encontrar textos com títulos como "Sou sensível demais. Como posso ser mais durão?"[6] e "Como deixar de ser sensível demais".[7] Devido aos equívocos em relação à sensibilidade, até mesmo as pessoas sensíveis internalizaram um sentimento de vergonha sobre quem são. Durante anos, administramos uma comunidade on-line para pessoas sensíveis chamada Sensitive Refuge. Embora haja uma conscientização cada vez maior sobre o tema, os leitores ainda nos perguntam com frequência: "Como faço para deixar de ser tão sensível?"

A resposta, é claro, *não* é deixar de ser sensível – porque, na prática, essas definições baseadas na vergonha não dizem o que realmente significa ser sensível.

O que realmente significa ser sensível

Tudo começou com uma observação simples sobre bebês: alguns ficavam incomodados com novos cheiros e visões, enquanto outros permaneciam imperturbáveis.[8] Em seu laboratório, na década de 1980, o psicólogo Jerome Kagan e sua equipe realizaram uma série de testes com cerca de quinhentos bebês. Eles balançavam móbiles do Ursinho Pooh diante deles, aproximavam de suas narinas cotonetes embebidos em álcool diluído e projetavam um rosto em uma tela que falava com uma voz robótica assustadora. Alguns bebês mal reagiam, permanecendo calmos durante toda a sessão de 45 minutos. Outros se mexiam constantemente, chutando, se debatendo, arqueando as costas e até chorando. Kagan rotulou esses bebês de "altamente reativos", enquanto outros eram "pouco reativos" ou se encaixavam em algum ponto entre os dois. Os bebês altamente reativos, ao que parecia, eram mais sensíveis ao ambiente e provavelmente tinham essa característica desde o nascimento. Mas será que esse temperamento continuaria com eles pelo resto da vida?

Hoje, sabemos que sim. Kagan e seus colegas acompanharam muitos dos bebês até a idade adulta. Esses bebês altamente reativos, agora na casa dos 30 e 40 anos, tornaram-se adultos altamente reativos. Eles ainda têm reações intensas – confessam ficar nervosos em meio a multidões, pensar demais nas coisas e se preocupar com o futuro. Mas também trabalham duro e se destacam de inúmeras formas. A maioria tirou notas altas na escola, construiu uma boa carreira e fez amigos com a mesma facilidade que qualquer outra pessoa; um número expressivo deles prosperou. E muitos descreveram como desenvolveram confiança e calma sem precisar abrir mão de sua sensibilidade.

Embora Kagan associasse esse temperamento ao medo e à preocupação, conectando-o às amígdalas (o "centro do medo" no cérebro), hoje sabemos que ele é uma característica saudável. Dezenas de pesquisadores confirmaram essa descoberta,[9] de forma mais notável Elaine Aron, indiscutivelmente a fundadora do campo da pesquisa de sensibilidade.[10] (Na verdade, o medo que Kagan observou em algumas dessas crianças altamente reativas em geral desapareceu na idade adulta.) Hoje, a mesma característica que Kagan estudou é conhecida por muitos nomes: pessoas altamente sensíveis (PASs), sensibilidade de processamento sensorial, sensibilidade biológica ao contexto, suscetibilidade diferencial ou mesmo "orquídeas e dentes-de--leão", sendo as pessoas sensíveis as orquídeas. Os especialistas por trás de cada um desses termos concordam que todos se referem à mesma característica. E recentemente houve um movimento para reunir essas teorias sob um único termo genérico: *sensibilidade ambiental*. Seguimos a sugestão desses pesquisadores e nos referimos a essa característica como sensibilidade ambiental, ou simplesmente *sensibilidade*.

Não importa que nome você dê, a sensibilidade é definida como a capacidade de perceber, processar e reagir de modo intenso ao ambiente. Essa habilidade se manifesta em dois níveis: (1) ao receber informações por meio dos sentidos e (2) ao pensar a fundo sobre essas informações ou encontrar muitas conexões entre elas e outros conhecimentos, lembranças ou ideias. Pessoas sensíveis fazem as duas coisas em maior grau. Elas naturalmente captam mais informações do ambiente, processam-nas mais profundamente e, em última instância, são mais afetadas por elas. Grande parte desse processamento profundo ocorre de maneira inconsciente, e muitas pessoas sensíveis nem percebem que o fazem. Isso se aplica a tudo que uma pessoa sensível assimila.

No entanto, preferimos uma definição mais simples: se você é sensível, tudo o afeta com mais intensidade, mas você faz mais a partir disso.

Na verdade, uma palavra melhor para *sensível* seria *responsivo*. Se você é uma pessoa sensível, seu corpo e sua mente respondem mais ao mundo ao seu redor. Você responde mais à decepção, à dor e à perda, mas também à beleza, às novas ideias e à alegria. Você vai fundo, enquanto outros apenas arranham a superfície. Você continua pensando quando os outros já desistiram e passaram para outra coisa.

Não só artistas e gênios

A sensibilidade, portanto, é uma parte normal da vida. Todos os seres humanos – e até mesmo os animais – são sensíveis em alguma medida ao ambiente em que vivem. Todos nós temos momentos em que choramos, ficamos magoados e nos sentimos sobrecarregados por acontecimentos estressantes, e todos temos momentos em que refletimos profundamente, nos maravilhamos diante da beleza e nos debruçamos sobre um assunto que nos fascina. Mas alguns indivíduos são fundamentalmente mais responsivos ao ambiente e às experiências do que outros. Essas são as pessoas altamente sensíveis.

Assim como outras características, a sensibilidade é um continuum, e todo mundo se situa em algum ponto ao longo dele, seja na categoria de baixa, média ou alta sensibilidade. As três são consideradas normais e saudáveis. E as pessoas sensíveis não estão sozinhas: pesquisas recentes sugerem que indivíduos altamente sensíveis representam aproximadamente 30% da população (outros 30% são os pouco sensíveis, enquanto os 40% restantes ficam em algum lugar entre os dois extremos).[11] Ser sensível, em outras palavras, não é uma coisa rara, reservada apenas a artistas e gênios. Esse traço ocorre em cerca de uma em cada três pessoas, em todos os locais de trabalho, cidades e escolas. A sensibilidade é igualmente comum entre homens e mulheres. Os homens podem ser *instruídos* a não serem sensíveis, mas isso não muda o fato de eles serem, sim.

Em suas próprias palavras: o que significa ser sensível para você?

"Sou sensível e passei a maior parte da vida acreditando que isso era um defeito, porque ninguém que eu conhecia era como eu. Hoje vejo minha sensibilidade como uma bênção. Tenho uma vida interior muito rica e criativa. Nunca me senti entediada. Tenho pena de alguns amigos que vivem na superfície, sem nunca experimentar a profunda sintonia interior com a natureza, as artes e o universo em todo o seu magnífico esplendor. Eles não fazem grandes perguntas sobre a vida e a morte. Falam só sobre o que viram na TV ou sobre onde vão passear no domingo." – Sally

"Para algumas pessoas, a palavra *sensível* tem uma conotação de fragilidade ou fraqueza. Mas pode ser uma enorme vantagem estar emocionalmente conectado com o que os outros sentem e com o que nós mesmos sentimos. Para mim, ser sensível é uma forma de ser respeitoso e gentil consigo mesmo e com os outros. É uma consciência especial e importante que nem todo mundo tem." – Todd

"Sendo homem, por causa da masculinidade tóxica, ser rotulado como sensível era o mesmo que ser rotulado como afeminado, temperamental ou frágil. Na prática, eu não era nenhuma dessas coisas. Eu estava hiperconsciente de mim mesmo e dos meus sentimentos, e sabia que esses outros rótulos não eram verdadeiros – mas não fazia ideia do que eram até me deparar com alguns livros sobre pessoas altamente sensíveis." – Dave

> "Eu via a palavra *sensível* como algo negativo, porque meu pai me dizia: 'Você é sensível demais.' Hoje vejo essa palavra sob uma luz diferente. Eu me sinto feliz por ser sensível, e agora sei que é uma coisa positiva neste mundo às vezes tão frio. Não abriria mão da minha sensibilidade mesmo que pudesse. Amo ser capaz de apreciar profundamente tudo o que está ao meu redor." – Renée
>
> "Eu costumava pensar na sensibilidade como uma fraqueza, porque minha família e meu ex-marido me diziam o tempo todo que eu precisava crescer e desenvolver uma proteção, ou que eu estava exagerando. Eu era constantemente criticada por isso. Mas agora que eles não fazem mais parte da minha vida, estou me concentrando nisso como um ponto forte e inclusive retomei a pós-graduação, concluí um segundo mestrado para mudar de carreira e me tornei terapeuta. Vou usar minha sensibilidade para ajudar os outros." – Jeannie

Você é uma pessoa sensível?

Talvez você consiga sentir as notas de carvalho em um vinho Chardonnay antes de qualquer outro convidado no jantar. Talvez você fique maravilhado e comovido com a *Nona Sinfonia* de Beethoven ou chore enquanto assiste a vídeos de resgate de animais. Talvez o barulho constante de alguém digitando torne impossível para você se concentrar. Todos esses podem ser sinais de alta sensibilidade, e muitos de nós somos mais sensíveis do que imaginamos.

Então, aqui vai um checklist das características mais comuns das pessoas sensíveis. Quanto mais itens você marcar, mais sensível você é. Não é preciso marcar todos os itens nem se identificar com cada um dos tópicos deste livro para ser considerado uma pessoa sensível. Lembre-se: a sensibilidade é um continuum, e todo mundo se situa em algum ponto ao longo dele.

Além disso, tenha em mente que suas experiências de vida influenciam a forma como sua sensibilidade se expressa. Por exemplo, se você foi ensinado a estabelecer limites saudáveis desde criança, talvez nunca tenha sofrido com a tendência a fazer de tudo para agradar os outros ou para evitar conflitos, como acontece com algumas pessoas sensíveis. Outros aspectos de sua personalidade também farão diferença em quanto você se identifica com as afirmações a seguir. Por exemplo, se você se considera mais extrovertido do que introvertido, pode precisar de menos tempo de ociosidade do que uma pessoa introvertida e sensível.

Quais das seguintes afirmativas são verdadeiras para você?

- ☐ Em geral, você costuma fazer uma pausa antes de agir, dando tempo para que o cérebro faça o trabalho dele.
- ☐ Você percebe detalhes sutis, como uma ligeira diferença de tonalidade entre as pinceladas em uma pintura ou uma microexpressão que desaparece rapidamente do rosto de seu colega de trabalho.
- ☐ Você sente emoções fortes. Tem dificuldade para se livrar de emoções intensas, como raiva ou preocupação.
- ☐ Você sente muita empatia, mesmo em relação a estranhos ou pessoas de quem só ouviu falar no noticiário. Você se coloca no lugar dos outros com muita facilidade.
- ☐ O humor das outras pessoas o afeta bastante. Você absorve facilmente as emoções dos outros, assumindo os sentimentos delas como se fossem seus.
- ☐ Você se sente estressado e cansado em ambientes barulhentos e movimentados, como um shopping lotado, um show ou um restaurante.
- ☐ Você precisa de muito tempo de ociosidade para recuperar as energias. Costuma se afastar das pessoas para conseguir acalmar os sentidos e processar seus pensamentos.
- ☐ Você lê bem as pessoas e consegue inferir com precisão surpreendente o que elas estão pensando ou sentindo.
- ☐ Você tem dificuldade em assistir a filmes violentos ou assustadores ou testemunhar qualquer tipo de crueldade contra animais ou humanos.
- ☐ Você odeia se sentir apressado e prefere fazer as coisas com atenção.
- ☐ Você é perfeccionista.

- ☐ Você se esforça para dar o melhor de si sob pressão, como quando seu chefe está avaliando seu trabalho ou quando você está participando de uma competição.
- ☐ Às vezes, o ambiente é seu inimigo. Uma cadeira com assento muito duro, luzes muito fortes e música muito alta podem fazer com que pareça impossível relaxar ou se concentrar.
- ☐ Você se assusta facilmente com barulhos repentinos, como quando alguém se aproxima de você de mansinho.
- ☐ Você é um buscador. Você pensa profundamente sobre a vida e se pergunta por que as coisas são como são. Talvez tenha sempre indagado por que os outros não são tão cativados pelos mistérios da natureza humana e do universo quanto você.
- ☐ Suas roupas importam de verdade. Tecidos ásperos ou roupas apertadas – como calças com o cós muito justo – podem estragar o seu dia.
- ☐ Você parece ter menos tolerância à dor do que as outras pessoas.
- ☐ Seu mundo interior é vivo e presente. Você já foi descrito como imaginativo e criativo.
- ☐ Você tem sonhos (e pesadelos) vívidos.
- ☐ Você parece ter mais dificuldade em se ajustar às mudanças do que as outras pessoas.
- ☐ Você já foi chamado de tímido, fresco, intenso, dramático, sensível ou exigente demais.
- ☐ Você também já foi chamado de cuidadoso, atencioso, sábio, perspicaz, apaixonado ou observador.
- ☐ Você sabe ler bem as pessoas no recinto.
- ☐ Você é sensível a mudanças em sua alimentação e em seus níveis de açúcar no sangue. Se passa algum tempo sem comer, pode ficar irritadiço.
- ☐ Para você, um pouco de cafeína ou álcool já faz um grande efeito.
- ☐ Você chora com facilidade.
- ☐ Você procura harmonia em seus relacionamentos, de modo que conflitos podem ser muito angustiantes, talvez até mesmo fazendo você se sentir mal fisicamente. Em consequência disso, você pode estar sempre tentando agradar as pessoas ou fazendo de tudo para evitar desentendimentos.

- ☐ Você deseja profundidade e intensidade emocional em seus relacionamentos. Conexões protocolares ou superficiais não bastam.
- ☐ Sua mente funciona em alta velocidade. Por isso muitas vezes você se sente fora de sintonia com os outros, e esse sentimento pode ser extremamente solitário.
- ☐ Palavras importam muito para você. Não é fácil deixar de lado palavras ofensivas ou críticas.
- ☐ Você pensa muito sobre si mesmo e conhece bem seus pontos fortes e fracos.
- ☐ Você fica extremamente comovido com a arte e a beleza, seja uma música, uma pintura ou apenas a forma como a luz do sol toca as folhas no outono.

Você também pode fazer a seguinte autoavaliação simples sobre o que é fácil *versus* o que é desafiador para você. Se você se identifica com a maioria dessas afirmações, provavelmente é uma pessoa sensível.

É fácil para mim...	É um desafio para mim...
• ler o humor ou as intenções das pessoas.	• lidar com emoções intensas dos outros, principalmente raiva, estresse ou decepção.
• fazer um trabalho lento e cuidadoso de alta qualidade.	• trabalhar rápido sob pressão ou escrutínio.
• perceber detalhes que os outros ignoram.	• priorizar minhas próprias necessidades.
• buscar soluções holísticas que beneficiam o grupo.	• ignorar cheiros, texturas ou ruídos incômodos.
• encontrar beleza e significado nas coisas do dia a dia.	• suportar ambientes cheios ou agitados demais.
• fazer arte, ser criativo ou oferecer pontos de vista únicos.	• permanecer em ambientes feios ou hostis.
• ter empatia pelos outros, principalmente quando estão magoados.	• ler ou ver representações de violência.

Talvez pela primeira vez na vida você esteja percebendo que é uma pessoa sensível. Se esse for o caso, bem-vindo ao clube. Você não está sozinho. Na verdade, está em ótima companhia: muitos dos maiores estudiosos, artistas, líderes e ideólogos de movimentos na história eram sensíveis. Sem a mente sensível, o mundo não teria:

- A teoria da evolução
- A teoria dos germes
- O musical *West Side Story*
- A música-tema de *Star Wars*
- O fim do apartheid
- A produtora Studio Ghibli
- *Eu sei por que o pássaro canta na gaiola*, de Maya Angelou
- Netflix
- A hierarquia de necessidades de Maslow
- *O beijo*, de Klimt
- *Frankenstein*, de Mary Shelley
- O programa *Mister Rogers' Neighborhood**

O mais importante é você saber que não tem nenhum defeito nem está errado por ser sensível. Na verdade, você tem um superpoder – do qual a espécie humana vem tirando proveito há milhões de anos.

Uma vantagem evolutiva

Além de ser normal, a sensibilidade é algo positivo. Cientistas inclusive acreditam que é uma vantagem evolutiva, que ajuda os organismos a sobreviver

---

* Charles Darwin, Girolamo Fracastoro, Jerome Robbins, John Williams, Nelson Mandela, Hayao Miyazaki, Maya Angelou, Reed Hastings, Abraham Maslow, Gustav Klimt, Mary Wollstonecraft Shelley e Fred McFeely Rogers. Não temos como saber ao certo se todos esses indivíduos se considerariam sensíveis, mas todos eles – com base em entrevistas, biografias ou em suas próprias palavras – exibiam traços comuns a pessoas altamente sensíveis.

em uma variedade de ambientes. Para ter evidências disso, basta conferir quantas espécies desenvolveram essa característica. A lista chega a mais de cem, e inclui gatos, cachorros, peixes, aves, roedores, insetos e inúmeros primatas.[12] Além disso, pesquisadores descobriram que a sensibilidade evoluiu várias vezes em linhagens isoladas de primatas, um forte sinal de que esse traço traz benefícios sociais e de sobrevivência.[13] Basta acompanhar macacos-rhesus para ver esses benefícios em ação.[14] Um estudo descobriu que macacos sensíveis que tinham mães carinhosas se tornaram indivíduos precoces e inteligentes que eram resistentes ao estresse. Eles com frequência se tornavam líderes de seus bandos. A sensibilidade pode ser observada em todo o reino animal. Talvez você tenha testemunhado um esquilo particularmente esperto driblando suas tentativas de mantê-lo afastado do comedouro de pássaros ou tenha tido um animal de estimação excepcionalmente inteligente. (Um dos gatos de Jenn, Mattie, que achamos ser altamente sensível, aprendeu a abrir portas de armários.)

Entre os primeiros humanos, a vantagem pode ter sido ainda mais vital, e até hoje esses benefícios se mostram valiosos. Afinal, a capacidade de enxergar padrões e perceber detalhes importantes significa que pessoas sensíveis geralmente são boas em prever acontecimentos; elas têm uma intuição forte. Essa conexão entre intuição e sensibilidade é mensurável: em um estudo, pessoas sensíveis superaram outras em jogos de azar.[15] Outro estudo, usando uma simulação virtual da seleção natural, mostrou que indivíduos sensíveis ficaram à frente de indivíduos menos sensíveis ao longo do tempo.[16] Efetivamente, eles passaram mais tempo estudando suas opções e comparando-as com resultados anteriores, e esse discernimento acabou lhes proporcionando mais recursos ao longo do tempo, mais do que o suficiente para compensar o tempo e a energia extras que dedicaram.

Portanto, os pesquisadores desenvolveram a teoria de que pessoas sensíveis provavelmente aumentam as chances de sobrevivência da espécie humana como um todo. Quando você vê e escuta o que os outros não percebem, se torna mais capaz de evitar predadores e ameaças ou de encontrar recursos. Quando aprende com seus erros, não torna a cometê-los e ajuda os outros a evitá-los também. E quando você lê bem os outros – inclusive o que eles não dizem –, está mais bem preparado para formar alianças e estimular as pessoas a cooperar.

Seja na tundra, seja na selva, a sensibilidade é uma vantagem. Pessoas sensíveis podem ter sido aqueles que previam o tempo e eram conselheiros espirituais e rastreadores. Pegue essa mesma característica e aplique a um professor, a um operador do mercado de ações ou a um CEO, e você vai ver como as pessoas sensíveis ainda hoje são programadas para o sucesso, mesmo que a sociedade não pense assim.

Nosso mundo precisa de pessoas sensíveis e de seus superpoderes

A enfermeira não gostava de reclamar, mas não conseguia ignorar a sensação de que havia algo errado.[17] Sua última paciente, uma mulher de meia-idade, estava se recuperando de uma cirurgia de válvula cardíaca. A história dessa profissional está no livro de Ted Zeff, *The Power of Sensitivity* (O poder da sensibilidade), mas ela preferiu permanecer anônima. Então vamos chamá-la de Anne. Anne era uma enfermeira canadense com mais de 20 anos de experiência em UTIs. "Embora eu seja o tipo de enfermeira que adora o ritmo acelerado da unidade de terapia intensiva, nos meus dias de folga fico deitada no sofá vendo filmes, para me recuperar do excesso de estímulos", disse ela. "Meus colegas me provocam, já que o meu tempo livre não inclui nada sequer parecido com a 'busca de adrenalina' que compõe o tempo livre deles."

Até esse ponto, a paciente de Anne estava se recuperando bem, e o médico achou que nenhum cuidado adicional era necessário. Teria sido fácil para Anne riscá-la de sua lista e deixar que a equipe de cirurgia cuidasse de tudo. Mas algo dentro dela a impediu de fazer isso. Cada vez que a examinava, a paciente parecia um pouco pior. Por exemplo, ela só se sentia confortável deitada sobre o lado direito, o que era incomum.

Recentemente Anne havia descoberto que era uma pessoa sensível, então tinha ido trabalhar naquele dia especialmente ciente de seus superpoderes. Ao fazer uma pausa em sua sala para processar os acontecimentos do dia, ela refletiu: "Se o corpo [da paciente] estivesse tentando me dizer alguma coisa, o que seria? (...) E por que eu estou tão preocupada com ela?" Talvez, por conta de sua sensibilidade, Anne estivesse captando sinais que os outros membros da equipe ainda não conseguiam ver. Normalmente, ao final do expediente ela se sentia tranquila, com a certeza de que podia ir para casa sabendo que havia ajudado alguém. Mas naquele dia ela não se sentia assim.

Anne pensou no que poderia acontecer se ela contradissesse os médicos. Enfermeiras insubordinadas eram repreendidas, tinham que passar por novos treinamentos e às vezes eram até demitidas. Mesmo que não acontecesse o pior, Anne não queria ofender nem aborrecer os colegas, pois sabia que relacionamentos tensos podiam comprometer o atendimento ao paciente. Para piorar, ela admitiu que sentia um pouco de medo do cirurgião-chefe que estava supervisionando o caso de sua paciente.

Apesar do medo, Anne sabia o que precisava fazer: falar. "Eu sabia que poderia ser a única chance de sobrevivência dela." Quando um dos médicos fez pouco-caso de suas preocupações, ela não desistiu; recorreu a outro. O outro médico acreditou nela e perguntou se deveria examinar o coração da paciente com uma máquina de ultrassom portátil, para ver se havia fluido se acumulando em torno dele. Anne disse que sim, embora isso significasse realizar o procedimento sem o consentimento do cirurgião, uma atitude que ela detestava ter que tomar. Mas o exame imediatamente legitimou sua intuição: a paciente tinha um enorme coágulo no coração e estava a poucos minutos de uma parada cardíaca.

A paciente foi levada para a cirurgia às pressas e o coágulo foi removido. Graças a Anne, ela se recuperou plenamente. Mais tarde, disseram a Anne que, se ela não tivesse feito o que fez, a paciente teria morrido. "Eu me senti honrada por poder usar meus dons de pessoa altamente sensível para ajudá-la", disse ela. "Agora sei que minha capacidade aguçada de observação e minha força interior me ajudaram a ver a situação de diferentes níveis." Se pudesse fazer tudo de novo, Anne não teria tanto medo da reação da equipe de cirurgia: "Eu simplesmente explicaria, com veemência, minhas preocupações, sabendo que eu poderia me fazer ouvir." Quando a notícia de sua intervenção se espalhou, Anne se tornou a heroína da unidade.

Anne é apenas uma pessoa cuja sensibilidade lhe dá uma vantagem no trabalho. A história dela mostra que a sensibilidade não é apenas um superpoder individual – é uma característica que evoluiu para beneficiar toda a espécie humana. Se você ou algum ente querido estivessem doentes, Anne é exatamente o tipo de enfermeira que você gostaria de ter ao seu lado. A sensibilidade pode salvar a sua vida.

O cérebro sensível de processamento profundo

Como pessoas sensíveis como Anne fazem isso? O que dá a elas seus superpoderes? A resposta está na forma como nosso cérebro funciona.

Para um neurônio, todos os tipos de estímulos, desde o rugido de um trem de carga até um sorriso no rosto de um ente querido, são apenas dados a serem processados. Alguns cérebros – os das pessoas sensíveis – processam dados com maior profundidade e por mais tempo do que outros. Um cérebro pode ser um adolescente entediado em um trabalho de meio período que deixa passar metade do que acontece ao seu redor ou um advogado que se debruça sobre cada detalhe de um caso. Cérebros sensíveis são como esse advogado e, assim como os advogados de renome, não tiram folga. São programados para ir o mais fundo possível.

Dados científicos dão suporte a essas diferenças. Em 2010, Jadzia Jagiellowicz e sua equipe usaram a ressonância magnética funcional (fMRI) para espiar dentro do cérebro de pessoas sensíveis.[18] Eles examinaram pessoas altamente sensíveis e outras menos sensíveis enquanto mostravam imagens em preto e branco de cenas naturais, como uma casa com uma cerca em volta ou fardos de feno em um campo. Em seguida, as imagens foram alteradas de alguma forma e novamente mostradas aos participantes. Às vezes as mudanças eram significativas, como o acréscimo de uma estaca na cerca, e às vezes eram pequenas, como um ligeiro aumento na altura de um dos fardos de feno.

Você deve estar pensando que sabe aonde isso vai chegar. Mas se está achando que as pessoas mais sensíveis perceberam as diferenças mais rapidamente do que as pessoas menos sensíveis, está enganado. Em vez disso, as pessoas mais sensíveis demoraram *um pouco mais* para perceber as mudanças, sobretudo as menores. É provável que elas tenham demorado mais porque, segundo os pesquisadores, "estavam prestando mais atenção nos detalhes mais sutis da cena". (Se você costuma procurar imagens desse tipo nas redes sociais e passar um bom tempo fazendo isso, talvez seja uma pessoa sensível.)

Quando os cientistas revisaram os exames de imagem, notaram outra diferença. As pessoas altamente sensíveis mostraram uma ativação significativamente maior em áreas-chave do cérebro relacionadas ao processamento visual e à percepção de complexidades e detalhes, não apenas de traços superficiais. Mais especificamente, pessoas altamente sensíveis apresentaram maior atividade nas regiões parietais medial e posterior e nas regiões temporal e occipitotemporal esquerda. Essas diferenças se mantiveram mesmo quando os pesquisadores levaram em conta outras características, como neuroticismo e introversão. Em outras palavras, foi a característica da sensibilidade – não outro fator qualquer – que as levou a processar em maior profundidade o que viam.

E esse processamento profundo não parou quando a experiência chegou ao fim. A mente sensível continuou em ação. Sabemos disso porque Bianca Acevedo, neurocientista da Universidade da Califórnia, estudou o cérebro sensível em repouso.[19] Para isso ela e sua equipe examinaram o cérebro de pessoas sensíveis enquanto realizavam uma tarefa de empatia: elas olhavam para imagens e descrições de acontecimentos felizes, tristes ou neutros, então viam rostos de entes queridos e de desconhecidos expressando a emoção que correspondia ao acontecimento. Entre cada visualização, foi pedido a elas que contassem de trás para a frente de sete em sete partindo de um número alto, "para eliminar os efeitos de qualquer tipo de emoção",[20] explica Acevedo. Também foi pedido que descrevessem como se sentiram depois de ver cada foto e, por fim, elas foram instruídas a relaxar enquanto seu cérebro era examinado.

Os pesquisadores descobriram que, mesmo após o fim do evento emotivo – e mesmo depois da eliminação das emoções resultantes dele –, o cérebro de pessoas sensíveis ainda estava processando o evento de maneira profunda. Essa profundidade de processamento, explica Acevedo, "é uma característica fundamental da alta sensibilidade". Portanto, se você se vê refletindo regularmente sobre determinada coisa – uma ideia, um acontecimento ou uma experiência – muito tempo depois que os outros já deixaram para lá, talvez seja uma pessoa sensível.

O encontro da inteligência com a empatia

Essas diferenças cerebrais mostram por que a sensibilidade física e a emocional são essencialmente a mesma: a mente sensível passa mais tempo processando *qualquer coisa*, seja uma luz forte no teto, o sorriso de uma criança ou uma nova teoria científica. Por sua vez, a sensibilidade se manifesta de diferentes formas: como uma inteligência profunda e reflexiva e como uma consciência profunda e empática das pessoas. Se você se identifica mais com um desses lados do que com o outro, isso não significa que você não seja sensível. Muitas pessoas sensíveis convergem para um dos polos, mas a capacidade para ambos está presente.

Na verdade, o processamento profundo de uma mente sensível é tão valioso que a sensibilidade costuma ser associada à genialidade. Linda Silverman, diretora do Gifted Development Center em Denver, diz que a maioria dos indivíduos superdotados é altamente sensível – sobretudo pessoas superdotadas que se classificam entre os 1% ou 2% mais inteligentes. "Minhas pesquisas clínicas ao longo de mais de 42 anos, com mais de 6.500 crianças avaliadas segundo escalas de inteligência individual no Gifted Development Center, indicam que existe uma correlação entre superdotação e sensibilidade", diz ela. "Quanto maior o QI de um indivíduo, maior a probabilidade de ele apresentar as características de uma pessoa altamente sensível."[21]

Pesquisas sobre músicos de sucesso corroboram essas descobertas.[22] A psicóloga Jennifer O. Grimes estudou artistas no Ozzfest, um dos maiores e mais loucos festivais de heavy metal dos Estados Unidos. Ela descobriu que, nos bastidores, esses músicos em geral são sensíveis e retraídos, o oposto da personalidade extravagante que adotam no palco. No entanto, esse padrão não é encontrado apenas nas artes. Ser sensível significa pensar de modo mais profundo em *qualquer* situação, portanto a alta sensibilidade conduz a inovações na ciência e proporciona boa liderança nos negócios. Quanto mais sensível uma pessoa é, mais conexões ela vê – conexões que os outros tendem a deixar passar. O fato de as pessoas sensíveis ainda por cima poderem ser acolhedoras e empáticas só melhora as coisas.

O que a sensibilidade não é

Tão importante quanto entender o que é a sensibilidade é saber o que ela *não* é. Sensibilidade não é o mesmo que introversão, autismo, transtorno de processamento sensorial ou trauma.

É fácil ver como a introversão e a sensibilidade podem ser confundidas. Recentemente, a introversão se tornou menos estigmatizada, em parte graças ao livro inovador *O poder dos quietos*, de Susan Cain. A sensibilidade, no entanto, ainda é altamente estigmatizada, apesar de introvertidos e pessoas sensíveis em geral compartilharem algumas características, como a necessidade frequente de algum tempo de inatividade, a reflexão profunda e um mundo interior vívido. (Alguns especialistas, inclusive Aron, acreditam que Cain na verdade escreveu mais sobre pessoas altamente sensíveis do que sobre introvertidos.)[23] Faz sentido que, ao ser mais sensível ao ambiente, você talvez prefira passar menos tempo com as pessoas, de modo a reduzir o volume de estímulos.

No entanto, existem algumas diferenças entre introvertidos e pessoas sensíveis. A introversão diz respeito a uma orientação social: pessoas que preferem a companhia de pequenos grupos e gostam de passar algum tempo sozinhas. A sensibilidade, por outro lado, diz respeito a uma orientação relativa ao ambiente. Portanto, podemos dizer que os introvertidos ficam cansados principalmente em decorrência da socialização, enquanto as pessoas sensíveis se cansam em ambientes com excesso de estímulos, quer envolvam socialização ou não. Na verdade, Aron estima que cerca de 30% das pessoas sensíveis são extrovertidas, enquanto 70% são introvertidas.[24] Assim, você pode ser uma pessoa sensível extrovertida que por fora é expressiva e prospera nos relacionamentos ou pode ser uma pessoa sensível introvertida que aprecia a solidão e o silêncio. (Em outras palavras, não existe jeito certo ou errado de expressar a sensibilidade.)

Da mesma forma, pessoas autistas e pessoas sensíveis podem compartilhar algumas características, como a tendência a evitar determinados cheiros, alimentos ou texturas, ou a ficar assoberbadas por certos estímulos. No entanto, de acordo com a pesquisa de Acevedo, existem diferenças entre o cérebro de autistas e o de pessoas sensíveis. Por exemplo, eles são quase diametralmente opostos em termos de como processam deixas emocionais e sociais. Mais especificamente, o cérebro sensível mostra níveis de atividade acima do normal em áreas relacionadas à calma, ao equilíbrio hormonal, ao autocontrole e ao pensamento autorreflexivo. O cérebro autista, por outro lado, é menos ativo em regiões relacionadas à calma, às emoções e à sociabilidade. É possível ver isso na forma como os indivíduos com autismo podem ter que aprender estratégias para interpretar os sinais sociais, enquanto as pessoas sensíveis leem os outros quase sem esforço, inclusive com maior facilidade do que as pessoas menos sensíveis.

O transtorno de processamento sensorial às vezes é confundido com a sensibilidade porque ambas as condições envolvem maior sensibilidade a estímulos. No entanto, o transtorno de processamento sensorial ocorre quando o cérebro tem problemas para receber as informações dos sentidos e responder a elas. Por exemplo, uma criança com esse distúrbio pode reagir exageradamente a estímulos e gritar quando é tocada ou pode responder a estímulos de forma inadequada e brincar no parquinho de maneira agressiva. Embora algum desconforto sensorial seja uma característica da sensibilidade, ela não prejudica o funcionamento no dia a dia da mesma forma que o transtorno de processamento sensorial. O desconforto sensorial também não é sua única característica. Em vez disso, a sensibilidade implica ter um processamento mental incomumente profundo ou elaborado.

Trauma é qualquer coisa intensa demais para o sistema nervoso processar em determinado momento. Situações graves, como abuso, escassez de alimentos ou violência, podem provocar trauma, mas ele também pode ser causado por experiências como o fim de um relacionamento importante, a morte de um animal de estimação, uma doença ou alguma situação de bullying. Vivenciar um trauma altera fundamentalmente o sistema nervoso, deixando o sobrevivente em um estado de hipervigilância e hiperexcitação. As pessoas sensíveis também podem facilmente entrar em um estado de hiperexcitação por causa do seu processamento mental mais profundo. Chamamos essa experiência de hiperestimulação, e a discutiremos com mais detalhes no Capítulo 4. Especialistas concordam que as pessoas sensíveis são mais suscetíveis ao trauma do que outras, porque reagem com mais intensidade a todos os estímulos, inclusive aos traumáticos.[25] No entanto, trauma e sensibilidade não são inerentemente a mesma coisa; mais uma vez, Acevedo encontrou diferenças entre o cérebro de pessoas sensíveis e o daquelas com transtorno de estresse pós-traumático (TEPT).[26]

Uma última observação: assim como uma pessoa pode ser alta e canhota, é possível ser sensível e apresentar outro traço, condição ou transtorno juntamente com a sensibilidade. Por exemplo, você pode ser uma pessoa sensível e ter TEPT (ou depressão, ansiedade, transtorno de processamento sensorial, etc.), mas a sensibilidade em si não é um distúrbio. Você não pode ser "diagnosticado" como uma pessoa altamente sensível, e a sensibilidade não requer tratamento, embora as pessoas sensíveis se beneficiem ao aprender estratégias para lidar com a hiperestimulação e com a regulação emocional. Há pessoas que até mesmo estão começando a considerar a sensibilidade uma forma de neurodiversidade. A teoria da neurodiversidade defende que diferenças neurológicas não devem ser consideradas déficits; pelo contrário, são variações saudáveis no espectro dos traços humanos. Pessoas sensíveis observam o mundo de uma forma diferente e têm necessidades diferentes das menos sensíveis. A sensibilidade não é inferior nem incapacitante. Ela ajuda nossa espécie a prosperar.

O mito da dureza

Ao avaliar se você – ou alguém que você conhece – é uma pessoa sensível, lembre-se de que pessoas sensíveis nem sempre aparentam sê-lo. Uma pessoa sensível pode ser um homem que se sente em descompasso com a dinâmica dos encontros românticos devido a seu desejo incomum de profundidade e intensidade emocional nos relacionamentos. Ou uma mãe de primeira viagem que não entende por que não consegue dar conta das demandas da maternidade da mesma forma que as outras mães aparentemente conseguem. Uma pessoa sensível pode ser um funcionário que se sente incomodado com a natureza competitiva do seu ambiente de trabalho ou com o comportamento antiético do seu chefe. Outra pessoa sensível pode ser um soldado cuja intuição mantém toda a unidade em segurança. Ou uma cientista cujas perguntas incômodas a levaram a fazer uma importante descoberta no campo da medicina.

Em outras palavras, nem sempre é fácil identificar uma pessoa sensível. Em muitas culturas, a sociedade exige que escondamos nossa sensibilidade. Chamamos essa postura de Mito da Dureza. O Mito da Dureza nos diz que:

- A sensibilidade é um defeito.
- Somente os fortes sobrevivem.
- Ser emotivo é um sinal de fraqueza.
- A empatia fará com que se aproveitem de você.
- Quanto mais você conseguir aguentar, melhor.
- É uma vergonha descansar ou pedir ajuda.

Em consequência disso, muitas pessoas sensíveis minimizam ou negam a própria sensibilidade. Elas colocam uma máscara para se parecerem com a maioria, mesmo sabendo desde cedo que são diferentes. Vão a mais uma festa cansativa, ou assumem outro projeto de trabalho extenuante, mesmo que seu corpo esteja implorando por descanso. Fingem que não ficam extremamente comovidas com uma bela canção ou com um filme tocante. Podem até chorar, sim, mas na privacidade do lar, longe de olhares intrusivos.

Os homens sensíveis são os alvos preferenciais do Mito da Dureza. Em muitas culturas, eles são ensinados desde cedo que meninos não choram e que, para ser um homem de verdade, precisam superar a dor física e emocional. Fábio Augusto Cunha é um homem sensível que mora no Brasil, um país conhecido por uma cultura machista, que equipara masculinidade a coragem, força, poder e, às vezes, até a violência. "A vida inteira, sempre me senti deslocado e tive problemas para me encaixar na maneira tradicional como os homens 'devem' se comportar", escreveu Cunha em nosso site Sensitive Refuge. "Nunca consegui me encaixar no discurso competitivo masculino. Era como se os outros não sentissem o que eu sentia, como se não vissem o mundo como a minha alma sensível via. Em muitas fases da vida, mas principalmente na adolescência, me forcei a me adaptar. Tinha um grupo de amigos homens e tentava ser 'durão' como eles. Mas era só quando estava sozinho que eu realmente encontrava a mim mesmo e a minha natureza sensível por meio dos livros, das músicas e dos filmes dramáticos a que assistia, quase que em segredo, como se eu tivesse uma identidade secreta."[27]

As mulheres também são alvos do Mito da Dureza, mas de uma forma diferente, como quando são rejeitadas por serem "emotivas demais". A escritora, diretora e produtora Nell Scovell, criadora de *Sabrina, Aprendiz de Feiticeira*, se deparou com esse mito quando conseguiu seu primeiro trabalho como roteirista. "Eu achava que se meus colegas homens não percebessem que eu era uma *sussurrando* mulher, eles permitiriam que eu continuasse ali", escreve ela em um ensaio.[28] Então, ao longo de três décadas, ela reprimiu suas emoções no trabalho: "Eu ignorava as decepções. Ria dos assédios. Quando um chefe me explicou por que fazia sentido para ele receber o crédito pelo trabalho que eu havia feito, o sorriso em meu rosto não deixou transparecerem os gritos dentro da minha cabeça."

Scovell diz que os homens – que supostamente são mais durões – são avaliados segundo um padrão muito diferente, que permite a existência de um alto grau de fragilidade, desde que mascarada pela raiva. Depois de uma reunião difícil com o canal de TV, por exemplo, um colega entrou na sala, gritou um palavrão e arremessou seu roteiro na mesa. "Percebi que a raiva também é uma emoção", escreve ela. "Mas ninguém ficou achando que ele era 'histérico'. Quando um homem sai da sala batendo a porta, ele é passional. Quando uma mulher sai da mesma forma, ela é instável e pouco profissional."

Indivíduos marginalizados pela sociedade, como pessoas não brancas ou LGBTQIAP+, podem enfrentar um problema duplo quando se trata do Mito da Dureza. Depois de já terem sofrido com discriminação e estereótipos preconceituosos, eles podem não querer ser vistos como sensíveis. O termo *sensível* parece restringir ainda mais a identidade deles, que já parece estar sob escrutínio por causa da cor da pele ou da orientação sexual. Mas, para muitos, abraçar a própria sensibilidade pode ser empoderador. Michael Parise, que escreveu sobre ser altamente sensível para o site LGBT Relationship Network, explica isso da seguinte forma: "Entender minhas características de pessoa altamente sensível me ajudou a não me sentir uma vítima nem julgar a mim mesmo ou os outros. Também me libertou para ser o homem gay que eu sou, sem atribuir nenhuma bagagem desnecessária à minha sexualidade."[29]

As pessoas negras, em particular, costumam dizer que se sentem obrigadas a projetar uma imagem de resistência e de força mental, livre de emoções, para lidar com as implicações estressantes do racismo.[30] Raneisha Price, colaboradora do Sensitive Refuge, é uma mulher negra sensível que teve essa experiência. Ela se lembra de ouvir insultos racistas desde pequena, tendo crescido em uma cidade predominantemente branca no Kentucky. Em vez de ajudá-la a entender a situação – sua "sede insaciável de saber mais" –, seu pai insistiu para que ela mantivesse a autoconfiança e não deixasse suas emoções transparecerem (e que revidasse com alguma resposta desbocada).[31] "Ao ser criada como uma mulher negra, você aprende que forte não é o que você tem que ser, é o que você é. Ponto-final", escreve ela. "Foram inúmeras as vezes – tantas que perdi a conta – que o que eu sentia por dentro não correspondia à pessoa que eu ouvia que 'deveria' ser." Em consequência disso, Price achava que havia algo de errado com ela. "Se eu fosse para o meu quarto para ter o 'tempo para mim' pelo qual meu eu sensível ansiava – o tempo de solitude de que todas as pessoas altamente sensíveis precisam para processar seus pensamentos e sentimentos –, diziam que eu estava sendo 'esquisita' e que estava 'de mau humor', ou zombavam de mim, como se eu tivesse algum problema psicológico não diagnosticado." Foi só depois dos 30 e tantos anos, quando um terapeuta fora do comum a ajudou a abraçar sua sensibilidade, que Price finalmente entendeu que não precisava mais escondê-la.

Essa pressão constante para esconder a sensibilidade significa que ela permanece praticamente invisível para o mundo. Com frequência elogiamos os feitos de indivíduos sensíveis – álbuns musicais revolucionários, movimentos pelos direitos civis que mudam o mundo, e assim por diante –, apesar de tentarmos anular a sensibilidade em nós mesmos. É bom ser bondoso, mas não seja molenga; é bom ser criativo, mas pare de ser tão esquisito. Expresse seus sentimentos, mas não a ponto de alguém levá-los a sério. O Mito da Dureza, em outras palavras, nos rouba algo. Ele nos faz tomar decisões nocivas ao nosso bem-estar, ao nosso equilíbrio entre vida profissional e pessoal, à forma como nos permitimos ser tratados e como tratamos os outros. Talvez, como advertiu Simmel, na tentativa de resistir a um mundo opressor, de fato percamos a capacidade de sentir compaixão.

Então talvez seja hora de tentar algo novo.

O Jeito Sensível

Voltemos à palestra em Dresden. Simmel falou de um mundo onde os cidadãos urbanos eram bombardeados com estímulos sensoriais a tal ponto que se tornavam apáticos.[32] Mais de um século depois, o bombardeio só piorou. Se você é uma pessoa sensível, sente com muita intensidade essa sobrecarga. Você a sente na busca por amor, na criação dos filhos ou no trabalho. Sente que os altos são mais altos e os baixos são mais baixos, e é fácil acabar hiperestimulado no tipo de ambiente descrito por Simmel.

Por conta disso, pessoas sensíveis nos oferecem uma abordagem diferente. Você pode chamar o ponto de vista delas de Jeito Sensível. O Jeito Sensível é a crença profunda de que a qualidade de vida é mais valiosa do que a realização bruta, de que a conexão humana é mais satisfatória do que dominar os outros e de que sua vida é mais significativa quando você dedica algum tempo a refletir sobre suas experiências e liderar com o coração. Em contraste com o Mito da Dureza, o Jeito Sensível nos diz que:

- Todo mundo tem limites (e isso é bom).
- O sucesso vem do trabalho coletivo.
- A compaixão compensa.
- Podemos aprender muito com as nossas emoções.
- Conquistamos coisas maiores e melhores quando cuidamos de nós mesmos.
- A serenidade pode ser tão bela quanto a ação.

O que aconteceria se começássemos a dar ouvidos ao Jeito Sensível, não mais ao Mito da Dureza? O que aconteceria se as vozes sensíveis começassem a se manifestar? Se parássemos de esconder nossa sensibilidade e passássemos a acolhê-la? Afinal de contas, as autoridades de Dresden não tinham pedido a Simmel que falasse sobre como a vida moderna afeta a alma humana, mas ele fez isso sem pedir permissão. Foi preciso uma voz ousada mas contemplativa para apontar o que todos nós sabemos lá no fundo: que o progresso econômico é bom, mas o progresso na felicidade humana é melhor.

Assim, a sua sensibilidade pode ser um presente para o mundo, mesmo que às vezes possa parecer uma maldição. Neste livro, vamos celebrar os excepcionais pontos fortes aos quais você, como pessoa sensível, tem acesso, além de oferecer ferramentas para reduzir e superar os desafios que enfrenta. Nossa esperança é que, através desta jornada, você passe a ver sua sensibilidade como algo bom (da mesma forma que nós, os autores, passamos a ver a nossa).

Essa jornada começa pela compreensão daquilo que torna você sensível em primeiro lugar e da vantagem surpreendente que surge a partir disso.

capítulo 2

O efeito estimulante da sensibilidade

> Acho que toda a nossa vida é um processo
> para organizar algumas daquelas primeiras
> mensagens que recebemos.
> — Bruce Springsteen

Quando Bruce Springsteen faz um show, ele explode no palco. Uma verdadeira lenda do rock, aos 70 anos ele não perdeu nada de sua força, fazendo apresentações que um crítico descreveu como "megaextravagâncias de três horas capazes de incendiar a plateia, lançar bombas, quebrar o teto e fissurar um átomo".[1] Essa energia lhe rendeu o apelido de "The Boss" e mantém seus fãs em êxtase. Muitos deles têm raízes operárias, como o próprio Springsteen. Para essas pessoas, ele é o melhor exemplo do homem norte-americano durão, trabalhador e rebelde que – fazendo referência a uma de suas canções – "não se rende jamais". Seus fãs podem chamá-lo de muitas coisas, mas "sensível" provavelmente não está no topo da lista.

Esses mesmos fãs ficariam surpresos se encontrassem Springsteen fora dos palcos. Quando criança, era "um garoto muito sensível e um tanto neurótico, repleto de ansiedade", conforme ele mesmo disse em uma entrevista.[2] Urrava de medo quando caía uma tempestade e corria para perto de sua irmã caçula sempre que a ouvia chorar. Descrevendo a si mesmo como um "filhinho da mamãe", Springsteen às vezes ficava tão nervoso que mastigava os nós dos dedos e piscava "centenas de vezes por minuto", conforme revela em suas memórias, *Born to Run*.[3] Sua timidez e sua sensibilidade nem sempre fizeram sucesso com os colegas de escola. Springsteen escreve que rapidamente se tornou "um rebelde involuntário, um garoto esquisito, desajustado e afeminado (…), que era isolado, que se isolava, sem nenhuma vida social". Isso aos 7 anos.

O pai de Springsteen, Douglas, que viria a inspirar várias das composições mais notáveis do filho, não gostava dessa veia sensível. Com a forma física de um touro, ele era um trabalhador que valorizava a força, a resistência e a capacidade de lutar. De acordo com a autobiografia de Springsteen, a desaprovação do pai se transformou em indiferença e distância em relação a Bruce, além das rotineiras reprimendas movidas pelo álcool tarde da noite. (Mais tarde, Douglas Springsteen seria diagnosticado com esquizofrenia paranoide.) Uma das poucas vezes que demonstrou algum orgulho paterno foi no dia em que o garoto o pegou gritando bêbado com a esposa. Temendo pela mãe – que Bruce adorava –, ele chegou por trás do pai com um taco de beisebol e o acertou com força nas costas. O pai se virou com raiva nos olhos, mas, em vez de explodir, começou a rir. Essa se tornou uma de suas histórias preferidas: talvez seu filho fosse durão, no fim das contas.

As experiências de Springsteen estão longe de ser um caso isolado. Muitas pessoas sensíveis são vistas como um problema na infância. Os pais querem consertá-las ou torná-las mais duronas – assim como colegas de trabalho, amigos e até parceiros românticos. Esses esforços são equivocados não só porque a sensibilidade é um ponto forte, mas porque simplesmente não funcionam. Como Douglas Springsteen descobriu, nem todos os berros do mundo tornariam seu filho menos sensível. Isso porque, seja você um astro do rock ou não, sua sensibilidade está gravada na sua essência.

Então o que torna alguém sensível? E como a sensibilidade ajuda na vida de uma pessoa? Os cientistas não têm todas as respostas para o que provoca a sensibilidade, mas, graças aos avanços tecnológicos, descobriram algumas pistas relevantes.

Está nos genes

Quando a versão curta do gene transportador de serotonina (*SERT*) foi descoberta na década de 1990, acreditava-se que ela causava depressão. Ou melhor, como a depressão é mais complexa do que qualquer gene é capaz de explicar, acreditava-se que ele aumentava o *risco* de depressão. As evidências para essa correlação pareciam sólidas: vários estudos haviam mostrado que pessoas com essa versão do gene eram mais propensas a reagir a momentos difíceis desenvolvendo depressão e ansiedade.[4] E isso fazia sentido. A variante curta do gene *SERT* – que tem uma seção mais curta de código genético do que a variante longa em uma região – afeta a produção de serotonina, e esse neurotransmissor desempenha um papel importante na regulação do humor, do bem-estar e da felicidade. Consequentemente, muitos pesquisadores aceitaram como fato a relação entre o gene *SERT* curto e a depressão. Mas essa conclusão não satisfazia Joan Chiao. Enquanto neurocientista, Chiao se deparou com dados que sugeriam que pessoas com ascendência no Leste Asiático – como ela – eram muito mais propensas a carregar aquela variante do gene. Quase duas vezes mais propensas, na verdade, em comparação com ocidentais brancos. Só que Chiao tinha passado grande parte da vida cercada de asiáticos e asiático-americanos, e eles não pareciam mais deprimidos do que os demais. É claro que, sendo cientista, Chiao não tomou suas experiências pessoais como prova. Ela decidiu investigar: será que as taxas de depressão eram mais altas em áreas como o Leste Asiático, onde um grande número de pessoas portava aquele gene?

Obter a resposta não foi fácil. Chiao teve que reunir dezenas de estudos, além de dados da Organização Mundial da Saúde, para compor um par de mapas que ela publicou em um artigo de 2010. Um dos mapas mostrava áreas onde o gene é mais comum; o outro mostrava áreas com maiores índices de depressão. Se aquele fosse de fato o "gene da depressão", pensou Chiao, os dois mapas deveriam ser mais ou menos idênticos. Mas não eram. Na verdade, quando você os coloca lado a lado, eles são *opostos* em alguns aspectos. O Leste Asiático, um lugar onde muitas pessoas possuem o gene, mal aparece no mapa da depressão. No entanto, os Estados Unidos e partes da Europa, que são lugares onde as pessoas têm apenas uma chance moderada de possuir o gene, brilham em vermelho-vivo com os índices de depressão.

A julgar pelos mapas isoladamente, não seria absurdo concluir que o gene torna certas pessoas à prova da depressão (não é o caso). Hesitante, Chiao analisou outras hipóteses, se perguntando se a depressão seria diagnosticada em excesso no Ocidente e insuficientemente na Ásia. (Talvez, mas provavelmente não o suficiente para explicar uma diferença tão drástica.) No entanto, nenhuma de suas hipóteses se confirmou. O que estava acontecendo, então? Por que as pessoas com o gene da depressão não ficavam... *deprimidas*?

Para alguns, o apoio social vai além

Chiao não foi a única cientista a fazer essa pergunta, e alguns pesquisadores encontraram pistas. Um estudo, por exemplo, descobriu que pessoas com o gene *SERT* curto que haviam passado por uma experiência traumática (no caso, um furacão) não corriam um risco maior de ficar deprimidas do que pessoas com o gene *SERT* longo – contanto que acreditassem ter uma boa rede de apoio social.[5] Se não tivessem essa rede, elas corriam um risco 4,5 vezes maior de desenvolver depressão. Outro estudo, que analisou adolescentes em lares temporários, descobriu algo semelhante.[6] Os adolescentes com o gene *SERT* curto não eram mais propensos a ficar deprimidos, desde que tivessem um adulto confiável como tutor. O risco de depressão era maior apenas se eles não tivessem tal tutor.

Pouco a pouco, uma nova imagem emergiu. Ao comparar os mapas, Chiao percebeu que o gene curto era mais comum em lugares com culturas coletivistas, como os países do Leste Asiático. Talvez, nesses lugares, determinadas características culturais – como relacionamentos duradouros e proximidade familiar – fornecessem maior apoio social, ajudando a proteger os indivíduos da depressão. Já em culturas individualistas – como a dos Estados Unidos –, os relacionamentos tendem a ser mais fluidos e são mais facilmente substituídos. No fundo, talvez os indivíduos com a variante curta tirem maior proveito de qualquer tipo de apoio social que recebam. Outros estudos descobriram, por exemplo, que, em comparação com pessoas com a variante longa, pessoas com o gene *SERT* curto podem ler e prever com mais facilidade as emoções alheias e reagir melhor a elas.

Elas também seriam capazes de avaliar o risco com mais precisão e ser mais criativas e empáticas. Ainda em 2010, outros dois cientistas, Baldwin Way e Matthew Lieberman, chegaram a uma conclusão semelhante. No estudo deles, a variante curta do SERT recebeu um novo nome: o *gene da sensibilidade social*.[7]

Uma abordagem moderna à genética

Hoje, os cientistas não procuram mais um único gene, como o SERT, que explique as características humanas.[8] A maioria das características hereditárias – mesmo aquelas aparentemente simples, como altura e cor da pele – são controladas por inúmeros genes, não apenas um. (É por isso que não temos exatamente a mesma altura de um dos pais ou a mesma cor da pele.) Usando braços robóticos para pingar amostras de DNA em pequenas bandejas quimicamente reativas, pesquisadores agora podem escanear todo o genoma de uma pessoa, analisando milhões de variantes genéticas de uma só vez. Se esse processo for repetido em uma amostra grande o suficiente – extraída de bancos de dados de DNA como aqueles usados para verificar nossa origem genealógica –, pesquisadores serão capazes de identificar milhares de variantes genéticas envolvidas em um único traço. Nenhum dos genes, por si só, é suficiente para ativar ou desativar uma característica, mas todos contribuem de alguma forma. Assim, a sensibilidade – e a maioria das outras características – pode ser vista como um padrão que emerge a partir do genoma inteiro de uma pessoa. Quanto mais seu genoma corresponder ao padrão, mais sensível você será.

Atualmente, esse trabalho ainda está em andamento no que diz respeito à sensibilidade, e o padrão não foi totalmente identificado. No entanto, o gene SERT é provavelmente um dos envolvidos. Pesquisadores agora chamam o SERT de *gene da plasticidade*, porque ele parece tornar as pessoas mais abertas ao seu ambiente, permitindo que elas sejam mais moldadas por ele.[9] Outros genes da plasticidade são o MAOA, o DRD4 e os envolvidos no sistema da dopamina, o centro de recompensa do cérebro. Essa descoberta pode indicar que pessoas sensíveis não apenas experimentam o mundo de maneira diferente como também querem coisas diferentes da vida.

Em última instância, a característica da responsividade é o que pode explicar a correlação com a depressão. É óbvio que se você tem respostas mais intensas aos acontecimentos da vida, os acontecimentos negativos podem cobrar um preço maior. Perder o emprego ou um relacionamento importante, por exemplo, pode deixá-lo mais suscetível à depressão do que outras pessoas. Mas a capacidade de resposta também ajuda a explicar por que essa ligação nem sempre existe. O que acontece, por exemplo, quando uma pessoa com genes da plasticidade recebe apoio, estímulo e validação? Ela continua a apresentar uma resposta mais intensa às circunstâncias, mas nesse caso isso é positivo e dá a ela uma vantagem que outros não têm. Chamamos essa vantagem de efeito estimulante da sensibilidade. Esse estímulo permite que pessoas sensíveis voem muito mais alto do que as demais quando recebem apoio básico. Faz sentido, então, que esses indivíduos tenham um risco mais *baixo* de depressão, porque estão protegidos pelo poderoso efeito positivo do ambiente de um jeito que os outros não estão.

Em outras palavras, quanto mais sensível você for, maior proveito vai tirar de qualquer experiência, seja ela boa ou ruim – em grande medida por causa dos seus genes.

Os três tipos de sensibilidade

O fato de a sensibilidade não ser determinada por um gene só ajuda a explicar por que não há duas pessoas sensíveis exatamente iguais. Até agora, pesquisadores identificaram três tipos diferentes de sensibilidade.[10]

Baixo limiar sensorial: Você é sensível às informações que recebe por meio dos sentidos, como visões, cheiros, sons e texturas. Ou, como gostamos de dizer, você é um *supersensor*. Por um lado, esse tipo de sensibilidade determina quanto você está sintonizado com o ambiente e, por outro, a rapidez com que se sente hiperestimulado. Você pode ter um baixo limiar sensorial se apresentar alguma destas tendências:

- Você se sente cansado ou fica rapidamente assoberbado em ambientes cheios ou agitados.

- Você tem uma reação intensa a pequenas doses de cafeína, álcool, medicamentos ou outras substâncias.
- Você se sente muito incomodado com ruídos altos (como alarmes ou gritos), texturas ásperas ou desconfortáveis (como um suéter de lã) ou luzes fortes.
- Você é sensível a pequenas mudanças de temperatura, como quando sente que um cômodo está um pouco quente ou frio demais.

Facilidade de estimulação: Você responde com facilidade a estímulos emocionais, tanto internos quanto externos. Você é um *supersentidor*. Esse tipo de sensibilidade geralmente vem acompanhado de uma capacidade inata de ler as pessoas, mas também significa que você pode se apegar demais a detalhes ou ter dificuldade para lidar com emoções mais dolorosas. Pode ser que esse seja seu tipo de sensibilidade se você tiver os seguintes comportamentos ou sensações:

- Você absorve facilmente o humor e as emoções dos outros.
- Você precisa de muito tempo de inatividade para acalmar o sistema nervoso e recarregar as energias.
- Você se sente estressado ou esgotado quando tem que fazer muita coisa em pouco tempo.
- Você fica irritadiço facilmente quando está com fome.
- Você é muito sensível à dor física (baixa tolerância à dor).
- Você se esforça para não cometer erros (porque os erros fazem com que você se sinta extremamente constrangido ou envergonhado).
- Você se assusta com facilidade (tem reflexo de sobressalto elevado).

Sensibilidade estética: Você presta muita atenção nos detalhes ao seu redor, especialmente os artísticos. Você é um *esteta*, alguém que tem apreço especial pela arte e pela beleza. Entre os sinais de que você pode ter alta sensibilidade estética estão:

- Você se sente profundamente comovido por música, poesia, obras de arte, romances, filmes, séries e peças de teatro – e por uma sala bem decorada ou uma cena impressionante da natureza.

- Você tem um grande apreço por aromas e sabores delicados (como os de um bom vinho).
- Você repara em pequenos detalhes que os outros não percebem.
- Você sabe o que precisa ser mudado para melhorar um ambiente desconfortável (como ajustar o termostato ou reduzir a luminosidade).
- Você tem um mundo interior rico e imaginativo.

Se você é sensível, pode ser muito responsivo em todas essas três categorias ou em apenas uma ou duas delas. Michael Pluess, um cientista comportamental da Queen Mary University, em Londres, e um dos principais pesquisadores da sensibilidade no mundo, aponta que, além desses três tipos de sensibilidade, algumas pessoas são simplesmente programadas para responder com mais intensidade a experiências negativas (um dia ruim, uma perda, um trauma, etc.), enquanto outras respondem de forma mais intensa a experiências positivas (por exemplo, ao assistir a um filme inspirador ou receber um elogio do chefe). Essas diferenças de sensibilidade são causadas, em parte, por variações em nossos genes. No capítulo que assinam no livro *The Highly Sensitive Brain* (O cérebro altamente sensível), as pesquisadoras Corina U. Greven e Judith R. Homberg colocam a questão da seguinte forma: "A sensibilidade pode ser considerada multifacetada e altamente flexível, sendo afetada tanto pela variação nos genes quanto pelas experiências de vida, inclusive pelos ambientes da infância."[11]

Isso nos leva à causa seguinte da sensibilidade: o ambiente da sua infância, inclusive o primeiro que você experimentou, o útero da sua mãe.

O que os filhos dos sobreviventes do 11 de Setembro nos ensinam

Na manhã de 11 de setembro de 2001, dezenas de milhares de pessoas estavam cuidando da própria vida na área ao redor do World Trade Center.[12] De acordo com Annie Murphy Paul, autora de *Origens: Como os nove meses anteriores ao nascimento moldam a nossa vida*, cerca de 1.700 dessas pessoas eram mulheres grávidas.[13] Quando os aviões se chocaram e as Torres Gêmeas caíram, essas mulheres foram arrebatadas pelo caos. Algumas tiveram que lutar pela própria vida para sair das torres antes que as estruturas desabassem. Outras testemunharam o horror a partir de prédios vizinhos. Cerca de metade dessas mulheres viria a desenvolver TEPT, algo comum entre os sobreviventes do 11 de Setembro.[14] Muito depois de os terrores do dia terem terminado, o corpo delas estava convencido de que o perigo continuava. Embora estivessem em segurança, elas sofreram com ataques de pânico e pesadelos. Tomavam um susto ao menor indício de ameaça.

Naquela mesma manhã, a cerca de 25 quilômetros dali, Rachel Yehuda estava chegando para trabalhar no Bronx Veterans Affairs Medical Center.[15] Depois de encontrar uma TV e assistir ao desenrolar das atrocidades, Yehuda começou a imaginar os efeitos a longo prazo do 11 de Setembro nos sobreviventes. Pesquisadora de TEPT, ela havia passado toda a carreira trabalhando com sobreviventes do Holocausto e veteranos da Guerra do Vietnã. Em 1993, abriu a primeira clínica psiquiátrica dedicada ao tratamento de sobreviventes do Holocausto. Ela imaginou que receberia uma enxurrada de telefonemas de pessoas que haviam vivenciado diretamente a crueldade nazista, mas o que aconteceu a surpreendeu. Em vez disso, ela recebia mais ligações de filhos adultos dos sobreviventes do que dos próprios sobreviventes – numa proporção de cerca de cinco para um. "Muitos desses membros da segunda geração apresentavam sintomas de TEPT", disse Yehuda a Paul em seu livro. Eles descreviam os mesmos pesadelos, a mesma ansiedade e até a mesma hipervigilância que afetavam os pais, embora não tivessem tido uma vida particularmente traumática.

Na época, a hipótese era que os filhos de sobreviventes de traumas ficavam marcados ao ouvir as histórias de seus pais e testemunhar suas dificuldades. E essa experiência os deixava mais assustados, mais ansiosos, mais sintonizados com os perigos onipresentes no mundo. Mas Yehuda teve uma ideia diferente. Nos anos que se seguiram, ela foi coautora de vários estudos que examinaram como o trauma afetava os filhos dos sobreviventes. Ela descobriu que os bebês das sobreviventes do 11 de Setembro tinham níveis de cortisol semelhantes aos da mãe. Os níveis de cortisol são um preditor chave de quem desenvolverá ou não TEPT, e o efeito era mais forte se o 11 de Setembro tivesse ocorrido no terceiro trimestre da gravidez. Um estudo posterior trouxe outra reviravolta: as crianças eram mais propensas a desenvolver TEPT se a mãe – não o pai – também tivesse TEPT.[16]

O que estava acontecendo? Como essas crianças eram pequenas demais para ouvir e entender as histórias aterrorizantes sobre o 11 de Setembro, a explicação padrão não se sustentava. E como o efeito era mais forte quando o trauma ocorria no terceiro trimestre de gravidez, não era tão simples quanto os bebês terem herdado genes que aumentavam o risco de TEPT. Será que a experiência do trauma da mãe poderia ser transmitida ao bebê antes mesmo de ele nascer?

Mensagens dos nossos ancestrais

Yehuda havia esbarrado naquilo que os cientistas hoje chamam de *epigenética*, o estudo relativamente recente de como nossas experiências mudam a forma como nossos genes funcionam.[17] Não apenas as nossas próprias experiências afetam a expressão genética, mas as dos nossos ancestrais também. Simplificando, os marcadores epigenéticos ligam ou desligam certos genes, permitindo que uma espécie responda rapidamente ao seu ambiente. Nem todas essas mudanças são permanentes, e os marcadores não alteram de fato o código do seu DNA.

Imagine que seus genes são uma biblioteca. Cada livro contém as instruções para torná-lo quem você é. A epigenética ajuda a escolher quais livros são lidos e quais são deixados na estante. Acontecimentos traumáticos – como guerras, o Holocausto ou o 11 de Setembro – podem mudar a forma como seus genes são lidos ou expressos, mas circunstâncias do dia a dia também podem surtir esse efeito. Fatores como alimentação, exercícios e envelhecimento podem alterar o funcionamento dos nossos genes. A epigenética também ajuda a explicar por que algumas pessoas são sensíveis.

A evidência que dá suporte à epigenética vem de um estudo recente com arganazes-das-pradarias, um pequeno mamífero amarronzado que parece um camundongo.[18] Nesse estudo, conduzido por Jay Belsky e outros, algumas fêmeas grávidas foram colocadas em uma situação estressante (dividiram a gaiola com um arganaz-das-pradarias agressivo), enquanto outras, não. A seguir, seus filhotes foram entregues a pais adotivos. Metade desses pais eram considerados bons cuidadores; para esses animaizinhos, isso significa muita amamentação, lambidas e cuidados de higiene. A outra metade foi entregue a pais negligentes. Quando os arganazes chegaram à idade adulta, os cientistas avaliaram seu nível de ansiedade.

Os resultados não deixaram dúvidas. Os arganazes cujas mães foram estressadas e que haviam sido adotados por bons pais eram os *menos* ansiosos de todos os animais – mesmo em comparação com aqueles cujas mães não foram estressadas. Os arganazes que haviam passado por estresse antes do nascimento e depois foram adotados por pais negligentes eram os *mais* estressados de todos os animais. Os demais, que não haviam passado por nenhum estresse antes do nascimento, ficaram em algum ponto a meio caminho na escala, e o fato de terem pais bons ou ruins não fez diferença nenhuma no nível de ansiedade deles.

À primeira vista, esses resultados podem parecer irrelevantes, mas na verdade são revolucionários. Até aquele momento, cientistas haviam se concentrado apenas nas desvantagens do estresse pré-natal, como o trauma passado para as gerações futuras após o 11 de Setembro. Mas, assim como astrônomos podem ser cegados por um único grão de poeira, as ciências sociais podem ser ofuscadas pelo simples viés humano. Às vezes, esse viés é perdoável; como nos disse um pesquisador do desenvolvimento, ninguém pede que você estude seu filho quando está tudo indo bem. Por isso os primeiros trabalhos sobre sensibilidade se concentraram nas pessoas que apresentavam algum tipo de dificuldade. Belsky, juntamente com Pluess, via a questão de outra forma. À semelhança do gene *SERT*, talvez o estresse pré-natal de alguma forma aumentasse a plasticidade, enviando uma "mensagem" aos bebês antes de eles nascerem: "Atenção! O mundo lá fora é selvagem." Essa mensagem os prepara para serem mais responsivos ao ambiente após o nascimento, tornando-os mais capazes de lidar com um mundo cheio de altos e baixos do que crianças submetidas a menos estresse pré-natal. Chamamos isso de *efeito estimulante da sensibilidade*.

A outra metade da história

No grande debate natureza *versus* criação (ou inato *versus* adquirido), a resposta mais comum é: "As duas coisas importam." Mas essa observação se aplica especialmente a pessoas sensíveis, porque o padrão genético delas as torna mais responsivas à criação. E, para a nossa surpresa, cientistas conseguiram atribuir um número exato à conta: seus genes são cerca de 47% responsáveis pela sua sensibilidade.[19] Os outros 53% vêm do que cientistas chamam de *influências ambientais*. (Pluess descobriu isso estudando pares de gêmeos que tinham os mesmos genes, mas apresentavam diferentes pontuações em termos de sensibilidade.) Em consequência disso, influências como família, escola e a comunidade podem tornar uma pessoa mais sensível e ser mais relevantes para a sensibilidade do que para outras características.

Em particular, pesquisadores acreditam que nossas experiências nos primeiros anos de vida são especialmente importantes, embora não saibam ao certo quais experiências nos tornam mais ou menos sensíveis. "Essa é uma das questões mais importantes ainda a serem exploradas", nos disse Pluess em uma entrevista.[20]

Uma pista vem de um estudo recente feito nos Estados Unidos por Zhi Li e colegas, que analisaram como os níveis de sensibilidade das crianças mudaram ao longo de um ano.[21] Em um laboratório decorado para se parecer com uma sala de estar, as crianças montaram quebra-cabeças, brincaram e, em um dos casos, tiveram sua paciência testada com guloseimas que elas deveriam esperar para comer. A equipe procurava sinais de sensibilidade, como criatividade, pensamento profundo e persistência em tarefas desafiadoras. Os pesquisadores fizeram até mesmo algumas coisas inusitadas, para ver como as crianças reagiriam. Em um experimento, um estranho usando um saco plástico preto na cabeça entrou na sala, ficou ali por 90 segundos e depois saiu sem dizer nada, nem mesmo olhar para a criança. O objetivo era ver se as crianças sensíveis teriam mais medo do que as menos sensíveis (não tiveram). Em outro experimento, Li e seus colegas fingiram machucar a cabeça ou o joelho, gritando de dor. Eles estavam testando se as crianças sensíveis mostrariam mais empatia (mostraram). Todas as crianças do experimento tinham cerca de 3 anos na primeira sessão e retornaram com cerca de 4 anos para a segunda, e a maioria dos experimentos foi repetida.

Os pesquisadores estavam atentos a reações sutis. Eles sabiam que crianças sensíveis tendem a ser mais abertas a construir relacionamentos positivos, mas também tendem a ser mais reservadas. Assim, a equipe de Li procurou pequenos sinais, como o desejo das crianças de agradar os cientistas sendo educadas e seguindo atentamente as instruções. Eles também esperavam que as crianças sensíveis monitorassem o próprio desempenho e refletissem sobre o feedback antes de tomar decisões. Além disso, supunham que as crianças sensíveis seriam mais cautelosas em geral e se esforçariam mais para controlar suas emoções e seus impulsos.

Li também queria ter um vislumbre da vida familiar das crianças. Elas viviam em um lar imprevisível e caótico ou seguro e estável? Seus pais eram gentis, atenciosos e justos ou ríspidos, impacientes e repressores, do tipo que grita quando os filhos cometem um erro ou se comportam mal? Para avaliar esse ambiente, os investigadores observaram as mães conversando com seus filhos sobre uma ocasião recente em que a criança havia se comportado mal. Eles também avaliaram as crianças quanto ao funcionamento cognitivo e a quaisquer problemas comportamentais, como depressão, déficit de atenção e agressividade.

Depois que o último experimento foi finalmente concluído e os números, analisados, os cientistas notaram um padrão interessante: um gráfico em forma de "U". As crianças que viviam nos ambientes mais extremos – com muito apoio ou sendo muito negligenciadas – permaneceram em um nível consistente de sensibilidade elevada de um ano para o outro. As que viviam em ambientes neutros ou intermediários – com apoio razoável, sem serem necessariamente negligenciadas – apresentaram uma *redução* nos níveis de sensibilidade. Assim como no estudo do arganaz-das-pradarias, as crianças sensíveis criadas em ambientes com muito apoio foram as que mais se beneficiaram entre todas as crianças, exibindo o melhor funcionamento cognitivo e o menor número de problemas comportamentais.

Por quê? Os cientistas não sabem ao certo, mas acham que isso tem algo a ver com o que faz sentido para o corpo em termos de gasto de energia. O cérebro de uma pessoa sensível trabalha muito, e ela pode gastar mais tempo em cada tarefa, consumindo mais energia. Em ambientes com muito apoio, as crianças provavelmente se beneficiam ao se tornarem sensíveis, apesar do custo de energia que isso representa, porque sua sensibilidade permite que aprendam melhor e prosperem – elas tiram o máximo proveito de seu ambiente excepcional. Infelizmente, em ambientes hostis, as crianças provavelmente também se beneficiam da sensibilidade, que as ajuda a estar atentas às ameaças e a analisar cuidadosamente as situações antes de tomar decisões. Também as ajuda a atender às demandas de seus cuidadores, que podem ser imprevisíveis, insensíveis às suas necessidades ou severos em termos de disciplina.

Depois, vêm as crianças criadas em ambientes neutros. Elas provavelmente não se tornam tão sensíveis porque isso não as beneficiaria tanto. A sensibilidade é um desperdício de energia, porque elas têm poucas ameaças das quais se defender e poucas experiências enriquecedoras com as quais aprender. Como qualquer adulto sensível pode atestar, ser altamente responsivo ao ambiente pode ser um processo exaustivo e de alto consumo de energia, um comportamento que não vale a pena adotar de maneira inconsequente.

Portanto, eis aqui outra pista sobre o que provoca a sensibilidade. Em seus primeiros anos de vida, se você foi criado em um ambiente hostil, pode ter se tornado mais sensível como estratégia para sobreviver. Se, no entanto, você foi criado em um ambiente com muito apoio, pode ter se tornado mais sensível para poder absorver os benefícios até a última gota.

A vantagem da sensibilidade

Mas quanto essas experiências do início da vida realmente importam? Por exemplo, se você não herdou o padrão genético da sensibilidade, mas seus pais brigavam muito na sua infância, será que você hoje é um adulto altamente sensível? Não necessariamente. Por outro lado, se você herdou os genes da sensibilidade, mas foi criado em um ambiente neutro, esse ambiente anulou seus genes? Provavelmente não. Parece que as primeiras experiências da vida aumentam a sensibilidade, mas o padrão genético deve estar presente, para começo de conversa. Voltando ao estudo das crianças pequenas, ao longo de um ano, as que já pontuaram mais alto em termos de sensibilidade não mudaram tanto quanto as outras crianças, provavelmente porque seus genes já as tornavam sensíveis. Foram as crianças que começaram com menor pontuação as que apresentaram maior aumento da sensibilidade em ambientes extremos, porque estavam se adaptando ao ambiente.

Como Pluess nos disse, se a sensibilidade fosse simplesmente uma resposta ao trauma, seria algo bastante raro, mas não é. Pelo contrário, pessoas sensíveis estão por toda parte – cerca de 30% da população –, e muitas delas tiveram uma infância comum. Para Pluess, isso significa uma coisa: a sensibilidade deve oferecer uma vantagem maior do que os cientistas haviam percebido a princípio.

Ao revisar os dados, ele achou ter descoberto qual era essa vantagem. E se a oscilação pudesse ser ainda maior do que os pesquisadores acreditavam de início? E se pessoas sensíveis estivessem efetivamente prontas para ultrapassar as demais, dadas as condições adequadas, mesmo que mais tarde na vida? Pluess chamou esse conceito de *sensibilidade de vantagem*, a tese de que a alta sensibilidade é uma característica adaptativa que maximiza o benefício de qualquer forma de apoio.

Para testar essa teoria, Pluess elaborou seu próprio estudo sobre depressão, não com base no gene *SERT*, mas na pontuação de sensibilidade de cada pessoa.[22] É importante ressaltar que o estudo dele analisou adolescentes, que já haviam passado há muito tempo do estágio de desenvolvimento da primeira infância. Além de serem mais velhos, os adolescentes viviam em um dos bairros mais pobres da Inglaterra. Estatisticamente, eram menos propensos a ter uma família estável, o que os colocava sob alto risco de desenvolver depressão. Mas se a sensibilidade de vantagem fosse mesmo um fato, os mais sensíveis deveriam ser os mais aptos a superá-la.

Nesse estudo, todos os adolescentes participaram de um programa antidepressão. O programa durou cerca de quatro meses e ensinou aos jovens técnicas para reconhecer e aprender a lidar com os sintomas da doença. Eles foram avaliados em várias ocasiões – antes, durante e depois – para se medir quanto o programa os estava ajudando. Os resultados foram impressionantes. Para os adolescentes como um todo, o programa parecia ter um impacto pequeno – até sua pontuação em um teste de sensibilidade ser levada em consideração. Os jovens menos sensíveis quase não obtiveram nenhum benefício, enquanto, para os sensíveis, o programa foi uma enorme vitória: eles superaram a depressão durante e pelo menos um ano após o término do estudo, quando os pesquisadores pararam de monitorá-los. O êxito parecia contradizer os modelos anteriores. Ali estavam jovens cujo ambiente infantil pode ter sido o mais difícil de todos, e a sensibilidade deles não apenas os ajudava a sobreviver mas era como um trampolim que os permitia superar seus pares.

Esses resultados se repetiram com pessoas sensíveis de outras idades e em diferentes circunstâncias. Adultos sensíveis à beira do divórcio têm maior probabilidade de salvar seu casamento se houver uma intervenção.[23] Crianças sensíveis que recebem cuidados de qualidade desenvolvem mais habilidades sociais e tiram notas melhores do que crianças menos sensíveis com os mesmos cuidados,[24] apresentando inclusive uma pontuação mais alta em relação ao altruísmo.[25] Enquanto isso, terapeutas relatam que pessoas sensíveis de todas as idades parecem progredir mais e tirar mais proveito das sessões. Na idade adulta, podem até se tornar mais resistentes ao estresse do que as menos sensíveis, o oposto do que a maioria esperaria. Pessoas sensíveis, ao que parece, não são florzinhas delicadas que murcham caso suas condições não sejam absolutamente perfeitas. Pelo contrário, elas se assemelham mais às suculentas: nenhuma gota de alimento lhes escapa, e elas continuam a absorvê-lo para crescer e dar lindas flores.

Pessoas sensíveis estão destinadas ao supercrescimento

Essa vantagem das pessoas sensíveis não é valorizada – tanto por pessoas como o pai de Bruce Springsteen quanto por muitos cientistas sociais – porque ela é, em parte, contraintuitiva. Como as pessoas que se estressam com mais facilidade também são as que se destacam? Isso é também uma questão de linguagem. Temos muitas palavras para descrever pessoas mais vulneráveis a coisas ruins ou que estão mais protegidas delas. Que nome se dá a alguém que tira um benefício extra de coisas boas? Belsky, que conduziu o estudo do arganaz-das-pradarias e orientou Pluess, chegou a perguntar a colegas que falavam oito idiomas se eles tinham uma palavra para isso. O mais próximo que alguém conseguiu chegar foi *sortudo*.

Por isso Belsky e Pluess inventaram a *sensibilidade de vantagem*, e nós oferecemos o termo menos técnico *efeito estimulante da sensibilidade*. Pessoas sensíveis obtêm um estímulo maior dos mesmos fatores favoráveis aos outros: um mentor, um lar saudável, um grupo valioso de amigos. Esse estímulo permite que elas façam mais e que cheguem mais longe ao receber um empurrãozinho na direção certa. Pessoas sensíveis estão destinadas ao *supercrescimento*.

As duas metades da equação da sensibilidade estiveram presentes na criação de Springsteen. Por um lado, crescer com um pai raivoso e repressor é exatamente o tipo de trauma que sabemos intensificar a sensibilidade.[26] (Em certo sentido, as tentativas de seu pai de torná-lo mais durão podem tê-lo tornado ainda mais sensível.) A mãe de Springsteen, Adele, era diferente. Trabalhando como secretária em um escritório de advocacia, ela garantia o sustento da família e representava uma força estabilizadora na vida caótica do jovem Bruce. De acordo com ele, Adele era gentil, compassiva e atenciosa com os sentimentos das outras pessoas. Também incentivava o filho. Quando Bruce achou que poderia se tornar um astro do rock, por exemplo, sua mãe juntou dinheiro para alugar o primeiro violão dele. Essa primeira tentativa foi um alarme falso – ele acabou abandonando a música até encontrar um mentor melhor alguns anos depois –, mas esse é exatamente o tipo de apoio inabalável que faz a sensibilidade valer muito a pena.

O passado não precisa atravancar nosso caminho

Ao longo de uma carreira de seis décadas, Bruce Springsteen ganhou um Oscar, um Tony, vinte Grammys e outros prêmios. A *Rolling Stone* afirmou que seu show no intervalo do Super Bowl de 2009 foi um dos maiores de todos os tempos. Ele integra o Rock & Roll Hall of Fame e é um dos músicos mais famosos e mais bem pagos do mundo.[27] Seu pai, Douglas, viveu para vê-lo ascender à fama. Por fim, Bruce descobriu que tinha mais em comum com o pai do que pensava. Douglas pode ter sido um touro por fora, mas por dentro "ele abrigava uma gentileza, uma timidez, um acanhamento e uma insegurança sonhadora".[28] Seu pai, conforme percebeu ele, também era sensível; apenas escondia essa característica. Ao contrário do jovem Bruce, que "deixava transparecer todas essas coisas. Ele era delicado. E odiava delicadeza. Claro, ele havia sido criado assim. Um filhinho da mamãe, assim como eu", escreve Bruce em suas memórias. Enquanto Douglas enterrava sua sensibilidade debaixo de cerveja e brigas, Bruce a acolhia e a levava a grandes alturas.

Apesar de seu extraordinário sucesso, uma pergunta ainda o persegue: quem ele é? Depois de todos esses anos, ele ainda não sabe. Bruce Springsteen, diz ele, é "uma criação", algo que permanece "líquido".[29] Ele declarou à *Esquire*: "Você está em busca de coisas, como todo mundo. A identidade é uma coisa escorregadia, não importa há quanto tempo você esteja atrás dela." Mais especificamente, por que ele é do jeito que é? E será que seu DNA vai comandar sua vida para sempre?

Assim como Springsteen, você pode ter feito a si mesmo essas mesmas perguntas. Por que você é do jeito que é? É por causa do DNA? De suas experiências de vida? As respostas, hoje sabemos, são "Sim" e "Sim também".

Mas existe outra resposta. Springsteen nos mostra que não estamos presos a experiências do passado sobre as quais não tínhamos controle. Você pode ter tido uma infância normal ou até mesmo sofrido abuso, mas agora tem o poder de moldar quem deseja ser – e ainda mais poder do que as pessoas menos sensíveis têm –, graças ao *efeito estimulante da sensibilidade*. Springsteen empregou bem esse poder. Depois de duas crises de saúde mental, aos 30 e aos 60 anos, ele se dedicou à terapia e à autoanálise. E descobriu que sua infância o colocou numa determinada trajetória, mas sua sensibilidade lhe permitiu mudá-la. Em outras palavras, sua sensibilidade é uma virtude.

capítulo 3

As cinco virtudes da sensibilidade

> Ter um dom não significa que você recebeu algo.
> Significa que você tem algo a oferecer.
> — Iain S. Thomas

Quando Jane Goodall se sentou para sua entrevista de 2014 para a PBS, ela já era um ícone.[1] Segurando um chimpanzé de pelúcia e acariciando seu pelo, Goodall era um dos maiores nomes da biologia: uma mulher que não apenas passara décadas fazendo pesquisas inovadoras como também havia preenchido a lacuna entre a biologia e a imaginação do público. Ela foi a primeira pessoa a nos apresentar os comportamentos – e as emoções – incrivelmente humanos dos chimpanzés, apagando a linha que antes existia entre a humanidade e os animais "sem alma". Se você já viu Koko, a gorila, se comunicando por meio da linguagem de sinais, é em parte graças a Goodall.[2] E se você já pensou que faz todo o sentido que os humanos tenham evoluído de primatas, é também em parte graças a Goodall.

Mas se você perguntar a Goodall o que lhe permitiu fazer um trabalho tão inovador, ela não dirá que foi sua formação acadêmica.[3] Ela deu início a sua jornada antes de frequentar a faculdade. Simplesmente foi para a África e seguiu as instruções de um professor com quem havia falado. Tampouco era motivada por uma paixão particular por chimpanzés – pelo menos não no início. Embora tenha crescido idolatrando personagens como Mogli, de *O livro da selva*, e até tivesse um chimpanzé de pelúcia chamado Jubilee, ela escolheu estudar esses animais porque perguntou a seu mentor em qual área seu impacto poderia ser maior. Esse mentor, o antropólogo Louis Leakey, acreditava que os chimpanzés poderiam jogar luz sobre a natureza humana, e Goodall levou sua sugestão a sério.

Sem nenhum tipo de treinamento formal, o que permitiu a Goodall se destacar? Sua personalidade, mais especificamente a forma calorosa e compassiva com que via seus objetos de pesquisa, os chimpanzés. Naquela época, outros cientistas atribuíam números aos animais; Goodall lhes dava nomes. "Disseram-me que devemos atribuir números porque precisamos ser objetivos como cientistas", disse Goodall na entrevista. "E que não devemos ter empatia com nossas cobaias. Eu acho que é aqui que a ciência está equivocada."[4] Outros cientistas se mantinham afastados, como observadores distantes; Goodall conquistou a confiança dos chimpanzés e andou ao lado deles.

O resultado foi espetacular. O que à distância parecia um comportamento de nidificação pouco inteligente, por exemplo, para Goodall, em uma observação mais detalhada, lembrava as peculiaridades humanas. Uma chimpanzé chamada Sra. Maggs testou cuidadosamente os galhos de uma árvore antes de decidir se instalar ali. Goodall escreveu que as pessoas experimentavam a cama do hotel da mesma maneira. Será que era dura demais, macia demais, irregular demais? Será que deveriam mudar de quarto?

Goodall chegou até a entender o humor dos chimpanzés. Um dia, quando ela passeava pela beira de um penhasco, um chimpanzé macho saiu correndo do mato diretamente na direção dela. Qualquer outro biólogo teria se encolhido para evitar ser empurrado e registraria o evento como um ataque. Goodall, no entanto, sabia que aquele chimpanzé era um brincalhão. Ela fingiu surpresa, o chimpanzé parou, e os dois começaram a "rir" cada um à sua maneira. (A risada do chimpanzé soa aos nossos ouvidos como uma respiração estridente.) O chimpanzé repetiu a brincadeira quatro vezes, de forma muito similar a uma criança que conta sua piada preferida sem parar. Ele jamais chegou sequer a encostar nela.

Na falta de um manual, Goodall simplesmente fazia o que lhe parecia natural – o que, felizmente, era ter empatia. Outro observador não treinado poderia ter seguido o padrão de identificar os chimpanzés por características físicas ou vivido com medo de ser atacado. Algumas pessoas sem treinamento poderiam até ter tentado controlar os chimpanzés à força, dando origem a mais um conto de terror na história da ciência. Mas a personalidade de Goodall tem um padrão diferente: mantenha-se afetuoso e aberto, dedique algum tempo a entender o que as pessoas (e os animais) estão sentindo e trate todo mundo, inclusive os chimpanzés, da maneira que você gostaria de ser tratado. "A empatia é muito importante", disse ela. "Somente quando nosso cérebro inteligente e nosso coração humano trabalham juntos, em harmonia, podemos alcançar nosso verdadeiro potencial."[5]

Apesar de seu sucesso, dizer que sua abordagem encontrou alguma resistência é eufemismo. Na época, antropomorfizar animais de qualquer forma que fosse – mesmo apenas dando-lhes nomes – era proibido e poderia acabar com a carreira de um cientista. Era considerado um viés grave supor que qualquer animal, não importa qual fosse seu comportamento, poderia compartilhar os mesmos sentimentos interiores que as pessoas. Atrever-se a falar do viés oposto – que os biólogos poderiam estar negligenciando emoções muito reais dos animais – era efetivamente impublicável. Ainda hoje, pesquisadores respeitados, herdeiros do trabalho de Goodall, precisam ser cautelosos, como explicou o primatologista Frans de Waal em uma entrevista de 2019. Se você fizer cócegas em um chimpanzé, diz De Waal, ele ri, exatamente como Goodall descobriu, mas seus colegas mesmo assim não usam este termo. Em vez disso, eles dizem que os chimpanzés produzem uma "vocalização ofegante".[6]

Goodall não via sentido nenhum em apagar a vida interior de suas cobaias dessa forma. Mesmo após as críticas ao seu trabalho inicial, ela continuou a estudar os aspectos emocionais, sociais e, às vezes, humanos dos primatas. Afinal, raciocinou ela, as emoções deles eram reais e podiam ser observadas e documentadas. Sua empatia e sua abertura não estavam, portanto, em desalinho com seu trabalho científico. Elas o aprimoraram.

Hoje sabemos que a abordagem de Goodall mudou a história da ciência. Suas pesquisas não foram válidas somente para os primatologistas; elas influenciaram a ecologia e a ciência nascente do ambientalismo. E, como previu seu mentor, nos ajudaram a entender nossa herança como seres humanos. Pouquíssimos cientistas podem dizer que ajudaram a moldar várias novas disciplinas e revolucionaram outras, mas Jane Goodall pode. E todas as suas contribuições teriam sido perdidas se alguém a tivesse convencido a não se importar tanto.

Além do *efeito estimulante da sensibilidade*, que descrevemos no Capítulo 2, a sensibilidade dá acesso a cinco virtudes distintas. Goodall é um exemplo de uma das mais poderosas dessas virtudes: a empatia. As outras quatro são a criatividade, a inteligência sensorial, a profundidade de processamento e a profundidade emocional. Todas elas se baseiam, em última instância, na capacidade de resposta ao ambiente com a qual nascemos.

Ao ler sobre essas virtudes, tenha em mente que você pode não se identificar na mesma medida com todas as cinco. Isso é normal – sendo uma pessoa sensível, você pode ter acesso a todas elas, mas as experiências de vida o levarão a desenvolver umas mais do que outras. Cada uma dessas virtudes, no entanto, é um tesouro por si só, e todas lhe proporcionam alguma vantagem.

Empatia

A palavra *empatia* é uma invenção moderna.[7] Vem do campo da estética, o estudo sobre o que torna a arte bela. Há pouco mais de um século, filósofos alemães discutiam como era possível que uma obra de arte nos fizesse sentir alguma coisa, já que ela é apenas uma combinação de formas e cores. A melhor teoria que desenvolveram foi a de que nós nos "projetamos" na obra de arte – *Einfühlung*, ou empatia –, aplicando nossa própria perspectiva emocional ao que vemos. Assim, quando uma pessoa observa uma pintura, imagina as emoções que sentiria se ela mesma a tivesse pintado – ou se fizesse parte dela – e experimenta algo semelhante ao que o artista talvez tenha sentido. As emoções, de acordo com a empatia, podem ser transmitidas pelos sentidos físicos, como qualquer outra informação. Não demorou muito para esse conceito migrar para a florescente ciência da psicologia. Se somos capazes de nos "projetar" em uma obra de arte, sem dúvida podemos também nos "projetar" em outro ser humano.

Pessoas sensíveis têm empatia de sobra, tanto que a diferença pode ser vista em exames cerebrais de imagem. Em um estudo citado no Capítulo 1, os participantes olharam fotos de pessoas tristes ou sorridentes.[8] Algumas fotos eram de desconhecidos, outras eram do parceiro romântico do participante. Em termos neurológicos, todos apresentaram algum grau de resposta empática, especialmente em relação a entes queridos tristes, mas os mais sensíveis tiveram maior atividade cerebral em regiões associadas à consciência, à empatia e ao relacionamento com os outros – mesmo diante de fotos de desconhecidos. O cérebro das pessoas sensíveis também se iluminou em áreas relacionadas ao planejamento de ações. Isso indica que – como as pessoas sensíveis relatam com frequência – elas não conseguem observar um desconhecido sofrendo sem sentir um forte desejo de ajudar. Pessoas sensíveis, ao que parece, são atletas de ponta da empatia.

É justamente a essa característica que Jane Goodall credita seu sucesso.[9] E, embora a história dela possa parecer notável, quando se trata do poder de indivíduos com alto grau de empatia, isso é o que deveríamos esperar. Nas últimas décadas, um número cada vez maior de pesquisadores voltou sua atenção para essa característica humana antes subestimada, e o trabalho deles levou a uma série de avanços. A empatia, por exemplo,[10] é tanto genética (algumas pessoas têm mais do que outras) quanto adquirida (todos podem aprender a ter mais).[11] Mas talvez a maior descoberta seja o fato de a empatia ser a raiz de duas das atividades humanas mais importantes: ela permite a existência da moralidade e impulsiona o progresso.

O oposto da empatia

A professora de psicologia Abigail Marsh testemunhou em primeira mão o poder da empatia.[12] Ela começou a estudar a empatia depois que sofreu um acidente de carro e um desconhecido atravessou quatro faixas de trânsito, no escuro, para salvar sua vida. Mais de 20 anos depois, trabalhando com uma equipe da Universidade de Georgetown, Marsh provou que o cérebro de pessoas altamente altruístas – como ela descreveria a pessoa que a salvou – é diferente do das pessoas "comuns" e que a empatia responde por grande parte dessa diferença.[13]

Mas Marsh não deu início a sua pesquisa observando esses indivíduos com alto grau de empatia. Ela começou procurando pessoas sem empatia nenhuma.

Um exemplo extremo de indivíduo com baixo grau de empatia, ela sabia, seria um psicopata clássico.[14] Isso não era especulação: foi constatado que pessoas diagnosticadas com psicopatia têm amígdalas menores e menos ativas. Essa é a parte do cérebro que identifica sinais de medo ou dor em outras pessoas e que, por sua vez, permite que a empatia se manifeste. Embora psicopatas tenham a capacidade de sentir empatia caso se concentrem nisso, dados de imagens neurais sugerem que o padrão do sistema de empatia deles é "desligado". Isso é o oposto do que acontece com o restante de nós. Enquanto a maioria das pessoas precisa fazer um esforço para não se deixar afetar pelo sofrimento de alguém, psicopatas precisam fazer um esforço para ser afetados.

A ausência de empatia é uma das coisas mais assustadoras nos psicopatas.[15] Eles tendem a ser frios e lhes falta o desejo de ajudar os outros. Embora nem todos cometam crimes, os psicopatas facilmente se envolvem em comportamentos antissociais, cruéis ou até mesmo violentos.[16] O sistema judicial confirma isso: sendo apenas cerca de 1% da população em geral, os psicopatas representam 25% dos homens nas penitenciárias federais.[17]

Psicopatas representam o extremo inferior na escala de empatia. Como seria o extremo oposto? Será que níveis elevados de empatia também estão associados a algum tipo de transtorno grave? De jeito nenhum. Pelo contrário: os indivíduos com níveis de empatia mais altos não apenas são saudáveis como também tendem a ser capazes de atos extraordinários de compaixão. Pessoas como a que salvou a vida de Marsh são movidas não apenas por ideais mas por uma capacidade acima da média de sentir a dor dos outros e por um maior senso de cuidado. De muitas formas, a empatia é a diferença entre o bem e o mal.

Essa também é a principal característica necessária para a sobrevivência da humanidade. Como os professores de Stanford Paul R. Ehrlich e Robert E. Ornstein alertam no livro *Humanity on a Tightrope* (A humanidade na corda bamba), é improvável que a civilização continue se um maior número de pessoas não aprenderem a se colocar no lugar dos outros.[18] Eles apontam que alguns dos problemas mais terríveis da atualidade – como o racismo, o aquecimento global e as guerras – são alimentados pela perigosa mentalidade do "nós contra eles", que separa as pessoas em vez de uni-las. Da mesma forma, Claire Cain Miller, em um artigo para o *The New York Times*, afirma que a espécie humana vive um "déficit de empatia".[19] "Cada vez mais", diz ela, "vivemos em bolhas. A maioria de nós está cercada por pessoas parecidas conosco, que votam como nós, ganham como nós, gastam dinheiro como nós, têm uma educação como a nossa e praticam sua fé como nós". Esse déficit de empatia, sugere ela, está "na raiz de muitos dos nossos maiores problemas". É aí que entram as pessoas sensíveis com sua virtude da empatia – tudo isso graças a uma parte extraordinariamente ativa em seu cérebro.

Os incompreendidos neurônios-espelho

Nenhuma dessas descobertas teria surpreendido Adam Smith, o filósofo do século XVIII que também investigou o que leva os humanos a agir em termos morais. Smith supôs que a resposta estaria, entre todas as coisas, na nossa capacidade de imitar uns aos outros.[20] Assim como podemos imitar o que vemos as pessoas fazerem, propôs ele, podemos imitar seus sentimentos – simulando mentalmente o que outra pessoa está vivenciando. Usamos essa capacidade para julgar uns aos outros, para o bem ou para o mal, mas também podemos fazer o inverso: podemos imaginar como os outros *nos* julgariam. Essa habilidade, disse Smith, é que nos leva a decidir o que é certo e o que é errado. Ações que ganhariam a aprovação de um espectador imaginário seriam morais, enquanto ações que receberiam desaprovação seriam imorais. Segundo ele, a consciência humana se desenvolveu com base na nossa capacidade de emular os sentimentos alheios. David Hume, contemporâneo de Smith, concordava, mas se expressou de forma muito mais sucinta: "As mentes dos homens são como espelhos umas das outras."[21]

A teoria de Smith foi controversa em sua época,[22] mas hoje sabemos que está certa.[23] Estamos falando de um dos conceitos mais populares e mais incompreendidos da neurociência: os neurônios-espelho. Neurônios-espelho são células motoras no cérebro, do tipo que ajudam você a mexer o corpo.[24] Mas eles também se especializam em imitar a forma como *outras* pessoas se mexem e, por extensão, as emoções que expressam. Imagine o seguinte: se alguém estiver olhando para o seu lado esquerdo, você pode acabar olhando também. Se alguém estiver carrancudo, você pode começar a se sentir incomodado. Esses neurônios especializados foram considerados a explicação para o surgimento da linguagem, o nascimento da civilização e até mesmo os poderes psíquicos. (Stephen King faz bom uso dessa explicação com sua personagem Molly, da série *Castle Rock*. As habilidades empáticas de Molly incluem visões perturbadoras que ela consegue conter, precariamente, com a ajuda de analgésicos ilegais.)

Mas não é preciso ir tão longe. O que fica claro na pesquisa é que quem relata ter mais empatia também tem neurônios-espelho mais ativos,[25] e isso inclui as pessoas sensíveis.[26] Como previu Smith, nossa capacidade de reproduzir sentimentos está intimamente ligada à nossa capacidade de reproduzir movimentos físicos.[27] É possível observar essa conexão em experimentos em que os participantes têm que segurar um lápis na boca, ficando assim impossibilitados de imitar as expressões faciais alheias.[28] Eles instantaneamente se tornam piores em adivinhar os estados emocionais dos outros.

E se você está perguntando se o sistema de neurônios-espelho está no cerne da moralidade, a resposta também parece ser sim. O trabalho de Marsh demonstrou que altruístas que param o que estão fazendo para ajudar os outros, mesmo com um alto custo para si mesmos, tendem a ser indivíduos com alto grau de empatia.[29] Eles são os "anjinhos", em contraste com os "diabinhos" psicopatas. Uma série de pesquisas confirma isso, correlacionando altos níveis de empatia ou de atividade dos neurônios-espelho, especificamente, a atitudes pró-sociais de todos os tipos.[30] Até mesmo o recém-surgido campo da ciência do heroísmo, o estudo do que leva algumas pessoas a realizarem atos altruístas heroicos, deu sua contribuição.[31] Os pesquisadores dessa área descobriram que a empatia é um ingrediente-chave quando analisamos o que leva alguns a arriscarem a própria vida ou a carreira para ajudar os outros.

As bases do progresso humano

Por mais poderosa que seja, a empatia faz mais do que dar origem à moralidade humana. De inúmeras formas, ela também é a chave para as realizações humanas. Isso porque a inovação é uma atividade essencialmente coletiva, que se baseia na troca de ideias – e a empatia é o lubrificante dessa troca.

Para ver isso em ação, basta olhar para a antiga Biblioteca de Alexandria.[32] A maioria das pessoas a conhece pelo alto valor dos livros que pereceram no famoso incêndio que a destruiu. O que raramente é mencionado, no entanto, é que ela não era apenas uma biblioteca; era um *think tank* que reunia mentes brilhantes de inúmeras culturas. Os resultados foram espetaculares. Por volta do século II a.C., pesquisadores da Biblioteca de Alexandria inventaram a pneumática, construíram um garçom automatizado para servir vinho, calcularam corretamente a circunferência da Terra (redonda, diziam eles, não plana), criaram o relógio mais preciso da época, desenvolveram um dispositivo para calcular raízes cúbicas e inventaram um algoritmo para encontrar números primos, basicamente minerando Bitcoin muito antes de ser modinha. Foi o ato de reunir pontos de vista tão variados que deu impulso a essas grandes conquistas, e esse ato exigia empatia.

Um dia, os romanos tomaram Alexandria e realocaram seus pensadores. Todo patrício rico queria um gênio alexandrino para ser tutor de seus filhos, de forma que os estudiosos foram divididos entre eles. Os intelectuais deram continuidade a suas pesquisas, mas, depois de serem privados do contato próximo com outros pontos de vista, as invenções maravilhosas praticamente cessaram.

A empatia, ao que tudo indica, ajuda a impulsionar o sucesso. Essa ligação entre empatia, progresso e sucesso é um dos motivos que levam o pesquisador de Cambridge Simon Baron-Cohen (primo do famoso ator) a acreditar que a empatia é o "solvente universal".[33] Ela aprimora os resultados em qualquer situação, diz ele, porque "qualquer problema mergulhado em empatia se torna solúvel". Assim, pessoas sensíveis têm tudo para provocar um enorme impacto no mundo – contanto que aprendam a explorar a própria empatia de forma eficaz.

Criatividade

A imagem do artista sensível não é um clichê à toa: ela tem um fundo de verdade. Uma mente que percebe mais detalhes, faz mais conexões e sente emoções de forma mais intensa foi quase perfeitamente talhada para ser criativa. Isso não significa que todas as pessoas sensíveis sejam criativas, mas muitas pessoas criativas são de fato sensíveis, como qualquer um que convive com elas pode atestar.

Nina Volf, pesquisadora da Academia Russa de Ciências Médicas, decidiu colocar à prova essa observação.[34] Ela concebeu vários tipos de testes para avaliar a criatividade verbal e visual, com ênfase em quanto as ideias de uma pessoa eram originais, não apenas na quantidade que ela era capaz de produzir. Os participantes receberam, por exemplo, conjuntos de desenhos incompletos e foram instruídos a fazer imagens singulares a partir deles. É importante ressaltar que ela usou critérios quantitativos "rígidos" (como a frequência com que outras pessoas no banco de dados produziram resultados semelhantes) e impressões subjetivas "maleáveis" (como um painel de três juízes que avaliava a originalidade do trabalho). Ela então aplicou esse teste rigoroso a 60 pessoas e posteriormente analisou uma amostra de DNA delas. O resultado: pessoas com o gene *SERT* curto ligado à sensibilidade eram mais criativas de acordo com todas as métricas.

A pergunta mais interessante é *Por quê?*, e a resposta tem muito a ver com a forma como a criatividade opera no nível cognitivo. Em primeiro lugar, é difícil definir a criatividade, e existem várias teorias que buscam dar conta de como ela funciona. Todas reconhecem que a inteligência desempenha algum papel e todas valorizam a originalidade tanto quanto o talento ou a habilidade – ou seja, uma cópia perfeitamente executada da pintura de outra pessoa não seria considerada criativa.

Uma teoria proeminente entre os cientistas, no entanto, começou com o escritor e jornalista Arthur Koestler, na década de 1960.[35] Koestler acreditava que a verdadeira criatividade surge quando dois ou mais quadros de referência distintos são combinados. É possível observar esse princípio em ação em metáforas ou em revelações emocionantes, como "Somos feitos de poeira de estrelas" – ao mesmo tempo uma verdade científica e um chamado para um destino grandioso.[36] Koestler conhecia em primeira mão o poder dessa mudança de perspectiva porque era assim que ele vivia. Nascido em Budapeste, foi educado na Áustria e se naturalizou britânico. Passou seus primeiros anos sendo um comunista apaixonado e o restante da vida escrevendo propaganda antissoviética.[37] Ele não pôde deixar de notar o efeito de toda essa travessia de fronteiras – literais ou não – em sua capacidade de produzir ideias originais. A experiência de Koestler explica por que tantas pessoas criativas de renome têm uma trajetória de vida igualmente multicultural, muitas delas se dedicando a viajar e a morar no exterior. Quanto maior o número de perspectivas com que você tiver contato ao longo da vida, maior será sua capacidade de se inspirar e recombiná-las, criando algo novo.

A teoria de Koestler também explica a correlação entre pessoas sensíveis e criatividade. Programada para fazer conexões entre conceitos díspares, a mente sensível é capaz de combinar quadros de referência sem esforço. Pessoas assim talvez sejam os polímatas supremos, pensando não em termos de ciência *ou* poesia *ou* experiência de vida *ou* esperanças e sonhos, mas em termos dos temas que atravessam todos esses campos. Muitas também falam dessa forma, prontamente oferecendo metáforas e associando diferentes tópicos para defender um argumento. Esse tipo de discurso pode deixar os puristas desconfortáveis, porém é um hábito não apenas dos grandes artistas mas também de cientistas brilhantes, como Carl Sagan, autor da frase anteriormente citada sobre "poeira de estrelas".

Se você é uma pessoa sensível, pode ser criativa ou não e pode ter passatempos "criativos" ou não, mas tem os componentes brutos para isso. (Elizabeth, que é uma pessoa sensível, nos disse: "Nunca pensei que fosse mais criativa do que as outras pessoas até muitos amigos me dizerem que não faziam ideia de como eu imaginava tanta coisa. Nunca me veio à cabeça que eles não fossem capazes de fazer o mesmo que eu.") A criatividade não age sozinha. Ela se sustenta nas três outras virtudes da sensibilidade – inteligência sensorial, profundidade de processamento e profundidade emocional –, que, juntas, dão origem à mente criativa.

Em suas próprias palavras: qual é seu maior ponto forte como pessoa sensível?

"Trabalhando como professora do ensino médio, eu era capaz de estar em meio aos meus alunos, sem nem mesmo precisar olhar nos olhos de todos eles, e sentir o estado emocional em que estavam. Há sempre muita coisa acontecendo com adolescentes! Eu sabia o que dizer e o que evitar para que todos se sentissem seguros nas minhas aulas." – Corinne

"Sou médica e consigo captar detalhes dos meus pacientes que outros médicos deixam passar, proporcionando um diagnóstico mais preciso e melhores cuidados de saúde. Eu me preocupo de verdade com os meus pacientes, e eles dizem que conseguem perceber e que isso faz diferença." – Joyce

"Meus maiores pontos fortes são a empatia e a compaixão. Percebi que de fato consigo dedicar um espaço para os que sofrem sem esgotar minha própria reserva de energia. Uso essas habilidades como conselheira, coach e escritora." – Lori

"Tenho um senso intuitivo para grupos de pessoas: quem tem poder, qual é a dinâmica do grupo, quando as pessoas estão se distanciando de alguma ideia e o que os indivíduos querem *versus* o que o grupo quer. No meu trabalho, eu estava sempre vários passos à frente de grandes decisões ou movimentos da empresa graças a esse 'superpoder', e isso me ajudou a galgar os degraus." – Tori

"Por ser sensível, estou sempre muito atenta aos fatores de estresse e irritação no meu ambiente e também fico extremamente sintonizada com as emoções das pessoas ao meu redor, de modo que sei quando alguma coisa está deixando alguém incomodado. Portanto, sempre me esforço para tornar meu ambiente aconchegante, confortável e acolhedor – e já me disseram que minha personalidade é assim mesmo. As pessoas se sentem à vontade perto de mim; elas geralmente se abrem comigo quando não conseguem se abrir com outra pessoa. Mesmo desconhecidos no supermercado acabam me contando sua história de vida, suas mágoas, seus medos." – Stephanie

> "Meu dom é que às eu vezes fico comovida com a beleza e a bondade do mundo." – Sherry
>
> "Eu sou uma artista. Não apenas vejo o nascer do sol; eu *sinto* o nascer do sol!" – Lisa

Inteligência sensorial

Inteligência sensorial significa estar mais consciente do seu ambiente e tirar maior proveito disso. Pode ser que você preste mais atenção nos detalhes sensoriais (como a textura de uma pintura ou a falta de um colchete em uma linha de código de programação) ou às suas implicações (choveu ontem, então a trilha vai estar enlameada quando eu sair para caminhar). Qualquer um pode perceber essas coisas, mas as pessoas sensíveis tendem a fazê-lo com mais rapidez, em uma ampla gama de situações – você pode chamar isso de *sintonia*. (Como uma pessoa sensível nos disse, ela se vê como uma "antena" que capta todo tipo de sinais.) Essas percepções podem variar do mundano ao verdadeiramente impactante. Mais de uma pessoa sensível salvou seu empregador de um grande desastre por ter prestado atenção em um detalhe problemático.

Em alguns casos, essa habilidade pode parecer quase mística. Pense, por exemplo, no espadachim Zatoichi, protagonista de inúmeros filmes japoneses de sucesso. Zatoichi é cego, mas sempre sabe quando está sendo enganado no jogo porque consegue escutar a diferença na forma como os dados caem (e, com seus sentidos aguçados, sempre vence a luta de espadas que começa em seguida). Isso é ficção, claro; na realidade, pessoas cegas não têm superaudição. Elas apenas usam o cérebro de maneira diferente, prestando atenção nos mesmos sons baixíssimos que pessoas com visão conseguem ouvir mas ignoram. Em alguma medida, pessoas sensíveis podem fazer algo semelhante com os cinco sentidos.

Às vezes, esse nível de sensibilidade é um fardo – ninguém quer ser capaz de perceber todos os diferentes perfumes no escritório –, mas também pode ter consequências incríveis, como descobriu em primeira mão uma irlandesa chamada Sanita Lazdauska.[38] Um dia, ela acordou porque sentiu uma mudança na respiração do marido. Ele, que sempre roncava, naquele dia estava em silêncio. Sanita percebeu que ele estava azul; estava tendo uma parada cardíaca. Ela passou 30 minutos fazendo reanimação cardiorrespiratória até a chegada dos paramédicos. Poucas pessoas são sensíveis o suficiente para acordar por causa de uma mudança na respiração do outro. Se a esposa não estivesse sintonizada com os ruídos do sono do marido ou não tivesse dado bola para o que havia de estranho naquela manhã, ele teria morrido enquanto dormia. Sua elevada inteligência sensorial salvou a vida dele.

Essa forma singular de inteligência é a outra face da hiperestimulação. Pessoas sensíveis sem dúvida podem se sentir sobrecarregadas em ambientes agitados, porque absorvem muito mais do ambiente. Mas, na maioria das vezes, em vez de provocar uma sobrecarga, essa consciência intensificada é uma vantagem, principalmente se elas tomarem medidas para se preservarem. Vamos falar sobre isso no Capítulo 4.

A inteligência sensorial é um trunfo em um número surpreendente de áreas. Nas forças armadas, por exemplo, é conhecida pelo termo *consciência situacional* – a capacidade de saber e entender o que está acontecendo ao seu redor – e é a chave para manter você e sua unidade vivos em combate.[39] Na verdade, a consciência situacional é valorizada em qualquer profissão que envolva segurança, sendo uma das principais razões para os aviões não caírem,[40] as usinas nucleares não vazarem[41] e os crimes serem solucionados.[42] Infelizmente, o oposto também é verdadeiro. A falta de consciência situacional se mostrou a principal causa de acidentes envolvendo erro humano,[43] como o caso de um hospital que injetou anticoagulante no paciente errado.[44] (Isso de fato aconteceu, e o caso hoje é usado na literatura médica para ensinar funcionários da área hospitalar a aprimorar a consciência situacional. Por sorte, ficou tudo bem com o paciente.)

Enquanto isso, nos esportes, a inteligência sensorial é conhecida como *visão de jogo*.[45] É a capacidade de absorver o que está acontecendo em todo o campo e ler o jogo da mesma forma que os mestres de xadrez leem as peças no tabuleiro. A visão de jogo é o que diferencia os grandes jogadores dos bons e os treinadores lendários dos medíocres. Pesquisadores descobriram que treinadores inexperientes tendem a se concentrar principalmente em habilidades técnicas, como os passes no futebol ou as bandejas no basquete. Treinadores experientes, por sua vez, valorizam a visão de jogo de seus jogadores, porque essa é a habilidade que lhes permite dar um passe para a pessoa certa ou estar no lugar certo para finalizar. Em outras palavras: sob o comando de um bom treinador, atletas menos sensíveis aprendem uma habilidade com a qual os jogadores sensíveis já nasceram.

Você já viu a visão de jogo em ação se assistiu ao ex-jogador de hóquei no gelo Wayne Gretzky.[46] Conhecido como "O Grande", Gretzky está aposentado desde 1999, mas até hoje é o jogador com mais gols, mais pontos e mais assistências na história do esporte. No entanto, ele não se enquadrava em nenhuma das categorias típicas de um jogador profissional normal. Gretzky era lento, pequeno, magro e era tudo, menos agressivo – e se dobrava como um origami quando era atingido. Mas quando entrava no gelo, porém, Gretzky era capaz de ver onde cada jogador estaria dali a cinco segundos. Ele explica: "Tenho um pressentimento sobre onde um companheiro de equipe estará. Muitas vezes, consigo apenas virar e dar um passe sem olhar." Ele tinha visão de jogo, ou, como nós dizemos, inteligência sensorial. Isso o tornou tão valioso que um companheiro de equipe atuava como seu guarda-costas não oficial na quadra, mantendo os adversários afastados de Gretzky para que o famoso pivô pudesse colocar o disco onde ele tinha que estar.

O *quarterback* da NFL, Tom Brady, era praticamente igual, só que no futebol americano.[47] Ele era lento, mas outros jogadores diziam que ele tinha "olhos de lagarto", porque jogava como se pudesse ver dos lados e atrás dele. Sensível a ponto de chorar quando falava sobre o dia em que assinou seu primeiro contrato, Brady levou seu time a sete vitórias no Super Bowl e é considerado por muitos o maior *quarterback* de todos os tempos.[48]

Gretzky e Brady se tornaram atletas de ponta em dois dos esportes mais rápidos e brutais do mundo porque mesmo essas condições são favoráveis a jogadores sensíveis. A verdade é que a inteligência sensorial compensa em quase todas as áreas da vida, desde carreiras que "parecem" sensíveis, como enfermagem e artes, até carreiras mais duras, como esportes e forças de segurança. A inteligência sensorial costuma ser subestimada por aqueles que não a possuem, mas se você é sensível, tem um radar embutido que as outras pessoas não têm.

Profundidade de processamento

Pessoas sensíveis não apenas absorvem mais informações como também tiram maior proveito delas. Vimos no Capítulo 1 como o cérebro sensível processa todas as informações em mais detalhes, mas não examinamos como esse processamento mais profundo distingue as pessoas sensíveis. Imagine dois contadores: o primeiro registra seus rendimentos, confere se estão batendo e os envia à Receita Federal. Pronto. O segundo vai além. Ele confere os documentos que embasam os números para não deixar passar nada. Orienta você sobre outras formas de poupar dinheiro. E examina tudo em busca de sinais de alerta que possam provocar uma auditoria. Quem você prefere que cuide da sua contabilidade?

Se você escolheu o segundo contador, então entende o valor de um processamento cognitivo mais profundo. Claro, qualquer um pode ser minucioso se decidir se concentrar, mas, assim como acontece com a inteligência sensorial, o processamento profundo é a configuração padrão do cérebro sensível. Essa capacidade tende a se mostrar de várias maneiras:

- Tomada de decisão mais cuidadosa e, com frequência, melhor.
- Raciocínio abrangente, de amplo alcance.
- Conexão criativa de pontos entre diferentes assuntos e conceitos.
- Preferência por ideias e atividades mais profundas e significativas.
- Mergulhos mais fundos em uma ideia em vez de análises superficiais.
- Ideias e pontos de vista surpreendentes e originais.
- Frequentemente, a capacidade de prever corretamente como algo vai se desenrolar, ou qual será o efeito de uma decisão.

A profundidade de processamento não se aplica apenas a tarefas demoradas e complexas, como a declaração de imposto de renda (felizmente!). Tanto em humanos quanto em macacos, indivíduos com genes para sensibilidade superam os outros em uma variedade de tarefas mentais.[49] Em um estudo, por exemplo, macacos foram especialmente treinados para trabalhar em dispositivos *touchscreen*, bebendo água enquanto os utilizavam e ganhando pedaços de frutas como recompensa quando se saíam bem, nada muito diferente de uma criança com um aplicativo de aprendizado. Os macacos rapidamente descobriram como conseguir o máximo de petiscos, obtendo sucesso em uma série de tarefas, como avaliar probabilidades, perceber quando os padrões mudavam e ser observadores o suficiente para conseguir até mesmo pequenas vitórias. Rapidamente ficou claro que a sensibilidade era um trunfo para aquelas tarefas mentais. Os macacos mais sensíveis não apenas tiveram melhor desempenho e colheram mais recompensas como também mostraram diferenças cerebrais semelhantes às dos humanos sensíveis.

Assim, o processamento profundo pode proporcionar uma melhor tomada de decisão, sobretudo quando se trata de risco e probabilidade. Essa virtude é inestimável na vida profissional, nos relacionamentos e nas principais escolhas da vida. Pessoas menos sensíveis podem ficar impacientes quando é preciso refletir antes de tomar uma decisão, mas provavelmente deveriam aprender a esperar um pouco; essa pequena pausa é a mente mergulhando fundo. De inúmeras formas, pessoas sensíveis pensam como estrategistas militares, avaliando todos os ângulos para maximizar as chances de vitória. Essa tendência pode proporcionar resultados fabulosos e em grande parte explica por que as pessoas sensíveis se tornam grandes líderes (falaremos mais sobre esse assunto no Capítulo 9).

Claro, tais instintos não são feitiçaria, e pessoas sensíveis podem errar, como qualquer outra. Mas elas empregam muito mais recursos mentais na tentativa de acertar.

Profundidade emocional

A profundidade emocional talvez seja a mais incompreendida dessas virtudes. As pessoas sensíveis de fato costumam ter reações emocionais mais fortes. E você talvez não enxergue isso como uma virtude: para quem tem emoções mais fortes, a raiva, a mágoa e a tristeza podem ser experiências intensas demais. Às vezes, podem até mesmo deixar a pessoa sobrecarregada. Mas essas emoções profundas e poderosas também significam que essas pessoas são fluentes em um idioma que outras têm dificuldade de dominar – e que é a chave mestra para o espírito humano.

A fonte dessa virtude pode estar em um pequeno centro do cérebro chamado *córtex pré-frontal ventromedial* (CPFvm).[50] Localizado alguns centímetros atrás de sua testa e aproximadamente do tamanho e formato de sua língua, o CPFvm é uma encruzilhada que reúne informações sobre emoções, valores e dados sensoriais. É por causa do CPFvm que consideramos as flores românticas, não apenas espécimes vegetais coloridos.

O córtex pré-frontal ventromedial é uma área que trabalha pesado em qualquer cérebro, mas, em pessoas sensíveis, é mais agitado do que um quadro de Pollock. Essa atividade acima da média tem como consequência dar cor ao mundo com maior intensidade, fazendo com que as pessoas sensíveis vejam a vida com uma paleta emocional mais expressiva. Essa expressividade pode ser difícil de vez em quando. (Levante a mão quem anseia por uma experiência mais intensa de tristeza... Alguém?) No entanto, também proporciona uma série de benefícios, principalmente em termos de inteligência e bem-estar mental. Já na década de 1960, o psiquiatra Kazimierz Dąbrowski levantou a hipótese de haver uma conexão entre a intensidade emocional e o potencial de grandes realizações.[51] Em seu trabalho, ele mostrou que pessoas superdotadas tendem a ser mais suscetíveis a estímulos, ou mais sensíveis de diferentes formas, inclusive física e emocionalmente. Crianças superdotadas, segundo ele, com frequência são acusadas de estar exagerando, mas no fundo são apenas mais conscientes dos próprios sentimentos. Ele descobriu que muitas mantêm diálogos internos complexos sobre seus sentimentos – algo que nem todo mundo faz – e são tão movidas pela compaixão e pela conexão humana que as emoções são simplesmente uma preocupação maior para elas. Dąbrowski acreditava até mesmo que a intensidade emocional é a chave para alcançar estágios mais elevados de crescimento pessoal – o que hoje chamamos de autorrealização.

Educadores que trabalham com alunos superdotados testemunham em primeira mão essa intensidade emocional, e muitos concordam que pessoas com uma vida intelectual intensa tendem a ter uma vida emocional mais intensa também.[52] Uma possível explicação para essa ligação tem a ver com a memória: um acontecimento vivenciado com maior intensidade emocional tem maior probabilidade de ser lembrado mais tarde, de modo que quem tem maior intensidade emocional – pessoas sensíveis – pode estar mais propenso a assimilar e integrar novas informações.[53]

Hoje, porém, tendemos a nos concentrar em um tipo diferente de inteligência: a inteligência emocional.[54] É importante deixar claro que se trata de uma habilidade, não de algo com que as pessoas nascem. Assim como ser alto não torna automaticamente uma pessoa boa no basquete, ser sensível não lhe dá automaticamente uma inteligência emocional elevada. Mas, assim como a altura no basquete, ser sensível com certeza ajuda. Isso porque essa habilidade inclui vários componentes que sem dúvida são pontos fortes das pessoas sensíveis.[55] Por exemplo, pessoas sensíveis tendem a ter um alto grau de autoconsciência; elas percebem e prestam atenção nas próprias emoções, reservando algum tempo para refletir sobre o que estão sentindo tanto no momento quanto depois.[56] Elas leem e compreendem com facilidade as emoções alheias, de modo que é possível alcançar uma inteligência emocional elevada com pouco esforço. Esse esforço pode valer a pena: foi comprovado que a inteligência emocional contribui para a melhoria da saúde mental,[57] do desempenho no trabalho[58] e da capacidade de liderança.[59] Sua emotividade pode impulsioná-lo a novos patamares se você souber tirar proveito dela.

Emoções mais intensas também trazem outros benefícios. Por exemplo, elas aprofundam relacionamentos. Também podem proporcionar um meio poderoso de influenciar as pessoas. Se você é sensível, sua emotividade profunda é o motivo pelo qual você é um ouvinte excepcional. É por isso que as pessoas confiam naturalmente em você e preferem falar com você quando precisam de conselhos. Com a prática, a profundidade emocional se torna uma ferramenta para agregar as pessoas, reunindo-as em torno de um ideal – a matéria-prima dos movimentos sociais (acredita-se, por exemplo, que Martin Luther King era uma pessoa sensível).[60]

No nível individual, a profundidade emocional também permite que você aproveite a vida de uma forma mais rica. Pessoas sensíveis demonstraram ter reações mais fortes a todo tipo de experiências, tanto positivas quanto negativas, em estudos que avaliaram sua resposta emocional. Felizmente, são as experiências positivas que costumam obter as reações mais intensas. Isso talvez explique por que pessoas sensíveis geralmente têm ideais elevados, estabelecem fortes vínculos com os outros e extraem grande alegria das pequenas coisas da vida, principalmente de coisas belas, como uma rua coberta de folhas caídas em um dia ensolarado de outono ou o som de um violonista tocando uma música na calçada.

Embora ter a mente programada para ter emoções fortes apresente desafios, isso também torna a pessoa excepcional. Um produtor musical não muito sensível, por exemplo, que não quis ser identificado, vê músicos sensíveis com um quê de fascínio. Ele disse que pensa nas emoções como "o mundo invisível". Consegue ver os efeitos dela em seu trabalho – algo se move no mundo invisível e, inexplicavelmente, um acordo vai por água abaixo –, mas não consegue ver a relação de causa e efeito, não é capaz de prever que tipo de onda emocional uma determinada ação pode criar. (Os músicos sensíveis com quem trabalha, disse ele, conseguem espreitar esse mundo quase como se fossem videntes.) Por causa de sua inaptidão para ler emoções, o produtor, assim como uma grande parcela da humanidade, se sente à mercê das emoções. As pessoas sensíveis são a exceção: elas enxergam o invisível.

Lembre-se de Bruce Springsteen, de quem falamos no Capítulo 2, e você verá todas as virtudes da sensibilidade em ação. Encontramos empatia, criatividade e profundidade emocional em sua música, em suas histórias cativantes sobre perdedores e excluídos. Basta ouvir "Thunder Road", sobre um homem que "não é um herói" indo buscar uma mulher que "não é mais tão jovem assim" para uma última aventura, e você irá sentir o mesmo. Springsteen chega a escutar a música de uma forma diferente da maioria das pessoas e a processá-la com maior profundidade. Quando era pequeno, os discos que mais o interessavam eram aqueles em que os cantores soavam alegres e tristes ao mesmo tempo. "Aquelas músicas estavam cheias de um anseio mais profundo", diz ele, "um espírito casualmente transcendente, uma resignação madura e (…) esperança, (…) esperança voltada para aquela mulher, aquele momento, aquele lugar, aquela noite em que tudo muda, a vida se revela a você, e você, por sua vez, é revelado".[61] Para ele, as canções não têm apenas ritmo e melodia mas também matizes de intenção; elas pintam um mundo inteiro. Muitos músicos se identificam com isso, porque são pessoas sensíveis. Eles escutam de maneira diferente – com mais profundidade – do que qualquer outra pessoa.

Springsteen aplica essa profundidade e essa inteligência sensorial à forma como lê e entende seus fãs. Com sua primeira banda, The Castiles, ele conta ter reformulado todo o setlist ao ver que o público parecia um bando de motoqueiros deprimidos. "Os ingredientes secretos eram doo-wop, soul e Motown", lembra ele. "Era esse tipo de música que fazia com que aqueles motoqueiros se emocionassem." Springsteen aparentemente era capaz de ter um vislumbre da vida deles como um todo – suas batalhas, seus sonhos –, e adaptou a música para se ajustar aos fãs.

É essa abordagem reflexiva e perspicaz que caracteriza toda a carreira dele. Voltando sua profundidade de processamento para si mesmo, Springsteen diz que sabia desde o início o que tinha a oferecer: que não era o melhor cantor nem mesmo o melhor guitarrista, mas que acreditava ser capaz de estabelecer uma carreira pautada na força de suas composições. Então, tentando não se perder, como havia acontecido com alguns de seus ídolos depois de conquistar certo nível de fama, Springsteen se manteve próximo de suas raízes, morando com sua família em um haras em Nova Jersey. "Eu gostava de quem eu era quando estava ali, queria manter os pés no chão", disse ele em uma entrevista.[62] Foi essa consciência aguçada de si mesmo que o ajudou não apenas a ter sucesso como músico mas também a escolher uma vida que parecia certa para ele.

O herói da classe trabalhadora, no fim das contas, é também um herói sensível.

capítulo 4

Muita coisa, muito alto, muito rápido

> Muitas vezes lamentei não poder fechar os ouvidos
> com a mesma facilidade com que fechamos os olhos.
> — Sir Richard Steele, Ensaio nº 148

Toda virtude tem seu preço. Se você é uma pessoa sensível, esse preço é a outra face do mesmo processamento profundo que lhe dá superpoderes. Como já vimos, um cérebro assim consome energia mental aos montes, pois funciona com força total quase em tempo integral – e, em consequência disso, precisa de descanso frequente. Mais do que isso, precisa de espaço. Ele pede um pouco mais de tempo, um pouco mais de paciência, um pouco mais de silêncio e tranquilidade. Se forem satisfeitas essas condições, as virtudes da sensibilidade operam da melhor forma e a mente sensível dispara rumo à genialidade – processando ao máximo cada fragmento de informação.

Privada dessas condições, no entanto – se for apressada, pressionada e sobrecarregada –, a mesma mente não tem a menor chance de processar tudo o que chega até ela. Os *inputs* físicos e emocionais simplesmente a sobrecarregam, como uma lava-roupa cheia demais. Por essas e outras razões, a hiperestimulação é um dos preços que pagamos por sermos altamente responsivos ao ambiente e um dos maiores desafios que as pessoas sensíveis enfrentam.

O que fazer quando alguém descobre que é uma criatura sensível em um mundo não muito sensível? Como lidar com espaços lotados, agendas corridas e lugares barulhentos demais? O que fazer quando você tem inúmeras virtudes, mas a sociedade enxerga suas necessidades de pessoa sensível como um inconveniente? E quando você quer usar essas virtudes para ajudar o mundo, mas precisa de tranquilidade, sossego e descanso para isso?

Quando não há saída

Alicia Davies[1] tinha acabado de terminar um relacionamento enquanto concluía o mestrado, "cheio de prazos para entregar os textos, longas horas de trabalho e pressão constante", escreveu ela no site Sensitive Refuge.[2] Como se tudo isso não bastasse, tinha um mês para decidir onde iria morar e como seria sua vida quando o mestrado chegasse ao fim. Seria um momento difícil para qualquer um, é claro, mas Alicia não é qualquer um: ela é uma pessoa sensível. Ela só precisava de uma quantidade enorme de tempo ocioso para processar todas as coisas pelas quais havia acabado de passar. Agora, mais do que nunca, necessitava ficar algum tempo em seu santuário, seu "adorável quartinho" que lembrava sua infância, com a poltrona de veludo verde e muitos livros, plantas e velas nas prateleiras de madeira. Esse espaço privado era fundamental para seu autocuidado, porque evocava sensações de segurança e tranquilidade.

Infelizmente, o proprietário do espaço tinha outra ideia: ele escolheu aquele verão, entre todos os verões, para fazer uma reforma na casa. Isso significava "gente furando, serrando e martelando todos os dias da semana, do início da manhã até o fim da tarde", bem do lado do quarto dela. Os operários falavam alto, ouviam música nas alturas e pareciam estar por todo lado. Sempre que ela tinha que ir a algum cômodo da casa, precisava pedir desculpas e se espremer entre eles e a bagunça deles. Em pouco tempo eles começaram a fazer piada dizendo que *Alicia* estava atrapalhando *eles*. Naquelas condições, era impossível ter qualquer privacidade ou tempo ocioso.

Como era de esperar, o estresse de Alicia disparou. Pequenas tarefas pareciam um fardo enorme. Chegou um momento em que ela percebeu que não conseguia nem sequer concatenar frases simples: "Qualquer tipo de conversa parecia um sofrimento – como quando você está usando o fone de ouvido por muito tempo e simplesmente precisa parar. Era como se os meus sentidos estivessem tensos e acuados em um reflexo de autodefesa e tivessem esquecido como relaxar; eu estava entrando em parafuso de tanto estímulo." E aí o barulho e o caos recomeçavam no dia seguinte.

Ela precisava de uma saída. Então pegou o carro e foi até um café nas proximidades, mas não encontrou refúgio lá. Depois que pediu seu café, uma música agitada começou a tocar. Um bebê desatou a chorar. Aquilo foi a gota d'água: "Eu também queria chorar, mais alto que o bebê, e abafar todos os sons do mundo."

Ainda em pleno estado de sobrecarga sensorial, Alicia saiu do café frustrada e foi descendo a rua. Resmungava baixinho para qualquer um que fizesse barulho perto dela. Xingou até mesmo o secador de mãos barulhento em um banheiro público. Ela sabia que sua raiva não era racional, mas sua sobrecarga sensorial também não era.

Por sorte, ela topou com uma exposição de arte. Ficou vagando pelos corredores, onde de repente se viu envolta pelo silêncio. Andou por lá, passando bastante tempo diante de cada obra de arte, percebendo pela primeira vez naquele dia que seus sentidos estavam lentamente parando de se encolher, se alongando, voltando à vida. Afinal, havia um lugar para ela no mundo, inclusive um lugar bastante amplo, rico em beleza e tranquilidade. Outra mulher – sozinha como ela – entrou na exposição com uma energia tranquila. Alicia imediatamente se sentiu próxima a ela, como se aquela desconhecida de alguma forma entendesse sua necessidade de solidão. Quando as duas se entreolharam, Alicia se pegou de fato sorrindo.

Claro que a visita de Alicia à galeria de arte não foi suficiente para acabar com a hiperestimulação de uma vez por todas. Era apenas o começo do fim, uma redução dos sintomas, como se seus sentidos ainda estivessem frágeis, prestes a se partirem novamente ao menor toque. Nos dias seguintes, ela descobriu algumas técnicas para se recuperar por completo, mesmo com a equipe de operários ainda martelando em sua casa. Ela ouvia música, que abafava parte do barulho e ajudava a desacelerar seus pensamentos descontrolados. E passava algum tempo ao ar livre, ouvindo o canto dos pássaros e respirando o ar puro. Por fim, Alicia encontrou a paz.

Em suas próprias palavras: como é a hiperestimulação para você?

"Quando fico hiperestimulada, eu me sinto presa e ansiosa, e tenho uma necessidade incontornável de ficar sozinha. Se não tenho como fugir ou me recolher, me sinto como se estivesse atordoada ou fora do ar, apesar de a minha cabeça estar funcionando perfeitamente. As pessoas me perguntam coisas como: 'Você está se sentindo bem? Você está muito quieta' ou 'Você está se divertindo?'. Se a hiperestimulação chega de forma rápida ou inesperada, também sinto brevemente uma sensação de estar fora de mim, em que meu corpo parece ser completamente desconhecido. A única coisa que ajuda quando estou hiperestimulada é me retirar para um lugar quente, tranquilo e confortável." – Jessi

"Acho que é algo que vai se acumulando com o tempo. Todo conforto físico começa a desaparecer. Tudo se torna uma chateação. Conversas passam a ser irritantes. Eu costumava dar voltas e voltas tentando consertar tudo o que me incomodava. Não dava certo e eu explodia de raiva e frustração. Hoje sei que estou cansado e preciso de tempo para recarregar as baterias ou chorar um pouco." – Mathew

"Para mim, a hiperestimulação é como se eu estivesse sendo cutucada por milhares de pessoas ao mesmo tempo. É como uma pressão que começa leve, mas vai crescendo por todo o meu corpo, e eu não consigo me sentir bem de jeito nenhum." – Aly

Causas comuns da hiperestimulação

O que Alicia experimentou não é incomum para pessoas sensíveis, e você talvez já tenha passado por algo parecido. Se esse é o caso, você não está sozinho e não há nada de errado com você. Todas as pessoas sensíveis vão enfrentar a hiperestimulação em algum momento da vida, e o mais provável é que passem por isso regularmente no trabalho, no cuidado dos filhos e em eventos sociais. A seguir estão algumas das causas mais comuns de hiperestimulação em pessoas sensíveis. A lista não é exaustiva; inclusive há outras coisas que você pode achar hiperestimulantes que não estão incluídas nela. Quais dessas emoções ou situações já fizeram você se sentir hiperestimulado?

- Estímulos sensoriais excessivos, fortes ou perturbadores (multidões, música alta, sons repetitivos e/ou irregulares, temperatura, cheiros, luzes brilhantes).
- Preocupação, ansiedade ou pensamentos recorrentes.
- Emoções percebidas em outras pessoas, principalmente de julgamento negativo, estresse ou raiva.
- Suas próprias emoções.
- Socializar e ter muitos planos.
- Prazos apertados, agendas lotadas ou correr de uma atividade para outra.
- Sobrecarga de informações ou informações desconcertantes (por exemplo, assistir ao noticiário ou ficar um longo tempo vendo notícias ruins na internet).
- Mudanças (às vezes até as positivas, como conseguir o emprego dos seus sonhos ou finalmente ter um filho).
- Novidades, surpresas e incertezas.
- Uma agenda caótica ou ser desviado da rotina familiar.
- Desordem no ambiente (por exemplo, uma sala ou mesa bagunçada).
- Executar tarefas – mesmo as familiares – enquanto alguém o observa (por exemplo, uma avaliação de desempenho no trabalho, competições esportivas, digitar enquanto alguém espia às suas costas, fazer um discurso ou até mesmo ir ao próprio casamento).
- Coisas demais demandando sua atenção ao mesmo tempo.

Por que a hiperestimulação acontece

Os itens da lista podem deixar qualquer pessoa hiperestimulada, seja ela sensível ou não, principalmente se mais de um estiver presente ao mesmo tempo. Mas quem é sensível atingirá esse estado mais rapidamente e o sentirá mais profundamente. Por que isso acontece? Imagine um balde invisível que todo mundo carrega por aí. Algumas pessoas têm um balde grande, enquanto outras – as pessoas sensíveis – têm um balde menor. Ninguém pode escolher o tamanho de seu balde; cada um nasce com um sistema nervoso diferente e uma capacidade diferente de lidar com os estímulos. No entanto, não importa o tamanho do balde, todo som, toda emoção e todo cheiro ocupam um pouco mais do espaço dele, diz Larissa Geleris, terapeuta ocupacional que trabalha com crianças e adultos com dificuldades de processamento sensorial.[3]

Quando seu balde está vazio, você se sente entediado, inquieto ou até deprimido. Mas se o seu balde está transbordando, você se sente estressado, cansado e sobrecarregado – talvez até em pânico, com raiva e fora de controle. Todo mundo tem um certo limite para estímulos e todo mundo quer ficar com o balde cheio no nível ideal, de modo que não haja estímulos de mais nem de menos. Uma criança com transtorno de déficit de atenção e hiperatividade (TDAH), por exemplo, pode sentir que seu balde está sempre vazio. Por isso elas tamborilam na mesa ou se sacodem na cadeira da escola, em um esforço para estimularem a si mesmas. Para você, pessoa sensível, é o contrário: seu balde enche rápido demais apenas com as atividades do dia a dia, como trabalhar ou cuidar dos filhos em casa. "Uma vez que o balde esteja cheio", explica Geleris, "ele transborda, e vemos desregulação ou hiperestimulação. Em suma, é o seu sistema sensorial dizendo: 'Não, agora chega. Já processei o suficiente, já filtrei o suficiente, estou sobrecarregado e simplesmente não tenho mais capacidade para lidar com nada.'"

Para Geleris, a analogia do balde é mais do que apenas uma teoria; ela própria é uma pessoa sensível ("Meu terapeuta diz que eu sou", diz ela, rindo, enquanto conversamos pelo Zoom). Portanto, ela já se acostumou a perceber se seu balde está cheio demais. Recentemente, aconteceu enquanto ela trocava a fralda suja da filha de 3 meses. A menina estava chorando, os brinquedos estavam espalhados pelo chão e, como toda mãe já experimentou *ad nauseam*, o conteúdo da fralda se espalhou por toda parte. Em consequência disso, Geleris começou a se sentir sobrecarregada e suas emoções saíram do controle: "Dava para sentir que eu estava me contendo o máximo possível", diz ela. Para piorar, ela havia batido a cabeça não muito tempo antes. A lesão fez com que ela tivesse dificuldades físicas e mentais para se orientar em espaços tão desordenados – deixando-a efetivamente presa naquela situação. "Eu me virei, vi toda a sujeira e os brinquedos espalhados e comecei a chorar", lembra ela. A sensação de pânico só passou quando seu marido veio em seu socorro, juntou os brinquedos e ajudou-a a escapar do bombardeio sensorial.

Em suas próprias palavras: o que faz você se sentir hiperestimulado?

"Para mim, a hiperestimulação é um estado de espírito no qual é fácil entrar. Às vezes, algo simples como um atraso de cinco minutos é suficiente para dispará-la. Preciso estar muito atento para não descontar minhas emoções nas pessoas de quem eu mais gosto." – Joseph

"Em geral acontece quando tenho a sensação de que todas as pessoas e coisas ao meu redor (tarefas, alertas de celular, ruído de trânsito, vizinhos barulhentos, etc.) estão exigindo a minha atenção e não tenho como escapar." – Jana

"Consigo lidar com shows e aeroportos barulhentos, geralmente porque são situações para as quais me preparei mentalmente. São as coisas mais simples e inócuas que me atingem. Por exemplo, meu filho pequeno faz um som específico que ele sabe que eu não suporto, mas, sendo criança, ele testa meus limites. Meu corpo inteiro fica tenso e parece que todas as minhas terminações nervosas estão no limite. Se não consigo sair desse estado, o que é bastante

> comum, isso provoca raiva, enquanto tento me recompor diante do fator de irritação." – Tanja
>
> "Eu me sinto mais hiperestimulada quando há muitas emoções presentes ao meu redor, seja diante de uma multidão ou de apenas uma pessoa. Isso me dá vontade de chorar, porque eu me sinto presa. Tomar um banho quente com sais de banho aromáticos, ficar sozinha ou com meu gato em um quarto escuro e silencioso são coisas que ajudam a me acalmar." – Jéssica

Os oito sistemas sensoriais do seu corpo

O que exatamente acontece no corpo quando o nosso balde transborda? Vamos dar uma olhada mais de perto nos sistemas sensoriais do nosso corpo. Embora costumemos pensar que temos cinco sentidos, o corpo na verdade possui oito sistemas sensoriais:

1. Visual: visão.
2. Auditivo: som.
3. Olfativo: cheiro.
4. Tátil: toque.
5. Gustativo: sabor.
6. Vestibular: o senso de equilíbrio e movimento da cabeça; localizado no ouvido interno.
7. Proprioceptivo: o senso do movimento do próprio corpo; controla e detecta força e pressão; localizado nos músculos e articulações.
8. Interoceptivo: o sistema de monitoramento das atividades do corpo, como respiração, fome e sede; localizado por todo o corpo, nos órgãos, ossos, músculos e pele.

Ao longo de todo o dia, seus sistemas sensoriais trabalham juntos e separadamente para mantê-lo regulado, focado e em segurança. Isso inclui coisas importantes, como concluir um projeto no trabalho, mas também coisas pequenas, das quais você provavelmente nem está ciente. Para dar apenas um exemplo, hoje de manhã, quando você se vestiu, seu cérebro teve que decidir se o que estava tocando seu braço era seguro ou perigoso. Uma camisa? *Seguro. Seu cérebro envia um sinal ao seu corpo para ignorá-la.* E se fosse um mosquito? *Perigoso. Seu cérebro envia um sinal ao seu corpo para esmagá-lo.* Esse processo de receber um estímulo, interpretá-lo e depois responder a ele acontece o tempo todo. Seu cérebro filtra o ruído de fundo para que você consiga ouvir as pessoas falando. Enquanto você corta os legumes para preparar o jantar, seu cérebro ajusta a quantidade de pressão que suas mãos aplicam à faca para mantê-lo em segurança. Mesmo agora, enquanto você lê esta frase, seu cérebro está trabalhando para focar seus olhos e decodificar o significado por trás das marcas nesta página. "Ao longo do dia, não existe um único momento em que não estejamos usando essa habilidade de processamento sensorial", explica Geleris.

Ao todo, são oito fluxos de informações ininterruptas entrando em seu cérebro a cada instante de todos os dias. Acrescente a isso quaisquer emoções que esteja sentindo ou tarefas complexas que esteja realizando, e o número de informações aumenta rapidamente. Como vimos, pessoas sensíveis têm um sistema nervoso que responde com maior intensidade a determinados estímulos, principalmente aos *inputs* sensoriais de som e toque, observa Geleris. Assim como seus braços depois de fazer flexões, seus sentidos também ficam cansados. No entanto, ao contrário dos braços, que podem fazer uma pausa, os sistemas sensoriais de seu corpo estão sempre ligados.

Impulso, ameaça, conforto

Quando você está hiperestimulado, pode parecer que seu corpo está sob ataque. Talvez você sinta os pensamentos acelerados, uma tensão muscular, pânico ou raiva intensos e um desejo incontornável de escapar dessa situação. O psicólogo clínico Paul Gilbert chama esse estado de modo de Ameaça.[4] Gilbert dedicou sua carreira a descobrir os mecanismos por trás das motivações e das emoções humanas. Um dos pesquisadores mais citados do mundo, ele produziu um trabalho tão fundamental para a ciência que a rainha lhe concedeu a Ordem do Império Britânico, uma das condecorações de maior prestígio que um cidadão britânico pode receber. Gilbert acredita que usamos três sistemas básicos – Impulso, Ameaça e Conforto – para regular todas as nossas emoções. Aprender a prestar atenção em qual sistema emocional você está usando em determinada situação pode ajudar a mantê-lo sob controle.

O primeiro, chamado *Ameaça*, é o nosso sistema mais poderoso, porque tem a maior capacidade de assumir o controle do cérebro. O objetivo dele é nos manter vivos, e seu lema é "É melhor prevenir do que remediar". Até mesmo os animais fazem uso dele, quando lutam contra um predador, rosnam ou se empertigam para parecerem maiores do que realmente são. Associado à resposta de luta ou fuga, que o psicólogo e escritor Daniel Goleman chama de "sequestro da amígdala", o sistema de Ameaça está sempre ativo, vasculhando nosso ambiente em busca de perigos, seja um ônibus acelerando em nossa direção ou um ente querido que não responde às nossas mensagens instantâneas.[5] Por responder a ameaças tanto reais quanto apenas percebidas, muitos falsos positivos ocorrem. Por exemplo, o comentário sarcástico do seu cônjuge ou a birra do seu filho provavelmente não representam de fato um risco para sua vida, mas o sistema de Ameaça pode interpretar tais ações dessa forma. Quando você sente medo, raiva ou ansiedade, é porque entrou no modo de Ameaça. A autocrítica também pode fazer parte desse modo; nesse caso, o corpo acredita que você mesmo é a fonte do perigo.

Se o primeiro sistema nos mantém vivos, o seguinte nos ajuda a "conseguir mais". Chamado de *Impulso*, esse sistema nos faz sentir bem quando obtemos recursos e alcançamos metas. Você está no modo de Impulso quando conclui itens de sua lista de afazeres, pede um aumento no trabalho, compra uma casa ou um carro novo, sai com os amigos ou navega em aplicativos de namoro. Os animais também usam o sistema de Impulso quando constroem ninhos, atraem parceiros e estocam comida para o inverno. De acordo com Gilbert, quando equilibrado pelos outros dois sistemas, o Impulso "nos proporciona ondas de alegria e prazer".[6] Mas quando sai de sintonia, como costuma acontecer em nossa cultura marcada pelo excesso de estímulos, esse sistema pode se transformar em uma busca insaciável do tipo "nada nunca é o bastante". Nessa espiral, observa Gilbert, "as pessoas ficam absolutamente obcecadas por conquistar, ter, fazer e possuir, e podem começar a se sentir fracassadas se isso não acontece". Pense em apostas sem controle, vício em comida e em drogas e ganância. Um bom exemplo dessa mentalidade é o filme *O lobo de Wall Street*, que conta a história real dos crimes do corretor Jordan Belfort. Podemos ver o impulso desgovernado quando Belfort comenta: "No ano em que completei 26 anos, eu era dono da minha própria corretora e ganhei 49 milhões de dólares, o que me deixou bastante irritado, porque ficaram faltando apenas três para a marca de 1 milhão por semana." Graças à natureza poderosa da Ameaça e do Impulso, ficamos mais felizes quando mantemos esses dois sistemas sob controle, usando-os apenas em regime de meio período. Infelizmente, e mesmo sem perceber, a maioria das pessoas passa a maior parte do tempo nesses sistemas (achamos que isso faz sentido, porque, afinal de contas, é o que o Mito da Dureza nos exige). Tanto a Ameaça quanto o Impulso podem contribuir para a sensação de hiperestimulação com que as pessoas sensíveis têm que lidar.

Mas existe um antídoto para a hiperestimulação: o terceiro sistema, chamado *Conforto*, que é ativado naturalmente quando não existe nenhuma ameaça contra a qual nos defendermos e nenhum objetivo a ser perseguido. Alguns o chamam de sistema de "descanso e digestão", porque, uma vez no modo de Conforto, nos sentimos calmos, contentes e reconfortados, como um bebê embalado para dormir ou um gatinho aconchegado que se sente seguro e aquecido. O Conforto, que é usado por todos os mamíferos, nos permite relaxar, desacelerar e desfrutar o que estamos fazendo no momento presente. Você pode usar o Conforto quando saboreia seu café da manhã, recebe uma massagem ou aprecia as flores do seu jardim. Esse sistema nos permite nos abrir para as outras pessoas e estender nossa compaixão a elas, em vez de vê-las como um risco em potencial. Quando você se sente seguro, feliz, protegido, cuidado e calmo, é porque entrou no modo de Conforto.

No entanto, embora seja o mais prazeroso dos três sistemas, o de Conforto é o mais fácil de ser ignorado. Para muitos, ele é subutilizado ou mesmo completamente bloqueado devido a um trauma ou a uma infância difícil. Aprender a ativá-lo regularmente é um divisor de águas para as pessoas sensíveis; apresentaremos neste capítulo técnicas para fazer isso.

A diferença entre hiperestimulação ocasional e crônica

Felizmente, entrar no modo de Ameaça de vez em quando não é algo perigoso por si só. Tampouco faz mal à saúde. Como Alicia descobriu assim que conseguiu se refugiar em um lugar tranquilo e calmo (a exposição artística), seu estresse e sua raiva começaram a se dissipar. Ela escreveu: "Felizmente para mim (e para todos ao meu redor), descobri que a hiperestimulação é temporária. Com as técnicas certas, ela vai embora e quase não deixa vestígios."[7]

No entanto, com a hiperestimulação crônica a história é outra. Isso ocorre quando nosso corpo fica permanentemente mergulhado no modo de Ameaça por causa de certas situações inevitáveis e contínuas. Talvez um colega esteja tornando o seu ambiente de trabalho tóxico, ou você seja o principal responsável pelo cuidado de seus filhos pequenos. Quem sabe você mora ou trabalha em alguma região hiperestimulante por natureza. Se já se sentiu esgotado ou simplesmente acha que não consegue mais lidar com as coisas, é provável que você esteja experimentando a hiperestimulação crônica. A fadiga é outro sinal; se você se sente cansado o tempo todo ou até mesmo depois de descansar, pode ser que seu sistema nervoso esteja sobrecarregado. É um tipo de cansaço que o sono não é capaz de aliviar. Outros sinais são, por exemplo, chorar com mais facilidade (às vezes sem motivo aparente) e até sintomas físicos – como dores musculares, dores de cabeça ou problemas digestivos – sem uma causa clara. Embora seja possível se recuperar de surtos ocasionais de hiperestimulação, a hiperestimulação crônica é um problema mais grave e pode chegar a prejudicar seu desempenho no trabalho, seus relacionamentos, sua saúde mental e física e sua felicidade.

Se você está experimentando a hiperestimulação crônica, precisa dar um passo atrás e avaliar a situação com cuidado. O que exatamente desencadeia a hiperestimulação em você? São determinados barulhos, pessoas, tarefas, alguma outra coisa? O que você pode fazer para evitar ou minimizar esses gatilhos? É possível passar menos tempo com aquela pessoa, comunicando-se apenas por e-mail em vez de cara a cara? Você tem como usar fones de ouvido para abafar os ruídos, fazer pausas com maior frequência, reduzir sua carga de trabalho, delegar algumas de suas responsabilidades ou pedir ajuda a alguém? Às vezes, a única saída para a hiperestimulação crônica é se retirar da situação, do relacionamento ou do emprego que a estão causando. Afastar-se do contexto problemático não é um passo fácil, mas, se for preciso, permita-se fazê-lo.

Um conjunto de ferramentas para reduzir a hiperestimulação

A chave para lidar com a hiperestimulação, tanto crônica quanto ocasional, é criar um estilo de vida que funcione *a favor* da sua sensibilidade, e não contra ela. Primeiro, você deve encontrar formas confiáveis de ativar o sistema de conforto e interromper a hiperestimulação no ato. Depois, precisa criar estratégias factíveis para desenvolver um estilo de vida consistente capaz de cultivar sua natureza sensível.

Seguir esses passos não significa que você vá parar de vez de se sentir hiperestimulado nem que nunca mais enfrentará desafios relacionados à sobrecarga sensorial. Até mesmo a Lama Lodro Zangmo, uma sensível monja budista que passou onze anos em reclusão quase ininterrupta,* às vezes se sentia hiperestimulada pelas práticas de oração e meditação do mosteiro. Como ela diz, isso a deixava com "a sensação de que havia um relâmpago" dentro de si.[8] Se ela falasse com outras pessoas, os sentimentos se intensificavam e, no final do dia, Zangmo estava atordoada. Com o tempo, ela aprendeu a se sentir confortável com aquela energia, pois passou a entendê-la como parte natural de si e desistiu de tentar controlá-la ou fazer com que ela desaparecesse. Em vez disso, ela explica: "Se eu ficasse em silêncio, era como deixar o vento se acalmar, e então eu me sentia confortável com o que estava acontecendo dentro de mim."

Tom Falkenstein, autor de *The Highly Sensitive Man* (O homem altamente sensível), coloca a questão de outra forma: "A tendência a nos sentirmos hiperestimulados não pode ser completamente evitada, porque é impossível evitar todas as situações potencialmente desafiadoras – seja uma ida a um supermercado cheio, a festa de aniversário do seu irmão, uma apre-

---

* Zangmo, por acaso, é irmã de Andre.

sentação no trabalho, a organização de sua próxima viagem de férias ou a próxima reunião de pais para falar sobre como seus filhos estão indo na escola."[9] Além disso, ele ressalta, se organizássemos nossa vida para evitar completamente qualquer risco de hiperestimulação, provavelmente acabaríamos com uma vida bem chata. Em vez disso, as pessoas sensíveis deveriam aceitar a tendência que têm à hiperestimulação ocasional e recorrer a ferramentas práticas para atenuá-la.

Como vimos, não existe uma única manifestação da hiperestimulação, portanto não existe uma única técnica capaz de lidar com ela em todas as ocasiões. Por isso recomendamos a abordagem do conjunto de ferramentas: ter uma variedade de estratégias à sua disposição para que você possa escolher as que mais o ajudarão no momento. O mais importante é que todas as ferramentas na sua caixa envolvem se confortar de uma forma ou de outra. Lembre-se, o objetivo não é simplesmente seguir um roteiro, mas passar da Ameaça ou do Impulso para o Conforto. Portanto, personalize cada uma dessas ferramentas como achar melhor. A única coisa que você não deve mudar é o hábito de usá-las quanto antes e sempre que necessário.

Crie um sistema de alerta prévio para a hiperestimulação

Antes de ficar doente, talvez você perceba uma coceira na garganta ou apenas se sinta indisposto, sinais de alerta de um resfriado ou gripe. Da mesma forma, antes de chegar a um estado de hiperestimulação total, seu corpo lhe dá sinais de alerta. Quanto maior a sua capacidade de tomar consciência desses sinais, mais fácil será contornar a hiperestimulação antes que ela fique "grande" demais. Ao longo do dia, faça uma autoanálise. Pergunte a si mesmo:

- Como estou me sentindo neste momento?
- Que pensamentos ou imagens me vêm à cabeça?
- Em que parte do corpo estou experimentando essas emoções?
- Como meu corpo se sente, em termos físicos?

Se você sentir que está inquieto, tenso, distraído, irritado ou com vontade de tapar os ouvidos ou os olhos para se proteger dos estímulos sensoriais, ou se experimentar alguma tensão muscular, um aperto no peito, dor de cabeça ou dor de estômago, pode ser que você esteja à beira da hiperestimulação.

Se possível, faça uma pausa

Quando a hiperestimulação ataca, a melhor coisa que você pode fazer é se afastar daquilo que a está causando, não importa se é um ruído ou uma conversa. Faça uma pausa. Feche a porta. Dê um passeio rápido. Entre no banheiro – o que for preciso. Se você tiver que se afastar, certifique-se de comunicar às pessoas ao seu redor o que está acontecendo. Um exemplo: "Estou ficando hiperestimulado. Preciso de uma pequena pausa para acalmar meu corpo." Ou, para um alerta mais apropriado ao ambiente de trabalho: "Preciso de alguns minutos para colocar a cabeça no lugar e, então, vou poder fazer meu trabalho da melhor forma. Volto em cinco minutos."

A parte mais difícil de fazer uma pausa nem sempre é saber quando você precisa dela, mas *se permitir fazê-la*. No entanto, as pausas são cruciais para interromper a hiperestimulação. Lembre-se de que se você não quiser mesmo dar explicações, o banheiro não costuma ser questionado (como disse um homem sensível: "O outro nome para 'banheiro' é 'refúgio'.").

Durante a pausa, leve a atenção para o seu corpo. Perceba que você não está de fato sob ataque, mesmo que a sensação seja essa. "No momento, em que está hiperestimulado, a sensação é de que você está indefeso", diz Geleris. "Acho que essa é a coisa mais importante a ser percebida. Você pode se sentir indefeso, mas não é. Seu sistema nervoso está dizendo: 'Ei, estamos em perigo', mas você não está. Lembre-se disso."[10]

Busque informações sensoriais tranquilizadoras

Na maioria das vezes, não temos como escapar da situação que está provocando a hiperestimulação. É nessas horas que precisamos de outras ferramentas para reduzir nosso grau de agitação. Quando nosso sistema de

Ameaça é ativado, precisamos interromper a resposta física do corpo (porque o modo de Ameaça é essencialmente uma reação física do seu corpo). A melhor forma de interromper essa resposta também é física. Por exemplo, você pode colocar as costas contra a parede e empurrar com força. Deitar no chão de barriga para cima. Fazer miniflexões na bancada da cozinha ou em sua mesa. Envolver o corpo com os próprios braços e se dar um abraço apertado (ou, se for possível, pedir um abraço a alguém). Os estímulos proprioceptivos, as sensações que você tem quando move seu corpo contra algum tipo de resistência, são o tipo de estímulo sensorial mais tranquilizador, segundo Geleris. A melhor parte dos estímulos proprioceptivos é que você pode acioná-los em qualquer lugar e a qualquer hora, por conta própria, e ninguém fica sabendo. (É por causa desse tipo de estímulo que as pessoas gostam de cobertores pesados.)

Mexa menos a cabeça

O sistema vestibular é o sistema sensorial que, entre outras funções, monitora onde sua cabeça está no espaço. Quando você vira a cabeça, o cérebro se ativa com atividade elétrica e todos os outros sentidos ficam aguçados, e isso pode contribuir para a hiperestimulação. Portanto, posicione-se de forma a reduzir os movimentos da cabeça. Por exemplo, se estiver preparando o jantar (geralmente uma tarefa hiperestimulante para pais de bebês e crianças pequenas), reúna tudo o que precisa primeiro para não ter que ficar virando para a frente e para trás com frequência. Se estiver em um jantar, sente-se à cabeceira, para poder olhar para todo mundo ao mesmo tempo. De preferência, fique de costas para uma parede para não ter que filtrar os estímulos sensoriais vindos de trás; isso faz com que seu cérebro se sinta protegido das ameaças, porque assim os "predadores" não têm como se aproximar furtivamente de você (é também por isso que gostamos de espaços aconchegantes e preferimos a cadeira mais perto da parede em um restaurante ou uma sala de reuniões).

Conforte a si mesmo como faria com uma criança

Como todo pai e mãe aprendem, crianças ficam hiperestimuladas com muita facilidade, porque seu cérebro jovem está aprendendo e processando coisas de mais o tempo todo. Então tenha consigo a mesma compaixão que teria com uma criança hiperestimulada. "Você não teria se acalmado ou parado de chorar quando era bebê ou criança se seus pais tivessem gritado com você, ralhado ou trancado você no quarto", escreve Falkenstein. "Portanto, é vital que em momentos difíceis você seja capaz de usar a regulação emocional para cuidar de si mesmo e se reconfortar em vez de criticar sua propensão a ficar hiperestimulado com muita facilidade e sentir as coisas com mais intensidade ('Ah, lá vamos nós mais uma vez!'). Isso só aumenta seu grau de tensão e sua inquietação emocional, e não ajuda você a se acalmar com rapidez."[11] Você pode tentar se imaginar como uma criança e dizer palavras reconfortantes diretamente para essa pessoinha. "Sei que não é fácil para você", "Eu consigo sentir a sua dor", "Você não está sozinho, estou aqui com você", "Conte pra mim o que há de errado".

Ative seu cérebro cognitivo

Efetivamente, temos dois cérebros – um cérebro cognitivo e outro emocional. Pessoas sensíveis tendem a passar mais tempo no cérebro emocional, diz a psicoterapeuta Julie Bjelland, especializada no tratamento de pessoas altamente sensíveis. "Quando seu cérebro emocional é ativado, seu cérebro pensante basicamente adormece", explica ela.[12] (Se você já teve a sensação de não conseguir pensar com clareza quando estava com raiva ou estressado, foi porque seu cérebro emocional havia suplantado seu cérebro cognitivo.) Da mesma forma que a Ameaça e o Conforto não podem ser ativados ao mesmo tempo, nosso cérebro cognitivo e nosso cérebro emocional também não podem. Despertar seu cérebro cognitivo reduz a intensidade das emoções que você sente quando está hiperestimulado. Bjelland sugere pegar um pedaço de papel e anotar as emoções que você está sentindo e o que ela chama de "fatos cognitivos" – que, nesse caso, são observações que contrariam a mensagem enviada pelas emoções. Por exemplo, suas emoções podem estar lhe dizendo: "Estraguei a apresentação e fiz papel de idiota." Eis alguns fatos cognitivos que podem contradizer essa mensagem:

- Tive um desempenho à altura dos meus padrões pessoais.
- Meus colegas me disseram que eu fiz um bom trabalho.
- Minha chefe não teria me pedido para comandar a apresentação se ela não acreditasse que eu poderia ter um bom desempenho.

Escreva pelo menos três fatos cognitivos para cada emoção, aconselha Bjelland. Como o cérebro cognitivo é responsável pela linguagem, o mero ato de colocar seus sentimentos em palavras já é uma forma de ativar essa parte do cérebro.

Crie seu santuário sensível

Arrume seu ambiente físico de forma a cultivar sua sensibilidade. Nem sempre é possível, digamos, sentir-se calmo em um escritório sem paredes ou em uma sala de aula, mas você deve ter pelo menos um espaço que lhe traga paz imediata. É aí que entra o seu *santuário sensível*: uma sala ou um espaço só seu. É onde você alivia a pressão e escapa dos ruídos do mundo. Se não for possível ter seu próprio espaço, comece com uma poltrona aconchegante, sua mesa ou qualquer canto tranquilo. Decore o local com cores relaxantes ou o que quer que o deixe feliz. O conforto físico é fundamental, então inclua almofadas, superfícies macias, iluminação leve e mobiliário confortável. Acrescente as coisas que lhe trazem mais alegria, como livros, diários, velas, objetos religiosos, músicas relaxantes e seus petiscos preferidos. Os detalhes não importam tanto quanto a ideia de que esse é o *seu* espaço, organizado de uma forma que lhe permita processar os acontecimentos e se acalmar.

O mais importante é se certificar de contar à sua família ou colegas de quarto sobre o seu santuário. Enfatize que seu "tempo para mim" em seu santuário é importante para sua saúde física e mental. Muitas pessoas sensíveis instintivamente criam algum tipo de santuário, mas, a menos que estabeleçam limites claros sobre o espaço e seu uso, outras pessoas podem se intrometer, interromper ou até se apossar dele. Lembre-se de que a ideia de alguém poder precisar de um espaço privado especial apenas para não fazer nada – ou relaxar – é um conceito desconhecido para algumas pessoas. Por exemplo, se é importante para você que ninguém mexa nos objetos do seu santuário ou o interrompa enquanto você estiver lá tomando seu chá, não se esqueça de comunicar essas preferências com clareza.

Estabeleça limites saudáveis

Falando nisso, a hiperestimulação crônica geralmente ocorre porque nossos limites têm buracos, ou seja, pontos em que não estabelecemos ou comunicamos um limite claro (levante a mão se você é uma pessoa sensível que odeia estabelecer limites porque não quer magoar nem decepcionar ninguém!). Pode parecer que impor limites vai na contramão da empatia natural da pessoa sensível. No entanto, não precisam ser muros nem divisórias; são simplesmente uma lista particular de coisas aceitáveis ou não para você. Para pessoas sensíveis, limites saudáveis podem soar como as afirmações a seguir:

- "Não vou poder ir a esse evento neste fim de semana."
- "Só posso ficar uma hora."
- "Isso não funciona para mim."
- "Não vou fazer isso."
- "Eu adoraria, mas não consigo assim em cima da hora. Que outro horário funcionaria para você?"
- "Lamento que você esteja passando por um momento tão difícil. Adoraria ajudar, mas estaria me comprometendo além do possível se fizesse _____. Tem algo mais que eu possa fazer?"
- "Entendo que esse é um assunto importante, mas não posso falar sobre isso agora."
- "Quando compartilho meus pensamentos com você e sou criticado, eu me fecho. Só poderei me abrir se você responder de maneira respeitosa."

- "Estou com problemas e preciso conversar com alguém. Você está disponível para me ouvir agora?"
- "Preciso de um 'tempo para mim'. Você levaria as crianças para passear por algumas horas?"
- "Estou cansado. Preciso descansar."

Escute o recado que suas emoções estão transmitindo

Quando você estiver sobrecarregado de sentimentos intensos, lembre-se de que as emoções em si não são o problema, explica Steven C. Hayes, coautor de *Saia da sua mente e entre na sua vida*.[13] Como um alerta do celular ou um cartão-postal de um amigo, as emoções são apenas os mensageiros. Por isso não precisamos reagir a todas elas, mas é necessário ao menos dar ouvidos aos recados que elas trazem. Às vezes, nossas emoções nos dizem quando um limite importante foi ultrapassado, quando é hora de tomar uma atitude ou quando nossas necessidades em um relacionamento não estão sendo atendidas. Com frequência, elas nos oferecem lições e oportunidades para mudar. Embora possa ser tentador dizer a si mesmo que você está exagerando – afinal, você talvez tenha ouvido isso a vida toda –, não ignore suas emoções nem a hiperestimulação. Não se apegue a elas, mas também não as evite. "Elas devem ir e vir, fluindo através de você em seu próprio ritmo", explica Hayes. "Elas contêm lições importantes quando as coisas vão mal, e recompensas incríveis quando as coisas entram nos eixos."[14] Quando sentimentos fortes aparecerem, diz ele, dedique um momento a refletir sobre as seguintes perguntas: "O que essa emoção está pedindo que eu faça?" e "O que isso sugere em relação aos meus anseios?".

Reserve algum tempo para rir e se divertir

Cante com o rádio do carro, ande pulando pelo corredor, brinque de jogar a bolinha para o seu cachorro, ande de bicicleta sem nenhum destino em mente ou pegue um dos brinquedos de seu filho e brinque com ele. Procure o lado engraçado da situação. Os psicólogos chamam esse foco na brincadeira e a vontade de se envolver nela de *ética da brincadeira*.[15] É o ato de acolher sua criança interior e tirar algum tempo para se divertir. Como a terapeuta Carolyn Cole escreve no site Sensitive Refuge, esse lado lúdico muitas vezes "vai sendo encoberto ao longo dos anos pelo medo de não se encaixar, pelo excesso de foco nas responsabilidades e pela crença de que simplesmente não existe mais tempo para essa parte de si". Ela recomenda a todos os pacientes que cultivem uma ética da brincadeira, mas sobretudo aos mais sensíveis, para ajudar a conter a hiperestimulação antes que ela comece. O humor, em particular, exige o uso do córtex pré-frontal, a parte do cérebro que se contrapõe à hiperestimulação emocional. Em outras palavras: você não tem como rir de uma coisa engraçada e se sentir atarantado ao mesmo tempo.

Dê tempo ao tempo

Quando você está hiperestimulado, suas emoções parecem esmagadoras e seu corpo pode ser inundado pela ansiedade ou pelo estresse, por isso pode ser difícil lembrar de usar qualquer uma das ferramentas descritas aqui. A própria Geleris admite que, no episódio de hiperestimulação enquanto trocava a fralda da filha, todas as suas técnicas saíram voando pela janela – mesmo ela sendo uma especialista em processamento sensorial que ensina essas ferramentas a outras pessoas. Portanto, talvez o conselho mais importante para lidar com a hiperestimulação seja simplesmente dar tempo a si mesmo. "Se possível, deixe-se levar um pouco e, ao voltar, aí, sim, você poderá colocar suas ferramentas em ação", diz ela. "Vai passar. Parece que não, mas vai."[16]

Aceite que, às vezes, a hiperestimulação simplesmente não pode ser evitada. Lembre que ela é apenas seu cérebro fazendo o que faz de melhor: mergulhando fundo. Nesses momentos, faça o melhor que puder para pôr essas ferramentas em ação e seja gentil consigo mesmo se os resultados não forem perfeitos. Tudo passa.

capítulo 5

A dor da empatia

> Às vezes acho que preciso de um coração extra para
> sentir todas as coisas que sinto.
> — Sanober Khan, "Spare Heart", em *A Thousand Flamingos*

Rachel Horne estava encrencada.[1] Ela havia feito o impossível para entrar em um programa universitário de prestígio dedicado à arte de administrar instituições de caridade globais. Infelizmente, o mercado de trabalho para quem quer fazer a diferença no mundo é muito competitivo, para dizer o mínimo. Um ano depois de se formar, ela se viu soterrada pelas parcelas do financiamento estudantil, precisando desesperadamente de qualquer emprego. Foi aí que surgiu uma vaga para atuar como gerente de uma instituição de cuidados paliativos para idosos com demência. Ela então pensou que ali talvez fosse possível ajudar as pessoas, ainda que o trabalho não fosse o que ela tivesse planejado a princípio. E como ela era uma pessoa sensível, quem sabe até fosse boa naquilo.

Cuidar de idosos é um trabalho importante, mas, para Horne, se transformou em uma carreira de muita tristeza. Seus dias eram tomados por uma correria ininterrupta envolvendo cuidados, logística e decisões de vida ou morte – e ainda precisava fazer tudo isso com um sorriso no rosto. Seu "escritório" ficava espremido na área de recreação, com uma pilha de alvos de dardos balançando sobre seu computador e o bipe aflitivo dos monitores hospitalares ressoando através das paredes, finas como papel. Havia momentos incríveis, sem dúvida, em que ela conseguia se aproximar de alguém perdido na demência e oferecer um raio de sol de alegria. Uma vez, ela colocou uma música para um paciente, apesar de os colegas de trabalho dizerem que era perda de tempo, porque ele estava completamente alheio à realidade. Então, um dia, o homem se virou para ela e cantou um verso da música. Foi a única vez que Horne o ouviu falar, mas, naquele dia, ela soube que estava fazendo a diferença.

Mas momentos como esse eram difíceis de encontrar, em parte porque desacelerar o suficiente para poder proporcioná-los atrasava tudo. Havia também momentos de perda. Não era raro um membro da equipe criar um vínculo verdadeiro com uma pessoa um dia, apenas para encontrá-la morta no dia seguinte. Horne não entendia como seus colegas conseguiam seguir em frente como se nada tivesse acontecido; a postura deles parecia tão insensível, tão fria. "Era impossível colocar uma distância profissional entre mim e o sofrimento dos pacientes", ela nos disse. "Eu não conseguia ficar tipo: 'Ok, deu cinco horas. Hora de fechar a porta e sair com meus amigos.' Eu ficava: 'Alguém acabou de morrer. Como assim?'"[2]

Em outros momentos, pessoas no leito de morte se abriam com ela e compartilhavam seus sentimentos, arrependimentos e até mesmo segredos de família que não queriam levar para o túmulo. Sendo uma pessoa sensível, Horne era capaz de ouvi-las sem julgamento e lhes proporcionar algum conforto. Mas esse fardo emocional a afetou. "Eu conseguia me conter na frente das pessoas que precisavam de mim", disse ela, "mas, assim que entrava no carro e fechava a porta, começava a chorar."

Em tese, Horne estava fazendo a diferença, mas ela não dormia o suficiente e muitas noites voltava para casa chorando, apenas para começar a chorar novamente na manhã seguinte. Depois de só cinco meses no cargo, ela estava física e emocionalmente no limite e precisava de uma mudança.

Foi quando conheceu um francês chamado Florian.[3] Seus olhos gentis e sua postura descontraída a fizeram se lembrar de si mesma quando ela ainda tinha espaço em sua vida. E Florian tinha espaço de sobra: ele estava viajando pelo mundo de carona. Coincidiu de ele estar acampando no terreno de uma amiga de Horne por algumas noites, mas depois ele colocaria o pé na estrada. Sem reuniões para ir e sem mortes trágicas a "administrar", como se fossem itens em um balanço fiscal, sua vida parecia totalmente serena.

Naquela noite, Horne e Florian ficaram conversando até tarde da noite, enquanto ela lhe fazia inúmeras perguntas. Ele respondeu a cada uma pacientemente. Não, ele não era rico. Não, ele não se sentia inseguro. Não, ele nunca tinha sido repreendido enquanto montava sua barraca. Sim, ele era feliz – e ela, era? Lentamente, Horne admitiu que o invejava. A maioria das pessoas diria que nunca seria capaz de fazer algo parecido, mas ela começou a ver a jornada dele como uma alternativa viável, talvez preferível até, ao seu trabalho.

No dia seguinte, Horne se viu traçando um plano. Ela finalizaria tudo no trabalho e Florian pegaria carona até o apartamento dela para encontrá-la com uma barraca e uma mochila prontas. Com a ajuda dele, Horne faria o que todo pai espera que seu filho jamais faça: partiria para a natureza selvagem com um desconhecido. Ela sabia que poderia perder tudo, ficar sem dinheiro, talvez até correr perigo de verdade. Mas também se sentia mais leve. Pela primeira vez em muitos anos, o bombardeio incessante das necessidades e emoções alheias parecia estar bem longe.

O lado sombrio da empatia

Embora a empatia seja uma das maiores virtudes das pessoas sensíveis, também pode parecer uma maldição. Isso porque pode ser dolorosa. Ela exige que realmente assimilemos o que outra pessoa está sentindo, até mesmo que vivenciemos esse sentimento *com* ela, mas em nosso próprio corpo. Como todas as emoções, essa experiência às vezes pode ser esmagadora e, como todas as emoções, complicada. Por isso a empatia vem com alguns efeitos colaterais.

Um desses efeitos colaterais é o peso de internalizar os momentos mais angustiantes do mundo, quer você os assista no noticiário ou os experimente em primeira mão. Outro efeito colateral é o chamado esgotamento do doador – também conhecido como fadiga de compaixão –, que acontece quando o esforço constante de cuidar dos outros se torna um fardo pesado demais. Esse tipo de exaustão foi o que Horne experimentou. Professores, enfermeiros, terapeutas, pais e mães que cuidam da casa e outras pessoas em funções de cuidado correm um risco maior de sofrer o esgotamento do doador. Por exemplo, em 2021, em meio à pandemia, o esgotamento foi relatado como a principal razão de tantos profissionais de saúde saírem de seus empregos.[4] Mesmo em 2022, um em cada cinco médicos e dois em cada cinco enfermeiros disseram pretender abandonar a carreira dentro de dois anos, de acordo com a American Medical Association. Um terço queria reduzir o número de horas de trabalho.

Pergunte a qualquer pessoa sensível, porém, e ela dirá que um dos efeitos colaterais mais comuns do alto grau de empatia é absorver emoções indesejadas. Para alguns indivíduos sensíveis, emoções são como uma presença concreta no ambiente, e o resultado é a sensação repentina de ser invadido por sentimentos que parecem vir do nada. Em um minuto, você está saboreando seu café; no minuto seguinte, está nervoso e com medo, olhando para os lados sem entender por quê. Como nos disse uma mulher, ela parece sentir as emoções da mãe, como a ansiedade, mesmo quando as duas não estão fisicamente próximas uma da outra, fazendo compras em diferentes seções de uma mesma loja.

Para alguém menos sensível, esse lado sombrio da empatia tem uma solução simples: diminuir sua intensidade. Pessoas sensíveis, no entanto, ouviram esse conselho a vida inteira. Elas não têm como desligar a empatia que sentem, da mesma forma que não têm como desligar seus sentidos físicos ou seu pensamento profundo.

Em suas próprias palavras: como as emoções dos outros afetam você?

"Quando entro em um cômodo, a primeira coisa que faço é reparar visualmente em cada pessoa. Todos os meus sentidos entram em sintonia com as emoções delas. As positivas me mantêm otimista, enquanto as negativas sugam minhas energias. Às vezes acho que consigo sentir até mesmo as emoções dos animais de estimação." – Jackie

"Lidar com as emoções dos outros é muito desafiador para mim. Não se espera que homens reparem nesse tipo de coisa. Inclusive aprendi maneiras sutis de ignorar o olhar, o tom de voz, a linguagem corporal, a maneira de falar e outros elementos desse tipo, a fim de 'baixar' o volume de seus estados emocionais intrusivos. As pessoas que estão com raiva ou têm más intenções podem afetar meu sistema nervoso por dias se eu tiver que interagir com elas, e às vezes podem até provocar uma resposta traumática. Depois de muito esforço, hoje consigo distinguir quais emoções me pertencem e quais não." – Trent

"Consigo sentir e até visualizar as emoções dos outros. Muitas vezes, é difícil saber onde terminam as emoções deles e começam as minhas. O pior é quando estou no mesmo recinto que pessoas desconhecidas, pois não tenho justificativa para aqueles sentimentos e muitas vezes acredito que são meus. Se eu estiver hiperestimulado, as emoções dos outros me deixam em um estado de espírito negativo. Se não estiver, consigo usá-las como pistas para ajudar as pessoas. Mas, mesmo assim, tenho que ter muito cuidado para não deixar muita coisa entrar." – Mathew

"Eu absorvo tudo! Estou trabalhando para lidar melhor com isso, mas sou um termostato humano – consigo dizer a 'temperatura' de uma pessoa ou até mesmo de um grupo inteiro." – Kay

Contágio emocional

Como as pessoas sensíveis sabem muito bem, emoções são contagiosas – elas se espalham tão facilmente quanto um resfriado. Os psicólogos, aliás, não chamam a propagação de uma emoção de empatia. Eles se referem a isso como *contágio emocional*, e todos nós captamos emoções até certo ponto, sejamos sensíveis ou não. E não são apenas emoções negativas, como estresse e raiva, que se espalham. O objetivo de uma festa, por exemplo, é que as pessoas absorvam os sentimentos positivos dos amigos por meio de sorrisos, risadas e dança. Captar os sentimentos dos outros é, de fato, uma parte fundamental do que nos torna humanos e, assim como a sensibilidade, isso ajuda nossa espécie a sobreviver. Quando um grupo de humanos se inspira, trabalha em conjunto na direção de um objetivo comum. E quando sente medo, se mobiliza contra a ameaça e reage com rapidez diante do perigo.

A propagação das emoções é possível, em parte, graças ao que os pesquisadores chamam de *efeito camaleão*.[5] Da mesma forma que um camaleão se mescla ao ambiente, inconscientemente imitamos os trejeitos, as expressões faciais e outros comportamentos das pessoas ao nosso redor para nos adequarmos melhor ao nosso ambiente social. Por exemplo, se o seu colega de trabalho sorri quando vocês se cruzam no corredor, você provavelmente sorri de volta – é automático. Essa resposta social é positiva: quando você espelha o comportamento de outra pessoa, ela se sente bem em relação a você. O efeito camaleão também explica por que um grupo de amigos desenvolve um modo semelhante de falar e fazer piada ou como podemos desenvolver um vínculo com um desconhecido em questão de segundos, apenas "retribuindo" as emoções dele. Pesquisas mostram que indivíduos com alto grau de empatia – como são as pessoas sensíveis – apresentam o efeito camaleão em um grau acima da média. Essa descoberta também explica por que essas pessoas costumam relatar que desconhecidos se sentem à vontade com elas para contar suas histórias de vida (como faziam os pacientes de Horne). Mesmo sem perceber, as pessoas sensíveis tendem a espelhar as emoções dos outros automaticamente, e esse espelhamento gera confiança.

Esse processo biológico de captar e devolver emoções ocorre em três estágios observáveis.[6] O primeiro é o efeito camaleão, quando você imita a expressão da outra pessoa, seja um sorriso ou uma cara fechada. Então vem o segundo estágio, um ciclo de feedback. Como seu corpo assumiu a *aparência* de uma emoção, sua mente começa a *sentir* essa emoção, seja ela felicidade ou preocupação. No estágio final, a outra pessoa pode começar a falar sobre o que está sentindo ou o que vivenciou. A partir das próprias palavras dela, idealmente, você descobre o que a levou a sentir alegria ou estresse – e, por extensão, por que você também sente aquilo. Esse estágio pode ser especialmente útil quando você se depara com emoções dolorosas, porque lhe permite colocar a emoção em contexto e obter um "porquê" para o "o quê" que você está sentindo. Mas esse estágio também pode potencializar o ciclo de feedback. À medida que você e o outro entram em sincronia, a cara fechada inicial dele se torna uma verdadeira sensação de angústia. Pior ainda, se vocês dois não se comunicarem – talvez porque a emoção venha de alguém que não quer falar sobre ela –, a ansiedade e a incerteza são acrescentadas à mistura. Imagine, por exemplo, que um colega de trabalho foi chamado para uma reunião com o chefe e sai de lá quase chorando, junta as coisas dele e vai embora. Já seria estressante o bastante absorver o medo e a tristeza de seu colega (mesmo que você saiba por que ele está sendo demitido), mas, quando não há uma explicação, você fica com a sensação de que talvez também esteja com os dias contados.

Se você não se considera uma pessoa sensível, talvez agora imagine por que quem é assim fala tanto sobre os próprios sentimentos. Essas pessoas passam por esse ciclo o tempo todo, e a empatia pode fazer com que elas andem por aí carregando o estresse de todo mundo ao redor. Compartilhar as emoções de alguém pode ser lindo, mas, quando é algo recorrente, também pode ser uma fonte de dor.

Os maiores superdifusores

Uma coisa é absorver as emoções de um desconhecido; outra bem diferente é absorver as emoções das pessoas mais próximas a você. Pesquisas mostram que as emoções são muito mais contagiosas quando vêm de um ente querido. Um estudo em particular descobriu que cônjuges influenciam profundamente os níveis de estresse um do outro.[7] Consequentemente, o estresse compartilhado desempenha um papel importante no grau de satisfação (ou de ausência dela) com o casamento. Como nos contou uma esposa sensível, quando seu marido pragueja ou fica inquieto, mesmo que o problema não tenha nada a ver com ela, seu corpo imediatamente tem uma resposta física e emocional, como pânico ou até mesmo choro.

O marido, no entanto, tem dificuldade para entender por que seu "desabafo" emocional é "um problema". (Curiosamente, um pesquisador descobriu que as mulheres são mais suscetíveis ao contágio emocional do que os homens, sobretudo em relação ao estresse e à negatividade. Isso pode ocorrer porque as mulheres são mais socializadas para atender às necessidades emocionais das pessoas ao redor delas.)[8] Outro estudo descobriu que a depressão em um cônjuge com frequência leva à depressão no parceiro; o mesmo vale para pais e filhos e até mesmo para pessoas que moram juntas, como colegas de quarto.[9]

O fato de as emoções negativas se espalharem com maior facilidade do que as positivas também não ajuda. Em um estudo, os participantes foram orientados a assistir a uma infeliz cobaia fazer um discurso não planejado e resolver problemas de aritmética diante de uma plateia.[10] O estresse da pessoa era tão contagioso que os observadores tiveram um aumento mensurável em seus níveis de cortisol, o hormônio do estresse, por mais que estivessem assistindo a tudo através de um espelho unidirecional – na verdade, isso acontecia mesmo que estivessem assistindo apenas por vídeo, em outro cômodo. Não admira que muitas pessoas sensíveis digam que é impossível ver determinadas séries ou filmes intensos, cheios de suspense ou violentos demais.

Essas descobertas reforçam a importância de escolhermos com sabedoria nosso círculo de pessoas próximas. É bom evitar reclamões crônicos, pessoas perpetuamente negativas e tóxicas e aquelas que expressam seus sentimentos com intensidade, mas não respondem muito bem aos estados emocionais alheios. Essas pessoas são os superdifusores emocionais do mundo; elas transmitem as emoções mais negativas, assim como as casas de repouso e os restaurantes espalharam rapidamente a Covid-19 durante a pandemia.[11]

Empatia, como se diz, é sentir a dor do outro no nosso coração, e essa dor às vezes pode ser esmagadora. Mas se você parar e pensar sobre isso, as pessoas que estão sofrendo não precisam de fato que sintamos o mesmo que elas sentem para podermos ajudá-las. Claro, todo mundo quer ter a sensação de que seus entes queridos apoiam e entendem as dificuldades pelas quais estão passando – e as pessoas sensíveis são ótimas em proporcionar esse espaço emocional aos outros. No entanto, quando ficamos sobrecarregados, essa reação é tão contraproducente quanto escutar um bebê chorando e responder chorando de volta. Se as emoções forem dolorosas demais, podemos acabar nos afastando dos que estão sofrendo. Se já trocou de canal quando começou a passar um comercial sobre maus-tratos a animais, é provável que você entenda bem isso.

Mas como a empatia pode ser tão problemática? Como a base da moralidade e a força motriz das conquistas humanas, conforme vimos no Capítulo 3, não necessariamente leva as pessoas a se ajudarem mutuamente?

A resposta é que a empatia é como uma bifurcação na estrada. Ela pode provocar angústia e dor. Mas, com a prática, também pode levar a algo muito mais belo – algo que ajudará tanto você quanto a pessoa que está sofrendo.[12]

Estamos falando da compaixão.

Indo além da empatia

O "homem mais feliz do mundo" não ganha dinheiro.[13] Não tem casa nem carro. No inverno, ele se isola em um pequeno eremitério no Nepal sem nenhum conforto ou mesmo aquecimento para combater o frio. Esse homem é Matthieu Ricard, um biólogo molecular francês que se tornou monge budista.

Ricard fica um pouco envergonhado com esse título, cunhado por um jornal britânico há mais de uma década; ele diz que é apenas alarde da imprensa. No entanto, esse rótulo tem um fundo de verdade. Quando Ricard participou de um estudo de doze anos sobre meditação que incluiu inúmeras ressonâncias cerebrais, os exames mostraram algo extremamente incomum: em áreas associadas a emoções positivas, o cérebro dele tinha um nível de atividade nunca antes visto na comunidade científica. Em outras palavras, ele era extremamente contente.

Conta a história que Ricard estava em um aparelho de ressonância magnética no Instituto Max Planck, na Alemanha, observando imagens de pessoas em sofrimento. Ele havia sido orientado a entrar em sintonia com a própria experiência e simplesmente ficar presente com a dor de testemunhar o sofrimento de outra pessoa (em suma, ele foi convidado a acessar sua empatia). Depois de fazer isso por algum tempo, ele teria implorado à equipe de pesquisadores: "Por favor, posso mudar para a prática da compaixão? Está ficando muito difícil suportar isto."[14] Surpreendentemente, uma vez que ele acrescentou compaixão à empatia, descobriu que era capaz de continuar a testemunhar a dor dos outros indefinidamente, sem sobrecarga emocional.

O poder da compaixão é capaz de mudar o cérebro

Esta é a magia da compaixão, uma característica intimamente relacionada à empatia, mas sutilmente diferente:[15] enquanto a empatia envolve espelhar o estado emocional do outro, vivenciando-o *juntamente* com ele, a compaixão envolve uma resposta de preocupação, cuidado ou acolhimento. Compaixão também implica ação: a empatia pode ser simplesmente sentir por alguém e seguir em frente, mas a compaixão envolve o desejo de ajudar ou de fazer algo pelo outro. Ou seja, ela nos tira de um estado de angústia e sobrecarga e nos leva a um estado de acolhimento e amor. A compaixão nos torna ativos, não passivos; passamos a ser a mão amiga, não apenas uma esponja que absorve dores.

Quando passamos à compaixão, a química do nosso cérebro muda. Aliás, a pesquisadora de maior renome no campo da compaixão, Tania Singer, descobriu que diferentes áreas do cérebro são ativadas quando compartilhamos a dor de alguém (empatia) e quando queremos responder de maneira acolhedora ao sofrimento de alguém (compaixão).[16] A frequência cardíaca diminui, liberamos ocitocina, o "hormônio do vínculo", e as partes do cérebro ligadas ao cuidado e ao prazer se ativam. Uma vez que a compaixão entra em cena, não necessariamente sentimos a dor das pessoas com elas, explica Singer, mas sentimos preocupação e um forte desejo de ajudar. Em vez de nos afastar dos outros, nossa compaixão nos conecta ainda mais profundamente e fortalece nossos laços sociais.

É importante deixar claro que a empatia, por si só, é uma coisa maravilhosa. É um superpoder que todas as pessoas sensíveis possuem. Mas a empatia, apenas, pode se tornar um fardo. É aí que entra a compaixão. É ela que nos permite usar a empatia para fazer a diferença.

EMPATIA VS. COMPAIXÃO

Empatia	Compaixão
Experimentar a mesma emoção vivida pelo outro	Não necessariamente sentir a mesma emoção
Foco para dentro (nossos próprios sentimentos ou compreensão)	Foco para fora (desejo de se conectar e agir para ajudar o outro)
Pode provocar dor, sofrimento ou angústia; pode fazer com que nos afastemos para diminuir a dor que estamos sentindo por causa do sofrimento do outro	Os hormônios e a atividade cerebral nos preparam fisicamente para ajudar, nos conectar e dar atenção
As expressões faciais e as ações geralmente sinalizam angústia, dor ou preocupação (encolher-se de constrangimento, gestos de proteção, como levar a mão ao peito em solidariedade, parecendo chocado ou preocupado)	Expressões faciais e ações sinalizam um compromisso com o outro (chegar mais perto, fazer contato visual, tocar de leve, expressão de interesse sincero)
Tensão e aumento da frequência cardíaca	Tranquilidade e redução da frequência cardíaca
Atividade cerebral associada a emoções negativas	Atividade cerebral associada a emoções positivas
Pode causar tanto conexão e cuidado quanto dor e afastamento	Sempre associada a uma motivação para se aproximar ou ajudar
Reação biológica básica; pode ser automática, sem necessidade de aprendizado	Requer esforço; não é tão fácil sentir compaixão sem prática ou intenção

Passar da empatia à compaixão faz a diferença em nosso mundo tão agitado. Vemos o impacto dessa transição em inúmeras pessoas comuns que respondem à tragédia com compaixão, como Susan Retik, que perdeu o marido nos ataques do 11 de Setembro.[17] Sua vida foi destruída, mas ela testemunhou em primeira mão o valor do apoio público às viúvas da tragédia. Ela então percebeu que um grupo de mulheres não estava recebendo o mesmo apoio: as mulheres afegãs que eram viúvas de guerra no país onde os assassinos de seu marido haviam sido treinados. Depois da morte do marido, essas mulheres muitas vezes caíam na pobreza ou até perdiam os filhos. Num momento em que muitos americanos cediam à islamofobia e a outras formas de ódio, Retik abriu seu coração, sentindo que ela e as mulheres afegãs não eram inimigas, e tinham algo em comum. Ela começou a arrecadar doações e estendeu sua ajuda às duas nações em guerra. E, antes mesmo que percebesse, havia fundado uma organização internacional que ajuda mulheres afegãs a desenvolver as habilidades necessárias para obter uma renda independente. Retik recebeu a Presidential Citizens Medal, o maior prêmio não militar dos Estados Unidos, mas diz que tudo começou com um objetivo humilde: proporcionar ainda que a uma única mulher no Afeganistão o mesmo nível de apoio que ela havia recebido no momento mais difícil de sua vida.

Retik não é um caso atípico, pelo menos não pelos padrões de indivíduos com alto grau de empatia. Ela também pode ser usada como um estudo de caso para mostrar que a empatia, um ponto forte inerente às pessoas sensíveis, não é apenas uma qualidade que nos faz sentir bem, mas também um dos superpoderes mais importantes que um ser humano pode pôr em prática. Quer dizer, desde que as pessoas sensíveis aprendam a ir além do contágio emocional para chegar à empatia compassiva.

A questão é: como fazer isso?

Como passar da empatia à compaixão

A resposta vem tanto da neurociência quanto da meditação – e é simplesmente uma questão de direcionamento da sua atenção. A atenção é como um holofote, que ilumina certas coisas e deixa outras no escuro. O que entra na mira dela fica mais brilhante em sua mente, e essa coisa, por sua vez, se transforma em sua experiência interior – seus pensamentos e emoções. Por exemplo, pense na última avaliação de desempenho que você teve com seu chefe. Ele pode ter lhe dito cinco coisas boas sobre o seu trabalho e apenas um ponto negativo, mas se você direcionar o holofote para a única coisa ruim, vai sair da sala dele de cabeça baixa. Por outro lado, ao se concentrar nos comentários positivos do seu chefe, vai se sentir mais calmo e equilibrado.

Portanto, para cultivar a compaixão, precisamos reorientar nosso holofote, direcionando-o para o outro, e não para os nossos próprios sentimentos e reações. "A empatia, sem o cuidado e a compaixão, é uma experiência autocentrada", explica o neurocientista Richard Davidson. "Acabamos angustiados e tentando lidar com a nossa própria resposta. A compaixão é justamente o oposto. Não nos deixamos ser tomados pelos nossos sentimentos e reações. Nossa atenção, repleta de cuidado e motivação para ajudar, se volta para a outra pessoa. A compaixão é sempre – por definição – centrada no outro." A compaixão diz: "O que eu sinto não vem ao caso. Neste momento, o que importa é você."[18]

Passar da empatia à compaixão pode ser difícil a princípio, mas fica mais fácil com a prática. Você não precisa nem mesmo ter sentimentos de afeto pelo outro; só precisa mudar sua postura – ou "orientação", como diz Davidson – e oferecer ajuda se for possível. A compaixão pode ser um pequeno gesto, como enviar uma mensagem de texto para saber como um amigo está, ou carregar uma sacola de compras pesada para o vizinho. Outras vezes, significa enfrentar agressores, corrigir injustiças e abordar os problemas mais graves do mundo.

Meditação da compaixão

Uma maneira comprovada de redirecionar sua atenção é por meio da meditação da compaixão.[19] Existem inúmeras variações desse tipo de meditação, muitas vezes sob o nome de prática da bondade amorosa, com base em raízes budistas, enquanto outras são inteiramente seculares. De todo modo, os resultados são os mesmos e você pode encontrar facilmente áudios de meditação da compaixão guiada na internet ou em aplicativos de meditação.

Esse tipo de meditação envolve primeiro focar sua compaixão em si mesmo, depois estendê-la àqueles que estão sofrendo e, por fim, ao mundo de maneira geral. Você pode repetir (ou refletir sobre) frases como "Que você passe por menos dificuldades" e "Que você seja feliz, que esteja em segurança, saudável e forte". Essas afirmações simples não melhoram a vida dos outros por si sós, mas preparam sua mente para reagir de outra forma quando a compaixão for necessária. O objetivo da meditação é manter essa mentalidade tranquila e compassiva com você ao longo do dia inteiro, uma perspectiva que o prepara para responder melhor às pessoas que estiverem em sofrimento. Se você praticar a meditação com regularidade, essa postura começa a se tornar automática.

Ricard, o "homem mais feliz do mundo", usa práticas semelhantes e vê a compaixão da mesma forma que Davidson.[20] Se pensar na dor dos outros apenas aumenta nossa angústia, afirma Ricard, "então acho que devemos encará-la de outra forma". A resposta é "não focar demais em nós mesmos". Em vez disso, quando acessamos nossa compaixão, diz ele, nossa coragem aumenta. E, em última instância, coragem é o que as pessoas sensíveis necessitam para fazer a diferença em nosso mundo tão agitado, porque ela nos permite ser fortes diante do sofrimento.

Quando pessoas sensíveis praticam a compaixão, ela não lhes dá apenas um leme em meio à tempestade. Ela as transforma em uma arca para os outros. Quase nada é mais calmante do que a presença de alguém com compaixão inabalável. Pessoas assim se importam, mas não entram em pânico; falam, mas não saem dando ordens. A compaixão é uma linguagem que todos nós entendemos, e pessoas sensíveis estão entre as que sabem usá-la com fluência. Quando o fazem, irradiam confiança e confiabilidade, cuidado e autenticidade – exatamente o que nosso mundo mais requer agora.

Outras formas de reduzir a dor da empatia

Eis algumas atitudes que você pode tomar para fortalecer sua compaixão e reduzir a dor da empatia.

Dê prioridade à autocompaixão. Pesquisadores sugeriram que o sofrimento provocado pela empatia desempenha um importante papel de proteção em nossa vida: ele entra em ação para nos impedir de dar indefinidamente até estarmos esgotados.[21] Com isso em mente, você pode atender às suas próprias necessidades sem se sentir egoísta. Estudos comprovam que o autocuidado e a autocompaixão são formas de garantir que tenhamos à nossa disposição os recursos mentais necessários para oferecer compaixão aos outros. Fique atento para perceber quando estiver começando a se sentir sobrecarregado pelas emoções dos outros e se permita fazer uma pausa. Desligue a TV ou largue o celular. Estabeleça limites para pessoas que constantemente o deixam esgotado com o estresse e a negatividade delas. Isso não significa que você seja indiferente nem que não sinta empatia. Pelo contrário, você estará mostrando compaixão por si mesmo e estabelecendo limites saudáveis em relação a quanto de si pode oferecer. Ou, dito de outra forma: quem quer cuidar dos outros precisa antes cuidar de si mesmo.

Encontre passos menores e mais factíveis. Pesquisas mostraram que as pessoas são menos propensas a passar à compaixão e mais propensas a sentir uma angústia da empatia quando acreditam que não têm como fazer diferença em uma situação – por exemplo, quando ouvem falar em guerras, violência ou outro sofrimento no noticiário.[22] Por isso, identificar pequenos passos mais factíveis tem uma importância enorme tanto para você quanto para quem está passando por necessidades. Quando a perspectiva de oferecer ajuda lhe parecer assustadora ou até mesmo esmagadora, procure uma forma de dividir a ajuda em partes menores e mais viáveis. Por exemplo, se você fica de coração partido com o número de animais abandonados que são sacrificados, talvez não consiga encontrar um abrigo onde isso não ocorra nem ser voluntário em um, menos ainda acolher todos os bichinhos. Mas pode fazer uma doação em dinheiro para um desses abrigos, cuidar temporariamente de um cachorro ou gato até que ele seja adotado ou compartilhar o perfil do bicho nas redes sociais para incentivar amigos e conhecidos a adotá-lo.

Concentre-se em captar emoções positivas. Sempre que possível, cultive a alegria empática. Para estimular esse tipo de alegria, você dobra a aposta na sua empatia, mas na direção oposta: você se concentra em tentar absorver a felicidade dos outros. Pesquisas mostram que, quando comemoramos a boa sorte alheia, ativamos o sistema de recompensa do nosso cérebro.[23] Essa ativação melhora nosso bem-estar e está ligada a uma maior satisfação com a vida e a relacionamentos mais significativos. Também está associada a um desejo mais forte de ajudar os outros e a uma maior disposição de fazê-lo (compaixão). Você pode captar a felicidade das pessoas de várias formas: compartilhando as vitórias e conquistas delas, identificando e ressaltando os pontos fortes do caráter delas, como a bondade ou o humor, ou até mesmo observando uma criança ou um animal brincando. Outra forma de fazer isso é concentrar sua atenção nos efeitos positivos dos esforços que você faz para ajudar. Quando estiver se sentindo sobrecarregado pela tristeza, por exemplo, lembre-se das vidas que você *já* ajudou a mudar em vez de pensar nas pessoas que ainda estão passando por dificuldades.

Pratique a atenção plena. Brooke Nielsen, terapeuta e fundadora do Therapeutic Center for Highly Sensitive People, tem uma prática simples de atenção plena para nos ajudar a identificar o contágio emocional. Ela sugere que você tire um momento e se pergunte: "Esse sentimento é meu ou pertence a outra pessoa?"[24] A resposta pode ser óbvia ou você pode precisar ficar algum tempo em contato com as suas emoções para descobri-la. Se perceber que está sentindo determinada emoção depois de ter interagido com alguém, então ela pode ter vindo dessa pessoa. Cuidado com as emoções sorrateiras que parecem ser suas. Por exemplo, você fica com o coração pesado depois de tomar um café com uma amiga. No fim das contas, a emoção veio de outra pessoa – sua amiga estava arrasada com o fim de um relacionamento e você absorveu esse sentimento. Se a emoção não é sua, é preciso identificá-la como tal. Imagine dois baldes à sua frente, um escrito *Meu* e outro escrito *Não é meu*. Pegue essas emoções e coloque-as mentalmente no balde *Não é meu*, e então imagine que você devolve o balde ao dono e ele o leva embora – agora é oficialmente um problema dele. Como as emoções podem ser persistentes, você pode levar essa visualização um passo além. Toda noite, Nielsen gosta de se imaginar usando um aspirador de pó para sugar todo o estresse e as emoções que acumulou desnecessariamente ao longo do dia. Essa prática a ajuda a se livrar de emoções contagiosas que ela nem percebeu que estava absorvendo e cria um limite mental claro que indica que sua cabeça não vai mais lidar com aquilo.

Use a curiosidade. É fácil perceber os sentimentos de outras pessoas e achar que os entendemos. Afinal, pessoas sensíveis são habilidosas em ler linguagem corporal e outras pistas. No entanto, nossas observações nem sempre estão certas ou nos permitem enxergar o cenário completo, porque ninguém pode saber com absoluta certeza o que se passa na cabeça de outra pessoa. Alguém que parece estar irradiando raiva pode não estar de fato com raiva, mas apenas cansado por falta de sono ou frustrado com outro problema qualquer. Portanto, use a curiosidade e faça perguntas sobre o que está acontecendo. Mesmo quando nossas suposições estão certas, as pessoas gostam de ser ouvidas, e obter uma compreensão mais a fundo da situação delas pode ajudar você a manter seus próprios sentimentos fora da questão em vez de ficar à mercê do contágio emocional. Se a pessoa estiver expressando emoções com muita intensidade, concentre-se em observá-las sem absorvê-las. Uma forma de fazer isso é imaginar que há uma parede de vidro entre você e a pessoa. A parede permite ver os sentimentos da pessoa, que não podem passar pelo vidro: eles batem e voltam para a pessoa.

A vida nos limites do mundo

Talvez o primeiro sinal de que Rachel Horne estava levando as coisas longe demais tenha sido o conselho que ela recebeu de alguns habitantes locais: "Espero que você tenha trazido roupas quentes."[25] Ela e Florian estavam fazendo um mochilão em terras escocesas, e tudo o que ela tinha era um saco de dormir fino e dois suéteres de lã. Isso se mostraria insuficiente para lidar com o vento frio do mar do Norte. Oficialmente era verão, mas Horne passou muitas noites tremendo no escuro, às vezes até entrando nos primeiros estágios do choque térmico. Apenas Florian e seu cobertor prateado de emergência a impediram de precisar de atendimento médico urgente.

A alimentação não era muito melhor. Eles passaram semanas em ilhas desabitadas e tinham que levar consigo alimentos leves, ricos em calorias e fáceis de cozinhar. Em geral, isso se traduzia em macarrão cozido sem nada mais. Desesperada por algum tempero, Horne aprendeu a coletar algas marinhas, como os locais faziam séculos atrás. Em alguns dias, ela buscava alimentos sob um céu claro; em outros, era açoitada por rajadas de chuva de vento. Ela conta que esse foi o momento mais difícil de sua vida.

Mas foi também o melhor. Horne passava os dias passeando por vastas praias, fazendo caminhadas ou sentada na beira de um penhasco com nada além do céu diante de si. As águias voavam acima da cabeça dela enquanto os golfinhos saltavam mar afora. Às vezes compunha poemas; outras, simplesmente aproveitava a vida que tinha. O melhor de tudo é que sua mente sensível podia correr livre, sem interrupções. Ela compartilhou sua experiência conosco em uma entrevista:

> *Pela primeira vez na vida, tive tempo e espaço para me curar. Nenhuma rede social me dizendo para perder peso com chá detox, nenhuma propaganda me dizendo que o buraco dentro de mim poderia ser preenchido com um novo biquíni e belos saltos altos. Nenhum apito da máquina de lavar roupa, do celular ou do caixa do supermercado. Dei uma pausa na correria da vida moderna e parei de absorver as emoções de uma centena de pessoas diferentes ao longo do dia. Eu saí totalmente de cena, e foi o presente mais precioso que eu poderia ter dado a mim mesma.*

Depois de três meses vagando pelas ilhas, ela e Florian fizeram um upgrade: consertaram uma van velha e a transformaram em um pequeno *motorhome*. Eles o estacionavam nas montanhas ou nas praias remotas da França e só voltavam à civilização para fazer compras ou ver os amigos. Nessas viagens, Horne conheceu dezenas de pessoas incríveis, pessoas que queriam fazer a diferença no mundo assim como ela: autossuficientes, coletores, agricultores orgânicos e muito mais. E essas pessoas, diz ela, enfim a inspiraram a "parar de fugir". Ela e Florian então se casaram e se estabeleceram em uma casa no interior da França, onde Horne agora cuida de um jardim regenerativo. Ela conseguiu até mesmo um novo emprego, que é menos desgastante para sua natureza sensível, mas ainda permite que ela faça uma diferença significativa: Horne é pesquisadora em tempo integral de uma instituição de caridade educacional internacional.

Horne seria a primeira a dizer que sua vida pouco convencional não é adequada a todas as pessoas sensíveis. Mas era o que ela precisava para passar algum tempo longe das emoções esmagadoras que sentia. Esse tempo lhe deu a chance de estruturar uma vida que funcionasse a favor de sua natureza sensível, não contra ela; uma vida que lhe permitisse explorar seu profundo poço de empatia de uma forma diferente.

"Pessoas altamente sensíveis processam tudo de forma muito profunda", escreve ela, "e não nos contentamos apenas em soterrar nossas emoções autênticas e viver como dizem que devemos viver. Se o seu sonho é morar na estrada ou em uma mansão, não importa. O que importa é ter a coragem de se perguntar o que você realmente quer da vida e então correr atrás dos seus sonhos com coragem e confiança".[26]

capítulo 6

Do fundo do coração

> Existem determinados relacionamentos que devem
> ser de uma felicidade enorme, quase insuportável,
> mas que só podem ocorrer entre naturezas muito ricas,
> (...) capazes de unir dois mundos singulares,
> amplos e profundos.
> — Rainer Maria Rilke

Quando Brian conheceu Sarah, não foi propriamente amor à primeira vista. "Eu era aquele garoto chato que era amigo do irmão dela", conta ele, rindo.[1] Embora se conhecessem desde o ensino médio, os dois não se conectaram de verdade até décadas depois, quando começaram a trocar mensagens pelo Facebook.[2] Na época, Sarah era mãe solo de dois filhos pequenos. A família dela, nas palavras de Brian, não "via com bons olhos" o divórcio dela.

Mas Brian era diferente das outras pessoas que Sarah conhecia. Era generoso. Era gentil. Estava disposto a ouvi-la sem julgamento e a lhe oferecer apoio nas batalhas que ela enfrentava. Em pouco tempo eles começaram a conversar por horas todos os dias e se ver todos os fins de semana. Falando conosco de sua casa em Michigan, Brian escolhia suas palavras com cuidado e parava com frequência para refletir. Ele nos contou: "Posso não ser o cara mais romântico em termos de grandes gestos, mas sei ouvi-la e estar presente para as necessidades emocionais dela."[3] Sarah se apaixonou por ele não *apesar* da sua sensibilidade, mas *por causa* dela, diz Brian.

Não demorou muito para ambos estarem prontos para dar o passo seguinte. Depois de apenas oito meses de namoro, eles se casaram em uma casa de festas perto de casa, na presença de amigos e familiares. Brian, Sarah e os filhos dela foram morar juntos; foi uma "família instantânea", como diz Sarah. Brian se tornou padrasto e passou a compartilhar seu amor pelo beisebol com os novos enteados. Ao contrário de muitos outros caras, ele tinha paciência com os meninos, mesmo quando eles se comportavam mal ou cometiam algum erro.

Mas logo as coisas começaram a desandar. A vida familiar – e todo o estresse que a criação de filhos traz – era muito diferente da vida tranquila de solteiro de Brian. O casal começou a discutir cada vez mais, e essas discussões exacerbaram suas diferenças de personalidade. "Ela é o tipo de pessoa que quer resolver as coisas na hora", contou ele. "Eu sou do tipo que precisa dar um passo atrás e refletir primeiro." Sarah concordou que eles são "completamente diferentes" na forma como lidam com divergências, e que pode ser difícil para o marido o fato de ela ser "muito direta".

Por motivos que ele não entendia ou não conseguia explicar totalmente a Sarah, essas discussões o abalavam de verdade. A única coisa que ele sabia é que, depois de uma briga, ele sentia um forte desejo de se afastar da família por longos períodos de tempo. Ficava vendo TV no sofá ou saía sozinho para caminhar. Às vezes, levava três ou quatro dias para ter vontade de voltar a falar com Sarah. E não era só depois das brigas que Brian queria ficar sozinho. Ele se recolhia após um dia cheio no trabalho ou em uma noite de sábado, quando a família finalmente tinha algum tempo livre – momento em que Sarah achava que eles deveriam sair ou fazer planos com os amigos.

Para Sarah, essa reclusão não fazia sentido. Ela achava que Brian estava sendo dramático e autocentrado; seu hábito de evitar a questão que havia provocado a briga a deixava ainda mais chateada. E, pior, parecia que ele não gostava mais de passar seu tempo livre com ela.

Com o casamento desmoronando, Brian se sentia um fracasso não apenas como marido mas também como homem, e entrou em uma depressão grave. "Os homens não deveriam ser sensíveis", disse ele. "É algo que a sociedade não vê com bons olhos." A certa altura, Sarah pediu o divórcio, e Brian concordou. Mas mais tarde no mesmo dia, os dois mudaram de ideia quando perceberam que não queriam passar a vida longe um do outro. No entanto, alguma coisa precisava mudar – não apenas por eles mas também pelas crianças. Brian, ao que parecia, estava prestes a perder o amor de sua vida.

O dilema da pessoa sensível num relacionamento

Como vimos, pessoas sensíveis tendem a ser cuidadosas e a ter um alto grau de empatia – por isso podemos achar que relacionamentos fortes e saudáveis acontecem naturalmente para elas, seja na amizade ou no amor. No entanto, as pessoas sensíveis com frequência dizem o contrário: os relacionamentos são um dos maiores desafios da vida delas. Eis algumas das coisas que elas consideram desafiadoras no casamento e em suas amizades. Quais destas questões são familiares para você?

- Precisar de mais tempo para relaxar do que o parceiro ou os amigos para poder se recuperar dos estímulos.
- Ficar facilmente abalado por causa de discussões, um tom de voz elevado ou outras expressões de decepção ou raiva (como sair batendo a porta), e precisar de mais tempo do que os outros para se recuperar de conflitos com entes queridos.
- Colocar as necessidades do cônjuge, dos filhos ou dos amigos acima das suas próprias, ao ponto da exaustão, do esgotamento ou da desconexão consigo mesmo.
- Ler os outros tão bem que eles não conseguem esconder suas emoções de você, e, por sua vez, levar essas emoções para o lado pessoal.
- Ser dominado por personalidades mais expressivas, barulhentas e agressivas e, consequentemente, acabar ressentido, magoado ou com a sensação de estar sendo passado para trás.
- Ser vítima de narcisistas ou outras pessoas tóxicas ou controladoras.
- Sentir profundamente o impacto das palavras dos outros, principalmente críticas e acusações.

- Ficar rapidamente exausto diante de dramas, fofocas ou conversa fiada.
- Sentir-se incompreendido pelos outros, porque você experimenta o mundo de uma forma diferente graças à sua sensibilidade.
- Desejar uma conexão mental, emocional e sexual mais profunda do que a maioria das pessoas é capaz de oferecer.
- Encontrar "sua turma" – pessoas que o entendem e que não apenas respeitam como também dão valor à sua sensibilidade.

Novamente, se já experimentou vários desses aspectos, não há nada de errado e você não está sozinho – você simplesmente é uma pessoa sensível em um mundo não tão sensível assim. A especialista em sensibilidade Elaine Aron inclusive nos diz que os relacionamentos, de modo geral, são menos felizes para as pessoas sensíveis do que para suas contrapartes menos sensíveis.[4] Essa foi a conclusão a que ela chegou depois de realizar uma série de estudos comparando pessoas sensíveis e menos sensíveis em seus casamentos. Mais especificamente, pessoas sensíveis disseram sentir-se mais "entediadas" e "presas a uma rotina" no casamento; esses sentimentos são os principais fatores capazes de prever um relacionamento infeliz no futuro. Para entender o motivo disso, Aron fez perguntas como "Quando você fica entediado em um relacionamento íntimo, geralmente é porque deseja que a conversa seja mais profunda ou mais significativa em termos pessoais?" e "Você gosta de dedicar tempo a refletir sobre o significado das suas experiências?". De maneira nada surpreendente, pessoas sensíveis responderam sim a ambos os questionamentos.

> **Em suas próprias palavras: em um relacionamento, o que é desafiador para você?**
>
> "Sempre priorizo as necessidades do meu parceiro em detrimento das minhas. Isso às vezes me faz ignorar alguns dos sinais clássicos de esgotamento. Houve momentos em que comecei a me sentir esquecida, negligenciada e desva-

lorizada, despejando todo o meu amor altamente sensível sem sentir que esse esforço era recíproco." – Raneisha

"Meu maior desafio é encontrar pessoas com quem eu possa me relacionar de verdade, que me entendam e me escutem – minha 'turma'. Às vezes, parece que estou o tempo todo me conectando com as pessoas erradas, que testam meus limites e fazem disparar alguns dos meus pontos fracos: mau humor, meu hábito de evitar conflitos e minha dificuldade de defender o que é melhor para mim. Sou um romântico incorrigível, que sonha com o amor perfeito, um idealista com enormes expectativas que muitas vezes vão de encontro à realidade." – William

"Estou sempre muito ciente das mudanças sutis na expressão do meu marido quando ele não está muito contente com alguma coisa, por exemplo. Embora ele ache que está conseguindo disfarçar, eu percebo, e isso dispara uma reação em mim, fico magoada. Mas aí eu pergunto por que ele está sentindo aquilo e procuro entender seus motivos."
– Emma

"Acho que o pior é não ser compreendida pelo meu marido e não poder ter uma conversa profunda a qualquer hora do dia. Ele é capaz de ter conversas bastante profundas, mas, se eu for fundo demais, ele simplesmente não entende ou não quer entender. Ele tem um raciocínio muito lógico e é muito literal, por isso às vezes é bem difícil ser ouvida e compreendida." – Laura

Por quais outras razões os relacionamentos são menos felizes para pessoas sensíveis? Existem várias respostas possíveis, embora nem todas se apliquem igualmente a cada pessoa ou relacionamento. Uma delas é que as pessoas sensíveis simplesmente experimentam o mundo de maneira diferente e têm necessidades diferentes. É comum que pessoas sensíveis se juntem a pessoas menos sensíveis e, geralmente, essa divergência é positiva:

um amigo menos sensível pode tomar a dianteira numa nova aventura e um cônjuge menos sensível pode assumir as rédeas quando o parceiro se sente atarantado. No entanto, quando os opostos se atraem, como foi o caso com Brian e Sarah, sem dúvida haverá mal-entendidos.

Do mesmo jeito que o corpo das pessoas sensíveis tem reações naturalmente mais intensas, por exemplo, à textura de uma calça jeans nova, o coração delas tem uma reação mais intensa a um comentário crítico. E pessoas sensíveis – mesmo as extrovertidas – também precisam de mais tempo para relaxar do que as demais. Parceiros ou amigos menos sensíveis podem interpretar essa necessidade como um insulto ou considerá-la errada. Uma mulher sensível nos contou que sua tendência a se sentir oprimida em eventos sociais gera tensão em seu casamento. Ela se cansa com rapidez em grandes festas ou em restaurantes barulhentos. Então fica irritada e distante e tem vontade de ir para casa – enquanto o marido quer ficar e curtir. Nesse caso, nenhum dos dois está errado por conta de suas reações; eles simplesmente habitam o mundo de maneiras distintas. No entanto, se esses mal-entendidos não forem solucionados, pessoas sensíveis podem acabar se sentindo solitárias e isoladas.

O estresse também é um fator importante. Como vimos, o cérebro sensível processa as informações mais a fundo, então pessoas sensíveis tendem a se sentir estressadas e ansiosas com mais facilidade do que seus amigos e cônjuges menos sensíveis. Brian, por exemplo, achava difícil se ajustar à vida familiar barulhenta e caótica que inevitavelmente acompanha duas crianças pequenas. Outros relatam achar estressante dividir o espaço com colegas de quarto ou familiares. Como vimos no Capítulo 4, essas pessoas atingem um estado de hiperestimulação com maior rapidez e precisam de um santuário tranquilo onde encontrar refúgio, mas isso pode ser uma tarefa impossível se você estiver rodeado de gente que não entende essa necessidade.

A necessidade de algo mais

Em última instância, no entanto, há um fator que se destaca dos outros. É algo que as pessoas sensíveis nos dizem repetidamente: elas precisam de mais profundidade em seus relacionamentos para se sentirem satisfeitas. Sem essa profundidade, sempre fica faltando alguma coisa. Isso sem dúvida é verdade para Jen, uma mulher sensível que acha difícil conhecer pessoas em busca do mesmo grau de autenticidade e vulnerabilidade que ela. "Falar sobre dificuldades pessoais e questões mais profundas e difíceis é muito assustador e desconfortável para muita gente", contou. E conversa fiada não basta para ela. Por isso, Jen se tornou mais seletiva quanto às pessoas com quem se envolve e, infelizmente, nunca teve de fato um melhor amigo ou amiga.

Jen não é exceção. Na verdade, a busca por relacionamentos significativos está ficando consideravelmente mais difícil. De acordo com a edição mais recente da pesquisa American Perspectives, os americanos têm menos amizades íntimas do que antes, conversam com os amigos com menos frequência e recorrem menos aos amigos quando precisam de ajuda.[5] Esse *déficit de relacionamentos* é ainda mais pronunciado entre os homens. Os americanos também estão se casando mais tarde do que nunca e se mudando mais vezes, duas tendências fortemente associadas ao isolamento e à solidão. Culpe quem você quiser – as cidades, as redes sociais, a família nuclear, a cultura carrocrata ou apenas nosso mundo agitado demais –, é fato que as necessidades de conexão humana da maioria das pessoas não são integralmente atendidas.

Aqui, podemos aprender uma lição com as pessoas sensíveis. Quanto mais a sociedade experimenta esse déficit de relacionamentos, mais as pessoas sensíveis buscam nos aproximar. Elas querem mais de seus relacionamentos – mais profundidade, mais conexão, mais intimidade – do que o indivíduo médio. Acontece que esse instinto é bom: relacionamentos fortes trazem inúmeros benefícios, ajudam você a viver mais[6] e a se recuperar de doenças mais rapidamente,[7] além de deixá-lo mais feliz e produtivo no trabalho.[8] A Harvard Medical School diz inclusive que suas conexões sociais são tão cruciais para a saúde quanto ter uma boa noite de sono, uma alimentação saudável e não fumar.[9] Outro estudo concluiu que os relacionamentos são a coisa mais valiosa na vida:[10] quando nos sentimos amados e aceitos pelos outros, damos menos importância aos bens materiais. Nós nos concentramos menos nos objetos, provavelmente porque os relacionamentos mais significativos oferecem conforto, segurança e proteção.

No entanto, como vimos, muitas pessoas – principalmente as sensíveis – acham que falta alguma coisa nos relacionamentos delas. Então o que uma pessoa sensível deve fazer? É possível ter o tipo de relacionamento que ela deseja? A resposta é não... e sim.

Não é nenhum segredo que o propósito do casamento ou de qualquer outra parceria de longo prazo mudou ao longo do tempo. Antigamente, os casamentos não eram baseados no amor, mas na segurança econômica – talvez na forma de um dote, de algumas terras ou simplesmente para unir duas famílias que atuavam no mesmo ramo comercial. Historiadores sugerem que esse padrão ocorria não apenas entre os ricos, mas também entre os plebeus e até mesmo entre grupos de caçadores-coletores. O casamento era uma forma de reunir recursos, dividir as tarefas e construir laços entre as famílias. Em algumas partes do mundo, essa é a norma ainda hoje. No Sudão do Sul, por exemplo, qualquer casamento envolve um dote pago em cabeças de gado.[11] O valor do dote é menor se o casal tiver alguma química, mas o casamento acontece com ou sem isso; o amor é mais um bônus do que uma condição. Nossa obsessão com o amor profundo, em encontrar a alma gêmea, é relativamente recente e exclusivamente ocidental.

Mas, de acordo com o psicólogo social Eli Finkel, no mundo de hoje, nem mesmo o amor basta.[12] Finkel começou a mapear as mudanças nas expectativas sobre o casamento e diz que muitos casais agora esperam que o relacionamento contribua para a realização e o crescimento pessoal. Ainda queremos química, claro, mas também queremos alguém que nos ajude a nos tornarmos a melhor versão de nós mesmos e a alcançar nosso pleno potencial. É óbvio que essa expectativa exerce uma grande pressão sobre o casamento, e a maioria fracassa nesse aspecto. Inclusive, de acordo com Finkel, o casamento médio hoje em dia é mais fraco do que no passado em termos de satisfação e taxa de divórcio. Mas ele descobriu algo importante nos dados: os melhores casamentos hoje são muito mais fortes do que os melhores casamentos do passado – na verdade, essas uniões de sucesso são as mais fortes que o mundo já viu. Claramente, então, um relacionamento extremamente satisfatório é possível. Precisa apenas, bem, de muito trabalho.

Finkel seria o primeiro a dizer que esse tipo de relacionamento não é para todo mundo (e tudo bem). Ele também envolve um esforço contínuo do tipo mais desconfortável: desafiar a nós mesmos emocionalmente. Finkel o compara a uma cena do filme *Sideways – Entre umas e outras*, em que o personagem de Paul Giamatti, um grande conhecedor de vinhos, reflete sobre como é mais difícil cultivar a uva Pinot:

> *Ela tem a casca fina, é temperamental, amadurece cedo. Ela é... sabe, não é uma sobrevivente, como a Cabernet, que cresce em qualquer lugar e prospera mesmo quando é negligenciada. Não. A Pinot precisa de cuidado e atenção constantes. Sabe, na prática ela só cresce nesses pequenos recantos escondidos do mundo, bem específicos. E só os produtores mais pacientes e atenciosos conseguem, na verdade. Somente alguém que dedique tempo para entender o potencial da Pinot consegue elevá-la à sua expressão mais completa. Então, quer dizer, ah, seus sabores são simplesmente os mais assustadores, brilhantes, emocionantes, sutis e ancestrais do planeta.*[13]

Em outras palavras, claro, um bom Pinot – ou um romance pautado na profunda realização – é algo de rara beleza, mas essa raridade tem uma razão de ser: é difícil cultivá-lo. E é aí que Finkel oferece alguma esperança. Tal como acontece com a uva Pinot, diz ele, é preciso dispor de tempo, trabalho e um determinado tipo de pessoa para nutrir um relacionamento profundo e significativo. Que tipo de pessoa? Finkel diz que ela precisa ter características como investimento emocional, empatia e autorreflexão – basicamente uma lista dos pontos fortes das pessoas sensíveis. Em outras palavras, pessoas sensíveis não apenas gostam de tomar um Pinot; elas são singularmente capacitadas para cultivá-lo.

Em suas próprias palavras: quais são alguns dos pontos fortes que você leva para os seus relacionamentos?

"Acredito que ser sensível me permite ser uma amiga e esposa melhor. Sou capaz de me conectar com a minha turma em um nível celular! Não consigo apenas dar 'parabéns' superficiais – eu experimento uma felicidade autêntica com a alegria dos outros. Por outro lado, consigo caminhar com meus amigos de mãos dadas quando eles atravessam situações difíceis ou desafiadoras. Poder ser um porto seguro para meu marido e meus amigos é uma experiência especial para mim." – Raneisha

"Minha sensibilidade me torna menos egoísta, então, quando eu tomo uma decisão, procuro fazer o que é melhor para todo mundo, não apenas para mim." – Jen

"Meu ponto forte como pessoa sensível é saber quando alguém está passando por algum sofrimento emocional. Eles podem até dizer que estão bem, mas eu consigo sentir quando algo está errado. Confiar nos meus instintos ajuda em todos os aspectos da minha vida e nos meus relacionamentos." – Vicki

"Muitos dos meus amigos me disseram que sou uma das pessoas mais gentis que eles conhecem. Minha melhor amiga adora o fato de podermos ter conversas profundas sobre qualquer coisa sem julgamentos." – Phyllis

Como tornar seus relacionamentos mais significativos

Como exatamente pessoas sensíveis podem aproveitar seus pontos fortes para criar os relacionamentos "Pinot" que tanto desejam? As melhores parcerias, de acordo com Finkel, são aquelas em que as duas pessoas levam grandes expectativas para o relacionamento e depois investem na relação de modo a garantir que ela atenda a essas expectativas. Para tal, elas podem concentrar as apostas nos pontos fortes de um casamento – os aspectos nos quais são compatíveis – e aliviar a pressão (ou diminuir as expectativas) nas áreas em que houver menos compatibilidade. À mulher sensível que se sentia hiperestimulada por festas e restaurantes, por exemplo, Finkel diria que ela e o marido podem aliviar a pressão simplesmente aceitando que são diferentes nesse aspecto. Em vez de ela ir a esses eventos de má vontade – e ficar exausta –, o marido poderia aceitar ir sozinho ou com um amigo, e a esposa participaria apenas nas ocasiões mais importantes. O casal poderia então se dedicar em dobro a outra coisa de que ambos gostem, como viajar ou assistir a determinados filmes juntos.

Ao contrário desse casal, você pode estar em um relacionamento com alguém que seja tão sensível quanto você – ou mais. Construir uma vida com outra pessoa sensível pode ser maravilhoso; vocês dois provavelmente são atenciosos e cuidadosos e gostam de se aprofundar em suas conversas e seus interesses. Você e seu parceiro provavelmente têm um forte desejo de proximidade e significado, e ambos podem preferir um ritmo de vida mais lento e simples. No entanto, o fato de ambos serem sensíveis não é garantia de que o relacionamento vá progredir sem problemas nem que será excepcionalmente significativo. Em alguns aspectos, esse par pode ser extremamente complicado. Por exemplo, talvez vocês dois evitem conflitos ou fiquem hiperestimulados com muita facilidade no dia a dia. Ou, quem sabe, vocês sejam sensíveis de maneiras distintas – um pode ficar extremamente incomodado com a bagunça no ambiente, enquanto o outro lida bem com ela, mas é sensível a barulhos. Nesse caso, você e seu cônjuge precisam respeitar a sensibilidade de cada um e buscar um meio-termo que não sobrecarregue você nem ultrapasse os seus limites.

A seguir estão mais algumas formas de fortalecer seus relacionamentos sendo uma pessoa sensível. Também falaremos sobre alguns hábitos que limitam a capacidade de encontrar significado em qualquer relacionamento que seja. Essas estratégias são úteis quer a outra pessoa seja sensível como você ou não.

Tornando o conflito seguro

Como Brian descobriu, discutir com seu parceiro pode ser incrivelmente hiperestimulante quando você é uma pessoa sensível. Pesquisadores descobriram que os conflitos dos casais têm o mesmo efeito fisiológico que o estresse da guerra, com direito a batimentos cardíacos acelerados, agitação, percepções imprecisas de informações recebidas e, claro, entrada no modo de Ameaça.[14] Megan Griffith, num texto para o site Sensitive Refuge, explica isso da seguinte forma: "Quando meu marido e eu discordamos, não consigo nem me concentrar no assunto sobre o qual estamos brigando. Em vez disso, sou arrebatada pelos sentimentos dele – e pelos meus –, e isso se torna tão esmagador que me fecho ou simplesmente começo a chorar."[15] Muitas pessoas sensíveis sentem esse "estresse de combate" do conflito com mais intensidade ainda, então não admira que muitos relatem tender a evitá-lo. Ou, como Brian, afirmem precisar de extensos períodos de inatividade após o conflito para acalmar seu sistema nervoso sobrecarregado.

No entanto, evitar conflitos é uma forma infalível de limitar a profundidade de qualquer relacionamento, diz April Snow, uma terapeuta de casais especializada no trabalho com pessoas sensíveis.[16] Claro, todo relacionamento às vezes exige concessões em nome da estabilidade, mas essa abordagem não deve ser a regra. Quando alguém cruza um limite importante, é preciso dizer. E quando o outro dá início a um conflito, não é necessariamente seu trabalho acalmá-lo nem esconder sua reação para manter a paz. Embora essas táticas possam funcionar a curto prazo para reduzir a intensidade do desentendimento e a hiperestimulação que ele provoca, elas acabam por gerar mais raiva, ressentimento ou outras formas de sobrecarga emocional.

Quando evitamos o conflito, "a outra pessoa nunca tem a oportunidade de conhecer seu eu verdadeiro e completo", diz Snow. As pessoas mais próximas nunca descobrem o que se passa na sua cabeça, que tipo de coisas o incomodam nem como você se sente de verdade. Embora pareça contraintuitivo, ela explica que o conflito pode efetivamente fortalecer um relacionamento, porque "você aprende a resolver problemas e pode praticar o apoio mútuo em momentos difíceis".

Uma maneira de tornar o conflito instantaneamente mais seguro para as pessoas sensíveis é banir gritos, batidas de porta, revirar de olhos, insultos, constrangimentos, intimidações e outras manifestações intensas de raiva ou decepção. Se você ou a outra pessoa experimentarem emoções fortes durante um conflito, façam uma pausa até que essas emoções pareçam menos intensas. Um casal sensível e amoroso criou um código – "alerta de tempestade" – que qualquer um deles pode invocar a qualquer momento.

Se um dos parceiros disser essa senha, ambos têm que interromper a discussão no ato, anotar a hora e fazer uma pausa de trinta minutos. Durante esse intervalo, eles fazem algo para retomar o controle, como escrever no diário, sair para uma caminhada ou cuidar de algum projeto criativo. Então, trinta minutos depois, eles dão continuidade à conversa ou combinam que o farão em outro momento nas próximas 24 horas. Essa prática garantiu que os problemas não fossem descartados nem ignorados e permitiu que ambos refletissem sobre seus pensamentos antes de responder. Quando voltavam a discutir o problema, o faziam de maneira mais produtiva – e com menos carga emocional.

Snow também recomenda que pessoas sensíveis usem a abordagem da atenção plena ao conflito. No calor de um desentendimento, diz ela, é fácil deixar a imaginação correr solta ou a ansiedade tomar conta. Para neutralizar essa tendência, traga sua mente de volta para o aqui e agora com a ajuda dos seus sentidos. Faça algum exercício de respiração, sinta seus pés tocando o chão, encontre um objeto no qual se concentrar ou use qualquer outra estratégia de sua caixa de ferramentas de hiperestimulação. Procure se conectar com sua própria experiência em vez de se deixar levar pelas emoções do outro. Para isso, você pode interromper o contato visual de vez em quando e observar silenciosamente o que está acontecendo dentro de si mesmo – seus sentimentos e sensações físicas. Lembre-se de que é natural se sentir desconfortável durante conflitos e que, ao mesmo tempo, seus sentimentos e suas necessidades são tão válidos quanto os da outra pessoa.

E se você estiver lidando de fato com uma pessoa inclinada ao conflito, que grita com frequência, distorce a verdade ou o acusa injustamente? Bill Eddy, do High Conflict Institute, define *pessoas com alto grau de conflito* como aquelas cujo padrão de comportamento agrava o conflito em vez de reduzi-lo ou resolvê-lo.[17] Essas pessoas culpam os outros pelos problemas que elas mesmas criam, pensam em termos de tudo ou nada, não controlam as próprias emoções e têm reações extremas às situações. Você não tem como controlar o que uma pessoa com alto grau de conflito faz, mas pode trabalhar para aprender a controlar sua forma de responder a ela (e decidir quanto do comportamento dela vai deixar entrar em sua vida). Se um amigo ou ente querido for uma pessoa com alto grau de conflito, recomendamos aprender estratégias específicas para responder a eles.

Diga o que você quer

À luz de seus trinta anos de trabalho como psicóloga de casais, Lisa Firestone revela que a maioria das pessoas tem facilidade em apontar o que não quer em um relacionamento – os defeitos de seu parceiro –, mas tem muita dificuldade em dizer o que efetivamente quer.[18] Pessoas sensíveis não são exceção e, inclusive, podem achar ainda mais difícil fazer isso. A reticência delas geralmente é fruto de boas intenções: pessoas sensíveis tendem a ser cuidadosas e a não querer sobrecarregar nem incomodar os outros. No entanto, esse hábito pode fazer com que suas necessidades não sejam atendidas, o que corrói o significado de qualquer relacionamento. Por outro lado, dizer o que você quer cria intimidade emocional. Como explica Firestone, "quando você fala sobre os seus desejos de forma honesta, direta e de um ponto de vista adulto, é mais provável que seu parceiro seja aberto, receptivo e íntimo nessa troca".

Pessoas sensíveis também podem cair na armadilha de esperar que os outros leiam sua mente e se antecipem às necessidades delas. É fácil entender o porquê: elas se destacam justamente por saber ler outras pessoas e antecipar as necessidades delas. No entanto, se você é sensível, talvez precise se acostumar a ser direto, talvez mais do que gostaria, principalmente se estiver em um relacionamento com alguém menos sensível. Não espere que os outros sejam capazes de ler você tão bem quanto você é capaz de lê-los. Lembre-se: você é diferente, e a maioria das pessoas simplesmente não possui seus superpoderes.

Se você é uma pessoa sensível, pode até ter baixa autoestima e se sentir inadequado ou desajustado por causa de sua sensibilidade. Pode questionar se tem o direito de dizer o que quer. Esteja ciente de que as suas necessidades e os seus desejos são tão importantes quanto os dos outros. Você jamais diria a uma amiga que ela não merece descansar quando está cansada nem que não merece pedir ajuda quando precisa. Ensinamos às crianças a Regra de Ouro: trate as outras pessoas como você gostaria de ser tratado. Pessoas sensíveis muitas vezes precisam da Regra de Ouro ao contrário: trate a si mesmo como você trata os outros.

Ao dizer o que você quer, evite usar uma linguagem que o coloque no lugar de vítima. Suas palavras devem ser uma expressão autêntica do que você quer, explica Firestone, não uma exigência do que você precisa nem uma expectativa quanto a algo que você julga ter direito. Da mesma forma, evite usar frases com foco no outro, que denotam acusação. Eis aqui três exemplos dados por Firestone de como dizer o que você quer em um relacionamento:

- Em vez de "Você não parece mais ficar feliz ao me ver", experimente "Quero me sentir desejado(a) por você".
- Em vez de "Você está sempre distraído(a)", experimente "Eu queria receber mais atenção da sua parte".
- Em vez de "Você nunca ajuda", experimente "Eu me sinto muito mais relaxado(a) quando tenho ajuda nisso ou naquilo".

Esteja disposto a ficar vulnerável

Recentemente, a vulnerabilidade tem recebido bastante atenção de pesquisadores, principalmente da cientista social Brené Brown, autora do best-seller *A coragem de ser imperfeito*.[19] Brown descobriu que a vulnerabilidade saudável nos relacionamentos aumenta a sensação de confiança e de conexão com os outros. Também pode proporcionar o tipo de conversa mais profunda e pessoalmente significativa que as pessoas sensíveis mais desejam. Vulnerabilidade saudável é se abrir e mostrar suas "arestas ásperas e imperfeições humanas", como escreveu o terapeuta matrimonial Robert Glover.[20] Pessoas sensíveis mostram a própria vulnerabilidade naturalmente, mas em algum momento da vida elas podem ter tido a sensação de que não deveriam fazer isso. A sociedade costuma enxergar a vulnerabilidade como uma fraqueza, por causa do Mito da Dureza.

Artistas também sabem que precisam ser vulneráveis para compartilhar suas obras. Não existe alternativa: você está desnudando algo que veio do seu coração e da sua alma e que, uma vez divulgado, será julgado, interpretado e criticado. No entanto, a arte é a forma como compartilhamos sentido. Seth Godin, em seu livro ilustrado para adultos, *V Is for Vulnerable: Life Outside the Comfort Zone* (V de vulnerável – A vida fora da zona de conforto), explica isso da seguinte forma:

Quando compartilhamos de verdade as obras de arte que criamos, não existe outra opção a não ser nos sentirmos vulneráveis. Quando compartilhamos, quando nos conectamos, abrimos mão de todo o poder e ficamos nus diante da pessoa a quem presenteamos com o dom da nossa arte. Não há desculpas, nenhum manual ao qual recorrer, nenhum procedimento operacional padrão para nos proteger. E isso faz parte desse nosso dom.[21]

Vulnerabilidade não significa compartilhar detalhes íntimos de sua vida nem ser cruelmente direto ou severo. Tampouco é um meio para algum fim; a vulnerabilidade não deve ser usada para culpar, controlar nem manipular os outros. Eis algumas formas saudáveis de acrescentar mais vulnerabilidade aos seus relacionamentos:

- Admita quando achar algo difícil, frustrante ou assustador.
- Diga à pessoa quanto você a admira, respeita, ama e se sente atraído por ela.
- Esteja disposto a compartilhar histórias do passado, sejam elas experiências positivas ou negativas.
- Quando a pessoa o magoar, diga isso a ela.
- Expresse seus verdadeiros sentimentos – mesmo os negativos – em vez de encobri-los por educação (tristeza, frustração, decepção, constrangimento, etc.).
- Compartilhe sua opinião, mesmo quando achar que os outros vão discordar.
- Peça ajuda quando precisar.
- Diga o que você quer.

Cuidado com narcisistas e outras pessoas tóxicas ou controladoras

Se você se encontrar em um relacionamento com um narcisista (ou outro tipo de pessoa abusiva ou controladora), poderá não ser capaz de nomear o que está vivenciando, mas terá uma sensação incômoda de que algo não está certo. Os narcisistas acreditam que são superiores às outras pessoas, embora essa postura possa se manifestar de forma sutil. Eles podem ignorar conselhos de especialistas ou criticar excessivamente o serviço do restaurante, por exemplo. Os narcisistas carecem de empatia – mesmo por seus amigos e familiares – e acreditam ter direito a atenção, sucesso e tratamento especiais. "Pergunte a qualquer pessoa altamente sensível e ela lhe dirá que, em algum momento da vida, teve um relacionamento com um narcisista", explica Deborah Ward, autora de *Sense and Sensitivity* (Sentido e sensibilidade).[22] "Eles não sabiam disso na época, mas começaram a sentir que estavam sendo explorados, usados, e passaram a imaginar como escapar daquilo." Mesmo que você sinta uma forte conexão com essa pessoa – principalmente no começo –, um relacionamento com um narcisista sempre vai carecer de intimidade e significado.

À primeira vista, essa pessoa pode ser encantadora, divertida e parecer extremamente interessada em você, mas, com o passar do tempo, você se sente exausto, controlado, manipulado ou confuso. Então, quanto mais tenta consertar o relacionamento, pior ele fica. Pessoas sensíveis não escolhem conscientemente esse tipo de parceria ou amizade, mas correm um risco especial de ser enredadas em relacionamentos assim em razão do seu grau de empatia. Como são extremamente cientes das emoções alheias, muitas vezes, conscientemente ou não, se esforçam para fazer os outros se sentirem confortáveis, e narcisistas adoram receber tamanho cuidado e atenção. Quando narcisistas compartilham histórias de traumas ou mágoas da infância, pessoas sensíveis querem ajudar, inclusive ajudando-os a processar as emoções enterradas, que eles têm de sobra. Do ponto de vista deles, é uma combinação perfeita.

Limites saudáveis são parte importante de qualquer relacionamento, mas são ainda mais importantes quando se está lidando com um narcisista ou uma pessoa controladora. Primeiro, é preciso saber com muita clareza o que você quer ou qual limite está tentando estabelecer, explica Sharon Martin, psicoterapeuta especializada em ajudar as pessoas a criar relacionamentos saudáveis.[23] Os narcisistas, em especial, vão agir para desequilibrá-lo e mantê-lo confuso, recorrendo a *gaslighting*, mentiras ou outras táticas de manipulação. Anote seus limites para não perder de vista o que precisa ser feito. Em seguida, comunique seu limite de forma clara, calma e consistente. Atenha-se aos fatos e não culpe, não explique demais nem se defenda – mesmo que o narcisista fique ofendido e lance "granadas emocionais", que são tentativas de arrastar você para o conflito.

Infelizmente, com muita frequência pessoas controladoras não respeitam os limites alheios – isso é parte significativa do que as torna controladoras, para começo de conversa. Essa é a hora de avaliar suas alternativas, diz Martin. O limite é negociável? Alguns limites são mais importantes do que outros, então pondere sobre qual comportamento você está disposto a aceitar e qual comportamento é totalmente inaceitável. Fazer concessões e ter flexibilidade são coisas boas se a outra pessoa também estiver disposta a fazer mudanças. Mas quando alguém desrespeita repetidamente seus limites mais importantes, você precisa considerar por quanto tempo mais estará disposto a aceitar essa atitude. "Vi pessoas aceitarem desrespeito e maus-tratos por anos a fio, esperando que uma pessoa tóxica mudasse, para no fim das contas olhar para trás e ver que essa pessoa não tinha a menor intenção de mudar nem de respeitar seus limites", observa Martin.[24] Nesse ponto, você precisa optar por aceitar esse comportamento ou terminar de vez o relacionamento.[25]

Forçar os outros a mudar nunca dá certo. É aí que uma prática chamada *desapego amoroso* pode ajudar. Ao se desapegar, você toma a decisão consciente de parar de tentar mudar a outra pessoa ou controlar o desfecho da situação. Isso não significa que você não se importe; significa apenas que você está escolhendo ser realista sobre o relacionamento e mostrar compaixão por si mesmo. Martin diz que você pode praticar o desapego amoroso das seguintes formas:

- Deixando o outro fazer as próprias escolhas e lidar com as consequências dos próprios atos.
- Respondendo de novas formas, por exemplo, ignorando um comentário grosseiro ou fazendo piada com ele (em vez de levar para o lado pessoal) e, assim, mudar a dinâmica da interação.
- Escolhendo não entrar nas mesmas velhas discussões ou fazendo uma pausa diante de uma conversa que não levará a lugar nenhum.
- Recusando convites para passar tempo com essa pessoa.
- Indo embora ao se ver diante de uma situação desconfortável ou perigosa.

E se você achar que existe alguma chance de estar lidando com um narcisista, deverá buscar pessoas confiáveis, como amigos, um terapeuta ou membros de um grupo de apoio, para conversar. "Pessoas narcisistas e 'tóxicas' são habilidosas em nos fazer duvidar de nós mesmos e da nossa intuição", diz Martin. "Por conta disso, muitas pessoas passam tempo demais pensando duas vezes, tentando entender se o outro é mesmo tóxico ou se estão exagerando, talvez até mesmo se sentindo responsáveis pelas atitudes equivocadas do outro."[26] Embora as pessoas sensíveis saibam ler bem os outros – e tenham uma forte intuição –, elas podem ter sido condicionadas ao longo do tempo a não confiar em suas impressões "instintivas", porque o Mito da Dureza diz que as emoções são uma fraqueza. Os narcisistas, em especial, gostam de mexer com a sua cabeça e tentar confundir sua intuição. Por isso é tão crucial desenvolver uma rede de apoio que o ajude a ver as coisas como elas realmente são.

Diante de narcisistas e outras pessoas controladoras, você sempre tem uma escolha (mesmo que elas façam você achar que não). Às vezes, a única forma de se proteger é parando de conviver com elas. Quando você escolhe limitar esse contato (ou interrompê-lo por completo), não é para puni-los, mas como uma forma de autocompaixão. Se alguém o machuca, seja física ou emocionalmente, você tem o dever consigo mesmo de colocar algum espaço entre você e essa pessoa.

Um final feliz

Brian não se lembra do momento exato, mas as coisas tinham começado a mudar. Seu casamento com Sarah estava ficando mais forte. Ele estava fazendo terapia e havia se deparado com algumas informações capazes de mudar sua vida: ele tinha descoberto que era uma pessoa altamente sensível.

Em suas próprias palavras, como ele se encontrava no "extremo" da escala de sensibilidade, precisava de muito mais tempo do que Sarah para relaxar e levava as palavras dela para o lado pessoal quando eles discordavam.[27] Ele percebeu que sua principal questão tinha a ver com a perfeição, uma dificuldade comum entre pessoas sensíveis. Quando Sarah parecia insinuar que ele estava fazendo algo errado, o comentário dela doía, pois Brian queria ser o cônjuge perfeito. Agora, ele e Sarah estão aprendendo a lidar com conflitos de forma diferente e a encontrar um meio-termo quando se trata de outras questões. "Não preciso mudar quem eu sou, mas tenho que fazer concessões", diz Brian.

A sensibilidade dele pode ter dado origem a alguns desafios em seu casamento, mas, no fim das contas, ele acredita que foi ela quem salvou o relacionamento. Ser uma pessoa sensível permitiu que ele refletisse a fundo sobre a relação e avaliasse como a dinâmica do casal poderia mudar. Diante de uma pressão como essa, alguém menos sensível talvez tivesse desistido antes de encontrar a solução ou nem tivesse autoconsciência suficiente para tornar possível um crescimento de verdade. Mas Brian refletiu sobre seus pontos fortes e fracos e aprendeu a usar os fortes – como sua capacidade de estar emocionalmente presente para Sarah, enxergar as pistas que ela dá e mostrar a ela que realmente se importa. Hoje, após oito anos de casamento, Brian diz que o amor deles é ainda mais sólido do que quando eles se conheceram.

Ele também tem um conselho para quem tem uma pessoa sensível em sua vida: "Não é uma falha de caráter; não estamos tentando ser difíceis. Acho que era isso que a minha esposa achava por algum tempo. Ser sensível é um traço de personalidade real. Espero que aqueles que não são altamente sensíveis reservem algum tempo para aprender a entender de verdade que estar com uma pessoa sensível pode ser desafiador, mas, no fim das contas, é muito gratificante."

O conselho de Brian se aplica não apenas aos adultos mas também aos nossos filhos. Assim como os adultos sensíveis, as crianças sensíveis apresentam seus próprios desafios e recompensas, que vamos explorar no próximo capítulo.

capítulo 7

Criando uma geração sensível

> Quando você era criança (...), via a vida através de
> janelas muito claras. Janelas pequeninas, é óbvio.
> Mas muito cheias de luz. E depois, o que aconteceu?
> Você sabe o que aconteceu. Os adultos começaram
> a pôr persianas em você.
>
> — Dr. Seuss

Começou nas primeiras horas – talvez nos primeiros minutos – da vida do seu bebê. Quando o médico jogou luz sobre os olhos de Sophie, ela chorou. Quando você espirrou alto, ela chorou de novo, quase como se estivesse sentindo uma dor física. Mais tarde, depois de passar pelo colo de parente após parente – todos segurando e admirando aquela criaturinha perfeita –, ela parecia agitada demais para conseguir dormir. É claro que todo recém-nascido chora e às vezes tem dificuldade para dormir, mas Sophie era diferente dos seus outros filhos quando eles tinham a idade dela. Não há nada fisicamente errado com ela, o médico lhe assegurou; é só uma questão de personalidade. Outros adultos usaram adjetivos diferentes: "exigente", "melindrosa" ou mesmo "difícil".

Em muitos aspectos, Sophie era uma criança como qualquer outra, mas em outros ela se destacava. Era criativa e inteligente, e você se perguntou se ela não seria superdotada. Ainda pequena, repetia palavras longas depois de ouvi-las apenas uma ou duas vezes e surpreendia com seus insights, com um cérebro aparentemente capaz de compreender conceitos que estavam muito além de sua idade. Pela forma como ela brincava, dava para perceber que tinha uma imaginação fértil. Era também uma observadora perspicaz. Um dia, Sophie avistou um avião à distância – um mero pontinho no céu matinal –, e ela sempre reparava quando a professora estava usando um brinco novo.

No entanto, a hiperestimulação estava sempre à espreita, e os insights de Sophie sumiam quando ela estava assoberbada. Ela ficava sobrecarregada depois de dias agitados ou mesmo depois de atividades lúdicas, como uma festa de aniversário ou uma ida a um parque muito cheio. Durante esses períodos, ficava suscetível a temíveis acessos de raiva e birra. Quase todas as crianças pequenas têm momentos assim, mas os de Sophie eram mais recorrentes e intensos. Às vezes, pequenas coisas a incomodavam, como uma pedrinha no sapato ou um macarrão que, na opinião dela, não tinha o formato certo. Em outras ocasiões, os gatilhos eram quase existenciais: ela voltava para casa aos prantos depois de testemunhar outra criança sofrendo bullying, embora não tivesse nada a ver com a situação. Um pouco mais velha, Sophie passou a se recusar a comer hambúrguer depois de descobrir de onde vinha a carne.

Além das birras, havia também emoções intensas. Sophie dançava quando estava feliz. Enfiava a cara no seu peito e chorava alto quando estava triste. Embora os sentimentos às vezes a dominassem por completo, ela era surpreendentemente consciente de seu próprio estado mental e das emoções dos outros. Graças a isso, parecia saber quando alguém estava escondendo algo dela ou tendo um dia ruim – coisa que seus irmãos, que eram mais velhos, não percebiam. A atenção de Sophie a ajudava a fazer amigos com facilidade, embora ela ficasse tímida diante de grupos muito grandes e nervosa quando tinha que se apresentar na frente deles, como durante um discurso ou uma competição esportiva. Na maior parte do tempo, porém, era cuidadosa e gentil. Capaz de ler nas entrelinhas e sentir o que seus professores queriam, Sophie os agradava sem dificuldade e tirava boas notas. Aliás, muita gente temia que ela fosse um pouco legal e sincera demais. Às vezes, seu perfeccionismo a levava às já conhecidas lágrimas.

Sophie tinha outras peculiaridades que você aprendeu a aceitar. Mesmo na adolescência, ela se incomodava tanto com certas texturas e sabores que não comia alguns alimentos. Determinados cheiros também a incomodavam, como o de suor do vestiário, onde ela se recusava a entrar. Sempre que a vida dava uma guinada repentina, como quando um animal de estimação morria ou um amigo se mudava, Sophie ficava arrasada pelo luto e precisava de bastante tempo para conseguir se livrar da tristeza. Mesmo mudanças positivas na vida podiam deixá-la ansiosa, porque isso significava novas situações pelas quais navegar e novas rotinas a aprender. Às vezes ela passava horas se preparando mentalmente e ensaiando para esses eventos.

Ao longo dos anos, você tentou ajudar Sophie a ampliar sua zona de conforto e, ao mesmo tempo, abriu espaço para suas grandes emoções. Mas criá-la estava longe de ser fácil. Às vezes, você achava que não sabia do que ela precisava nem como ajudá-la. Talvez outros pais tenham lhe dito que essa frustração é particularmente comum entre aqueles que têm filhos sensíveis.

Seu filho é sensível?

Sophie não existe de verdade, mas sua descrição é baseada em exemplos de inúmeras crianças sensíveis. Só que nem toda criança sensível será como Sophie. Assim como a sensibilidade se manifesta de diferentes formas nos adultos, o mesmo acontece com as crianças. Eis algumas das características mais comuns em crianças sensíveis. Seu filho não precisa apresentar todas elas para ser considerado sensível, mas, quanto mais apresentar, mais sensível será.

MEU FILHO
- ☐ Aprende coisas novas com rapidez
- ☐ Expressa emoções com intensidade
- ☐ Sabe ler bem as pessoas
- ☐ Tem dificuldade em lidar com mudanças
- ☐ Não gosta de grandes surpresas nem de interrupções em sua rotina
- ☐ Tem uma forte intuição quanto a pessoas ou acontecimentos

- [ ] Responde melhor a correções delicadas do que à disciplina severa
- [ ] Chora ou se retrai quando alguém grita com ele ou o repreende
- [ ] Tem dificuldade para pegar no sono após um dia divertido ou agitado
- [ ] Se assusta com barulhos ou toques inesperados
- [ ] Reclama quando as coisas parecem estar erradas (lençóis que arranham, etiquetas de roupas que coçam, cós da calça apertado, etc.)
- [ ] Se recusa a comer certos alimentos por causa do cheiro ou da textura
- [ ] Tem um senso de humor inteligente
- [ ] Faz muitas perguntas
- [ ] Faz comentários perspicazes e parece sabido demais para sua idade
- [ ] Quer salvar todo mundo, desde um cão abandonado a um colega de turma que sofre bullying
- [ ] Precisa fazer as coisas com perfeição
- [ ] Fica estressado em relação a notas e prazos dos deveres de casa
- [ ] Quer agradar os adultos à sua volta
- [ ] Sofre bullying dos colegas (isso é especialmente comum com meninos sensíveis)
- [ ] Evita determinados locais (como academias ou perfumarias) por causa dos cheiros fortes
- [ ] Não gosta de lugares barulhentos
- [ ] Percebe quando outras pessoas estão chateadas ou magoadas
- [ ] Pensa duas vezes antes de falar ou agir
- [ ] Se preocupa demais
- [ ] Evita correr riscos, a menos que tenha se preparado com antecedência para isso
- [ ] Sente dores físicas com intensidade
- [ ] Repara em novidades, como a roupa nova de um professor ou quando móveis são trocados de lugar

Ainda não sabe se seu filho é sensível ou não? Dê uma olhada em como alguns pais descrevem seus filhos sensíveis. Você vê semelhanças entre os filhos deles e os seus?

Em suas próprias palavras: quais são os pontos fortes e as maiores dificuldades de seu filho sensível?

Jenny, mãe de um menino de 7 anos: "Meu filho tem uma grande sintonia com as emoções, tanto as dele quanto as dos outros. Adora descobrir como as coisas funcionam. Ama os animais e a natureza, e leva a sério o cuidado com o planeta. Ele não gosta de ficar sozinho (parece um castigo para ele); sua necessidade constante de sempre estar com alguém às vezes é complicada para toda a família. Ele tem dificuldade com grupos, não gosta de correr riscos nem se dispõe a experimentar coisas novas (como um novo esporte ou andar de bicicleta) até observar repetidamente alguém fazendo aquilo. Por causa dessas tendências, às vezes se sente excluído das atividades com os amigos."

Sarah M., mãe de uma menina de 9 anos: "A escola costuma ser opressiva e estressante para minha filha sensível. Ela às vezes é muito dura consigo mesma e reage com veemência a insinuações sutis das pessoas ao redor. Ela se incomoda facilmente com palavras ou tom de voz grosseiros, mesmo quando não são dirigidos a ela (como quando os professores repreendem outros alunos). Ela guarda dentro de si todos os seus sentimentos mais intensos quando está fora de casa e depois os extravasa na segurança do lar. Nos dias ruins, ela se fecha e questiona sua própria existência no mundo. Mas tem um coração enorme, com um estoque infinito de amor para dar. É exigente em relação a quem ama, mas ama com voracidade. Gosta de pensar e refletir e faz comentários incrivelmente perspicazes."

Sarah B. H., mãe de uma menina de 5 anos: "Minha filha sensível percebe todos os detalhes e tem uma paixão incrível por aprender. Sua compaixão por outros seres vivos é a marca do seu coração de ouro. Ela é muito sábia para a idade que tem e muito atenciosa com os outros. No entanto, assim como o Super-Homem tem sua criptonita, minha filha está ciente de que seu corpo e sua alma precisam de uma pausa com mais frequência. Aprender a regular suas emoções (especialmente quando a sensação de opressão se manifesta como fúria) tem sido um desafio. Embora ela tenha uma caixa de ferramentas cheia de táticas para se acalmar, a hiperestimulação às vezes é tão intensa e súbita que fica impossível freá-la. Normalmente, esses episódios se devem ao fato de ela estar atolada demais, à sua incapacidade de fazer certas coisas que gostaria e, na maioria das vezes, a restrições de tempo."

Maureen, mãe de dois meninos sensíveis, de 6 e 9 anos: "Um dos maiores desafios que os meus meninos sensíveis enfrentam é administrar suas emoções intensas, especialmente quando se trata da raiva. Meu marido e eu sempre fizemos questão de deixar claro que está tudo bem em ter sentimentos intensos. Mas, à medida que crescem, temos nos esforçado bastante para oferecer a eles ferramentas para lidar com tudo isso. Além do mais, eles nem sempre se dão bem com outros meninos, porque não se interessam por esportes. Trabalhamos muito para ajudá-los a fazer amizade com crianças que pensem da mesma forma, oferecendo inúmeras oportunidades para encontros e para brincadeiras em dupla. Conforme foram ficando maiores, eles conseguiram fazer algumas amizades mais sólidas, mas foi preciso muito incentivo e muita ajuda da nossa parte para isso."

Olivia, mãe de um menino de 16 anos: "Quando ele era pequeno, era extremamente atencioso. Quando o marido de uma vizinha faleceu, ele escreveu uma longa carta para ela, aos 8 anos de idade. Uma vez, ele deixou dinheiro para a fada do dente como agradecimento por levar os dentes dele. A adolescência, especialmente o ensino médio, sufocou parte dessa vulnerabilidade, e ele tem ansiedade. Também reparo que faz muitas manobras evasivas. Ele tem mais um ano pela frente nessa escola, e espero que, com a maturidade, consiga se sentir mais confortável em ser quem ele é."

Vicky, mãe de uma menina de 18 anos: "Quando era pequena, ela com frequência se sentia chateada e desesperada por não conseguir consertar o mundo e seus problemas. À medida que amadureceu, ela foi aprendendo a administrar melhor sua sensibilidade e a efetivamente celebrá-la. Agora nós rimos dos desafios em vez de chorar. Tenho um orgulho enorme dela."

Equívocos comuns sobre crianças sensíveis

Como vimos, adultos sensíveis nem sempre parecem sê-lo, e o mesmo vale para crianças. Um equívoco comum é achar que todas as crianças sensíveis são tímidas. Embora algumas realmente sejam, isso não se aplica a todas elas. (E, se formos honestos, nós, os autores, não somos fãs do rótulo *tímido*; uma forma melhor de descrever muitas crianças sensíveis seria dizer que elas pensam duas vezes ou que precisam de tempo para se aclimatar.) Ahlia é uma adolescente sensível de 15 anos que é sociável e extrovertida. Segundo a mãe, ela se apaixonou por teatro desde muito jovem, interpretando papéis em grandes musicais. Recentemente, ela teve que atuar em uma cena que exigia que ela se mostrasse triste diante da turma. Nesse momento, sua sensibilidade foi um trunfo: recorrendo ao seu vasto estoque de emoções, ela começou a chorar imediatamente, deixando a professora impressionada. Antes Ahlia tinha vergonha de chorar com tanta facilidade, mas isso mudou.

Outro equívoco comum é achar que crianças sensíveis são passivas, submissas ou mesmo fracas. Embora muitas possam ser descritas como delicadas e tranquilas, outras podem chamar atenção pela personalidade forte. Maria, por exemplo, é uma criança sensível, determinada e ambiciosa. Quando era bebê, ela chorava por períodos de mais de uma hora, e só era possível acalmá-la de maneiras específicas, como com a chupeta, de que ela precisava quase o tempo todo. Quando era criança, suas birras diárias eram extremas. A mãe dela nos disse: "Eu percebia que havia uma sensibilidade pelo simples fato de existir no mundo." Agora com 6 anos, Maria ainda é extremamente responsiva ao ambiente, mas é também extremamente inteligente e uma líder nata. Ela é organizada e precisa e arruma seus brinquedos de uma maneira claramente definida, como por cor, altura ou tamanho. Ainda pequena, ela aprendeu a ler por conta própria, valendo-se apenas das legendas da TV.

Um último equívoco é achar que meninos não podem ser sensíveis ou que meninos sensíveis não são "masculinos", no sentido heteronormativo da palavra. Como vimos, a sensibilidade é igualmente comum em homens e mulheres, e, no fundo, ser sensível é uma vantagem em muitas atividades tradicionalmente masculinas, como os esportes e o serviço militar. Ainda assim, desde bem pequenos, os meninos se sentem pressionados a esconder a própria sensibilidade por causa do Mito da Dureza. A pesquisadora Elaine Aron descobriu que, quando se tornam adolescentes, os meninos marcam menos pontos no autoteste de sensibilidade. A razão dessa discrepância é óbvia, escreveu ela: "É muito difícil ser altamente sensível em nossa cultura quando se é homem. Portanto, os homens e os meninos mais sensíveis estão sempre tentando esconder sua sensibilidade. Muitas vezes, eles nem sabem direito do que estão tentando se livrar. Mas a última coisa que querem é responder a uma série de perguntas que parece revelar neles algo que não seja masculino."[1] Em vez de tentar endurecer meninos sensíveis ou mudá-los para se tornarem como as outras crianças, precisamos oferecer *mais* a eles – mais amor, mais afeto, mais aceitação de serem quem são.

A vantagem secreta das crianças sensíveis

Uma característica, porém, une todas as crianças sensíveis – aliás, é a própria definição de sensibilidade. Para crianças sensíveis, o *ambiente realmente importa*. Como vimos, pessoas sensíveis sofrem mais do que as demais em ambientes tóxicos ou negativos: elas relatam níveis mais altos de estresse, dores, doenças, ansiedade, depressão, transtornos de pânico e outras mazelas.[2] Por outro lado, também extraem mais benefícios de ambientes favoráveis e positivos: o *efeito estimulante da sensibilidade*. No ambiente certo, apresentam mais criatividade, empatia, atenção e abertura do que pessoas menos sensíveis; desfrutam de boa saúde mental e física, são mais felizes e têm relacionamentos mais fortes. Suas virtudes – a capacidade de ouvir, amar, curar e de gerar arte e beleza – se destacam. E, conforme inúmeros estudos confirmam, esse efeito estimulante é particularmente poderoso em crianças sensíveis.

Para dar apenas um exemplo, vejamos um estudo feito em Khayelitsha, uma das áreas mais pobres da África do Sul.[3] A maioria da população de lá vive em barracos construídos com pedaços de madeira, papelão e lata, e as pessoas precisam andar o equivalente a vários quarteirões para ter acesso a água potável. Quase metade dos habitantes não tem emprego e, para muitas famílias, é comum chegar a faltar comida. Um ambiente assim é difícil para qualquer um, sensível ou não, mas uma equipe internacional de pesquisadores queria saber como a personalidade da criança afetaria sua reação a uma intervenção. Para isso, os pesquisadores colaboraram com uma ONG local que ajudava mulheres grávidas a proporcionar a seus bebês um ambiente emocionalmente saudável. Agentes comunitários de saúde treinados pela organização atuavam com as mães ao longo do último trimestre de gravidez e os primeiros seis meses de vida do bebê. Nesse período, os agentes iam às casas das mães e lhes ensinavam a interpretar os sinais do bebê e a atender às necessidades dele – habilidades que podem mesmo ser complicadas para qualquer pai ou mãe de primeira viagem. À medida que as mães se tornavam mais receptivas aos filhos, os agentes de saúde esperavam que as crianças estabelecessem o chamado *apego seguro*. É particularmente difícil alcançar o apego seguro, ou a sensação de segurança, em um ambiente instável como o de Khayelitsha, mas também é particularmente valioso, porque ajuda as crianças a obter maior sucesso nos estudos, evitar comportamentos violentos, enfrentar dificuldades com menos trauma e construir relacionamentos mais saudáveis na idade adulta. Ao focar no apego seguro, a ONG estava usando seus recursos limitados para dar às crianças locais um impulso para a vida inteira.

Pelo menos era essa a expectativa. E, de fato, as crianças cuja mãe participara da intervenção tinham uma probabilidade muito maior de desenvolver apego seguro aos 18 meses, e muitas delas – não todas – continuavam a apresentar os benefícios em um acompanhamento feito quando estavam com 13 anos. Foi aí que os pesquisadores entraram. Durante esse acompanhamento, eles coletaram amostras de DNA para ver quantas das crianças tinham a variante curta do gene *SERT* – descrita no Capítulo 2 e que provavelmente está associada à sensibilidade. Uma vez que o gene passava a ser levado em consideração, um padrão evidente surgia. As crianças com a variante curta do gene *SERT* tinham uma chance 2,5 vezes maior de se beneficiar do programa e eram mais propensas a desenvolver um apego seguro duradouro. As crianças que tinham a versão de baixa sensibilidade do gene, por outro lado, praticamente não tiraram proveito do apoio dado pela organização. Era como se ele nunca tivesse acontecido.

Outros estudos chegaram a conclusões semelhantes:

- O pesquisador da sensibilidade Michael Pluess descobriu que os meninos que tinham uma amígdala esquerda maior (a região do cérebro associada ao processamento das emoções) eram mais sensíveis ao ambiente da primeira infância e extraíam mais benefícios (ou maiores danos) dele.[4] Mais especificamente, se criados em ambientes ruins, apresentavam mais problemas comportamentais do que os menos sensíveis. Mas quando os meninos sensíveis eram criados em ambientes de alta qualidade, apresentavam menos problemas comportamentais em comparação com *todos* os outros meninos e eram avaliados por seus professores como tendo o comportamento mais pró-social.
- Um estudo da Universidade de Maryland descobriu que recém-nascidos "difíceis" (que choram muito e demoram a se acalmar) são mais sensíveis do que os outros à qualidade dos cuidados que recebem dos pais.[5] Se os pais são responsivos – atendendo às suas deixas e os acal-

mando quando choram –, eles têm uma chance maior do que outros bebês de se tornarem crianças sociáveis e participativas. Por outro lado, se os pais não são responsivos, é muito mais provável que se tornem crianças retraídas, em comparação com os demais bebês.

- O pediatra W. Thomas Boyce, autor de *A criança orquídea*, descobriu que crianças sensíveis que vivem em ambientes estressantes se machucam mais e têm mais doenças do que as outras crianças, mas em ambientes de baixo grau de estresse se machucam menos e têm menos doenças do que crianças menos sensíveis.[6]

Se você é pai, mãe, avô, avó ou responsável de qualquer forma por uma criança sensível, todas essas observações devem lhe trazer esperança: você tem um poder maior de moldar a pessoa que ela vai se tornar, mais do que se não fosse sensível. O amor, a paciência e as oportunidades de aprendizado que você oferece à criança sensível vão mais longe. Sim, cuidar dela pode ser difícil às vezes e, sim, ela precisará mais de você do que qualquer outra criança. Mas a você foi confiada a criação de uma criança capaz de grandes feitos. Mais do que qualquer outra pessoa na vida dela, você tem o poder de ativar o *efeito estimulante da sensibilidade* e guiá-la rumo a uma vida de grandes conquistas. Ofereça a ela aceitação e aprovação, e ela não será apenas uma criança "comum". Em comparação com os colegas, ela é capaz de tirar melhores notas, desenvolver melhores habilidades emocionais e sociais, ter uma bússola moral mais forte e contribuir para o mundo de formas significativas. Seja consistente em sua abordagem e, com o tempo, você logo verá como ela será capaz de tirar proveito das virtudes da sensibilidade. Ela se sentirá confortável com seus pensamentos e emoções, não ficará assoberbada e transformará seus talentos em sucesso. Eis algumas maneiras de ajudá-la a fazer isso.

Aceite as crianças sensíveis por quem são

Sem querer, os adultos costumam fazer as crianças acharem que há algo de errado com elas. Quando se trata de sensibilidade, pode ser que encarem como defeitos as emoções intensas de seus filhos ou a tendência a se sentirem sobrecarregados. Mesmo responsáveis sensíveis podem ter preconceito – inconsciente – contra a sensibilidade em razão das mensagens negativas que ouviram sobre ela quando eram mais novos. (Pense no pai de Bruce Springsteen, que queria que Bruce se tornasse mais durão, quando, no fim das contas, ele mesmo era "delicado".) Em vez de ver a sensibilidade de seu filho como uma fraqueza, faça a escolha consciente de vê-la como um ponto forte. Quando dá o exemplo de amor e aceitação em relação à sensibilidade de seu filho, você faz com que seja mais fácil para ele amar e aceitar essa parte de si também.

Uma forma de entender melhor – e, portanto, de acolher – a sensibilidade do seu filho é ter curiosidade sobre o universo dele. Faça questão de observá-lo em diferentes circunstâncias e em diferentes momentos ao longo do dia. Dedique algum tempo a conversar e brincar com ele individualmente, separado dos irmãos. Faça perguntas abertas. Por exemplo, "O que foi difícil para você hoje?" abre mais espaço para conversa do que "Você teve um dia ruim?". Mantendo a mente aberta, procure entender tudo que seu filho sensível experimenta no próprio corpo e por meio dos cinco sentidos. As respostas podem surpreendê-lo.

Às vezes, oferecer aceitação e apoio significa agir em defesa do seu filho. Isso pode ser simples, como compartilhar livros ou artigos sobre sensibilidade com parentes ou outros pais, ou explicar esse traço de personalidade com suas próprias palavras. Um lugar particularmente importante onde defender seu filho sensível é a escola. Fale sobre sensibilidade logo no início do ano letivo, ao conhecer os professores do seu filho, antes que surjam possíveis percepções equivocadas.

Seu filho vai notar que você está ao lado dele e talvez um dia, no futuro, veja como valeu a pena. Você não precisa esperar por esse dia, porém. Diga a ele hoje que tem orgulho dele e deixe claro seu orgulho por coisas específicas que ele fez recentemente; talvez ele tenha posto em prática a imaginação, o talento com os relacionamentos, as emoções ou outras virtudes das pessoas sensíveis. Ouvir essas palavras delicadas e belas é importante para um coração sensível. E essa delicadeza também será útil em outras situações, como quando você precisar repreender alguma atitude dele.

A disciplina delicada funciona melhor

Aceitar a sensibilidade de seu filho não significa que você não vá discipliná-lo nem ajudá-lo a crescer. Todos nós queremos que nossos filhos prosperem na vida, e esse crescimento inevitavelmente inclui guiá-los para caminhos saudáveis. A disciplina faz parte desse aprendizado, mas, quando aplicado a uma criança sensível, o método é ainda mais importante. Como sentem as coisas com mais intensidade do que os outros, as crianças sensíveis se magoam com mais facilidade, e é difícil não levarem a reprimenda para o lado pessoal.

Ficar de castigo no quarto, ouvir o pai ou a mãe gritando em um momento de frustração, levar um sermão do professor – essas são situações que a maioria de nós se lembra de ter vivido quando era jovem. Podemos até considerá-las parte normal do crescimento e rir delas quase com carinho depois de adultos. Mas, para muitas crianças sensíveis, situações que envolvem punição – mesmo que pareçam leves – podem ser devastadoras. A memória do mal-estar de sentir que há algo de errado com elas pode persistir por anos, acompanhando-as inclusive até a idade adulta. Essas lembranças podem estar associadas à vergonha e ao medo de punição, e ser alimentadas pelo temor de não ser bom o bastante.

Em alguns casos, essas formas de punição apenas intensificam as emoções já intensas da criança sensível, fazendo com que se acalmar seja ainda mais difícil para ela. Maureen Gaspari, autora e fundadora do blog *The Highly Sensitive Child* (A criança altamente sensível), descobriu que quando ela colocava seus filhos sensíveis de castigo ou os mandava para o quarto, o resultado era mais gritaria – tanto da parte deles quanto da dela. "Eles tinham dificuldade para se acalmar sozinhos e ficavam muito agitados", conta. "Quando eu enfim aparecia para tirá-los do castigo, eles precisavam de tanta ajuda para se acalmar que o motivo original pelo qual estavam de castigo era ofuscado."[7]

Como responsável por uma criança sensível, você já deve ter percebido que um nível "normal" de disciplina é excessivo para seu filho, que faz de tudo para agradar e raramente tem a intenção de causar problemas. Em comparação com as outras, uma criança sensível é mais propensa a se culpar por situações difíceis. Em uma revisão de estudos sobre sensibilidade em ambientes educacionais e familiares, Monika Baryła-Matejczuk, pesquisadora em psicologia educacional, descobriu que crianças sensíveis têm uma consciência maior das críticas dos outros e tendem a criticar a si mesmas com severidade.[8] Elas podem tentar evitar situações que levem à desaprovação dos outros (como tirar nota baixa) ou que envolvam alguma sensação de estar fazendo algo errado (como desrespeitar uma regra). São instintos nobres, mas, quando acompanhados de um sentimento de vergonha, podem provocar consequências menos desejáveis: crianças sensíveis ficam facilmente frustradas ao tentar algo novo e podem evitar por completo situações novas.

Além disso, crianças sensíveis são mais propensas do que outras a ter baixa autoestima durante a infância, diz Baryła-Matejczuk. Isso remonta à absorção mais intensa das críticas e à tendência à autocrítica – dois fatores que podem afetar a autoestima negativamente. A criança pode até começar a esperar respostas negativas às suas ações, tornando-se excessivamente perfeccionista e ansiosa no intuito de não fazer algo que seja visto como errado.

E, como você provavelmente já sabe, seu filho sensível tem uma sólida bússola moral interior. Se estiver ciente de que fez algo potencialmente errado, são grandes as chances de ele já ter se punido internamente com antecedência. A escritora Amanda Van Mulligen, que tem um filho sensível, resume isso bem: "Eles tendem a agir como seus próprios disciplinadores; a vergonha deles costuma ser tão forte que eles se debatem internamente pelo que fizeram e se sentem péssimos sem que um adulto precise dizer uma só palavra."[9] Crianças sensíveis são tão reativas a um tom de voz severo que podem sentir vergonha só de ouvir *outra* criança sendo admoestada, como quando o professor repreende um colega de turma.

Em resposta a um tom de voz elevado ou qualquer coisa que interprete como punição, uma criança sensível pode começar a chorar, se fechar ou dar sinais desproporcionalmente intensos de ansiedade. É por isso que Baryła-Matejczuk aconselha pais e professores a evitarem colocar a criança em situações de constrangimento.[10] Em vez disso, formas delicadas de disciplina funcionam melhor; assim as crianças têm a garantia de que são amadas e de que sua natureza sensível não é culpada pelos erros que elas cometem. Elas também conseguem processar uma repreensão delicada com uma postura mais tranquila em vez de emoções e estímulos intensos. Além disso, a disciplina delicada transmite a mensagem de que erros fazem parte da vida e são uma oportunidade para aprender, não algo a ser evitado a qualquer custo.

Como fazer uma repreensão com delicadeza

Repreender com delicadeza é prestar atenção no que você diz e na forma como se expressa. Um tom de voz elevado pode facilmente sobrecarregar um sistema sensível. Em vez de ter o efeito desejado, pode fazer com que a criança bloqueie o que está sendo dito porque o corpo dela entra no modo de Ameaça. Por isso é melhor usar uma voz tranquila e um tom calmo. Uma criança sensível também vai se lembrar bem de suas palavras, e as mais duras – como sarcasmo, provocação ou xingamentos – vão marcar fundo. Além do tom de voz, a criança sensível vai notar sua linguagem corporal, a tensão em seus olhos e outros indicadores de reprovação ou decepção. Embora possa ser difícil fazer isso quando você está com raiva ou frustrado com seu filho, tente falar delicadamente e se comunicar com clareza.

O toque também é uma ferramenta poderosa para disciplinar com delicadeza. Tocar levemente o braço ou o ombro de uma criança sensível pode ajudar a chamar a atenção dela sem que você precise levantar a voz. Algumas delas têm problemas extras com estímulos físicos, é verdade, então essa é outra área que precisa ser ajustada conforme necessário para seu filho.

Eis algumas dicas de como disciplinar com mais delicadeza:

- Repreenda a criança sensível em um local tranquilo, longe de outras pessoas. Caso contrário, o constrangimento pelo fato de outras crianças ou adultos saberem que elas estão "encrencadas" fará com que ela se sinta ainda pior. Se você e seu filho estiverem na casa de alguém ou na rua, espere até chegar em casa para falar sobre o assunto.
- Evite frases que envergonhem seu filho. Não diga coisas do tipo "Como você foi capaz de fazer isso!?", "Você está sendo sensível demais!", ou "Pare de chorar!".

- Em vez de colocá-las isoladas de castigo, talvez você queira criar um espaço tranquilo – um santuário sensível. Esse é um lugar aonde a criança pode ir se estiver sentindo dificuldade de regular as próprias emoções. Coloque bichos de pelúcia, um cobertor pesado, brinquedos ou qualquer outro item que proporcione conforto.
- Depois de repreender, abrace e tranquilize a criança, destacando seus pontos fortes. Crianças sensíveis refletem a fundo sobre suas experiências e, sem essas afirmações, podem achar que você não as ama mais depois de tê-las repreendido.
- Fique atento ao seu próprio nível de estresse. Se você estiver esgotado ou hiperestimulado, será mais difícil repreender com delicadeza. Cuide das suas próprias emoções e permita-se fazer pausas também.

Defina as expectativas com antecedência

Ao entender características comuns de crianças sensíveis, muitas vezes você pode reduzir a necessidade de disciplina. Por exemplo, como pessoas sensíveis tendem a precisar de mais tempo para pensar sobre as coisas, você vai descobrir que definir expectativas com antecedência ajuda a evitar conflitos de poder mais tarde. Pode ser algo simples como dizer: "Hoje vamos visitar a tia Joanne no asilo. Precisamos estar com nossa voz interior e nosso corpo tranquilos, porque algumas pessoas lá não se sentem bem." Conhecer as expectativas antecipadamente dá à criança uma escolha: ela sabe o que vai acontecer se atender a essas expectativas e que haverá consequências se não fizer isso.

Transições podem ser difíceis para crianças sensíveis, que tendem a ficar profundamente imersas em qualquer atividade em que estejam envolvidas, sobretudo aquelas de que gostam. Quando chegar a hora de encerrar a atividade – como ir embora do parquinho –, ofereça a elas avisos de dez, cinco e um minuto antes de sair. Esses avisos podem ajudar qualquer criança, mas especialmente as sensíveis, que se sentem melhor quando têm tempo para processar seus pensamentos e se preparar mentalmente para algo novo.

Por fim, monitorar seu filho em busca de sinais de hiperestimulação também ajuda a reduzir a necessidade de reprimendas. Os sinais de que seu filho está ficando hiperestimulado incluem parecer cansado, mal-humorado ou chateado; menor colaboração com o que é pedido; choro; uma postura carente ou desajeitada; ou birra. Proporcione ao seu filho sensível muitos momentos de relaxamento, mesmo que isso signifique recusar alguns convites ou atividades.

Lembre-se: você nem sempre fará uma repreensão delicada de maneira perfeita, e tudo bem. Haverá momentos em que vai perder a calma ou dizer algo de que se arrependerá. Embora crianças sensíveis sejam mais afetadas por suas palavras e ações do que qualquer outra, isso não significa que elas precisam de pais perfeitos para prosperar. Gaspari dedica sua carreira a defender crianças sensíveis, e até ela diz que comete erros com seus filhos e nem sempre aplica de maneira impecável os conselhos que dá aos outros pais. "Não sou perfeita", diz ela. "Faço questão de deixar claro que está tudo bem se você também tiver dificuldades para disciplinar seu filho sensível."[11] Quando cometer um erro, use-o como uma oportunidade de aprendizado para mostrar ao seu filho que até os adultos erram de vez em quando.

Os pais de outras crianças ou seus parentes podem não entender sua abordagem de disciplina delicada no começo. Você pode ouvir que está sendo leniente ou que está "deixando eles se safarem muito fácil". Lembre-se, crianças sensíveis não são más nem estão erradas – elas simplesmente estão sobrecarregadas. O processo delicado pode parecer suave demais para os pais que têm filhos com os quais as formas mais brandas de disciplina não bastam, mas confie que você sabe o que é melhor para o seu. Pesquisas mostram que a repreensão delicada é ideal para ajudar crianças sensíveis a se tornarem adultos sensíveis e bem-sucedidos. O mundo pode não entender a natureza delas, mas os pais e professores que entenderem serão seus maiores defensores e as prepararão para o sucesso no futuro.

Quando expandir a zona de conforto delas

Repreender com delicadeza não significa não questionar seu filho nunca nem que ele não deva questionar a si mesmo. Se for feito com cuidado e compaixão, ajudar uma criança sensível a expandir sua zona de conforto é um dos melhores presentes que você pode dar a ela. O segredo é começar ensinando a estabelecer limites saudáveis. Isso permite que a criança se sinta segura para tentar ir além. Em particular, ajude-a a conhecer os próprios limites e a notar quando estiver precisando de descanso. Por exemplo, você pode levar seu filho a uma festa de aniversário e ir embora imediatamente quando ele lhe der o sinal combinado de que está começando a se sentir hiperestimulado.

Para muitas crianças, o medo é uma resposta típica a situações inéditas, mas esse medo pode ser muito maior em crianças sensíveis, pois elas tendem a ser extremamente cautelosas e avessas ao risco. Ensiná-las a administrar o medo é importante para elas ampliarem sua zona de conforto. Você também não deve deixar seu próprio medo atrapalhar. Em algum momento durante um evento ou uma atividade, é provável que seu filho sinta fome, cansaço ou até mesmo faça birra, mas não deixe que sua preocupação com essas hipóteses o impeça de experimentar coisas novas com ele. Se ele tiver idade suficiente, ensine-o a resolver certos problemas por conta própria (como preparar o próprio lanche), pois isso vai ajudá-lo a desenvolver resiliência.

Você também vai querer dar passos pequenos. Se quer que seu filho aprenda a jogar basquete, por exemplo, primeiro assista a um filme sobre esse esporte ou vá a uma partida com ele. Depois, ao definir metas que ele seja capaz de alcançar com facilidade, você o ajudará a aumentar a confiança nas próprias habilidades. Por exemplo, não espere que seu filho domine o controle da bola em um dia. Comece devagar, sugerindo, por exemplo, que ele pratique usando apenas a ponta dos dedos, não a palma da mão, para quicar a bola. Além disso, seja flexível e esteja disposto a mudar seus planos se perceber que algo não está dando certo. Tente garantir que a nova atividade continue agradável e não imponha seus próprios desejos. Se você forçar demais, seu filho pode acabar chegando à conclusão de que não quer fazer aquilo de novo. Além disso, o mais importante é comemorar cada sucesso, uma boa forma de aumentar a confiança do seu filho nas habilidades que ele está aprendendo. Abrace-o, elogie-o, conte aos outros sobre os feitos dele, deixe-o escolher o jantar ou qualquer outra coisa que demonstre seu orgulho por ele.

A seguir vão mais algumas dicas para ajudar você a expandir com delicadeza a zona de conforto do seu filho:

- Se for possível, acompanhe seu filho em ambientes novos – fique na arquibancada durante o treino de basquete ou espere no carro. Esteja por perto, mas não fique muito em cima.
- Converse com seu filho sobre o que esperar em situações novas. Não presuma que ele sabe como é um treino de basquete (ou um casamento, um museu, um clube, etc.). Você pode até mesmo fazer "ensaios gerais" de conversas e eventos importantes, por exemplo, passeando pela escola ou conversando com os professores antes do primeiro dia de aula.
- Fale com ele sem fazer julgamentos sobre seus medos: "O que faz você sentir medo de ir ao médico?" Não despreze os sentimentos dele, mesmo que não pareçam fazer sentido para você.
- Valide os sentimentos de seu filho: "Isso é *mesmo* assustador!", ou "Também tenho medo quando preciso tirar sangue". Mas não exagere na validação, porque isso pode reforçar na cabeça dele quão perigosa ou assustadora a coisa é. Aja rápido para traçar junto a ele um plano que o ajude a se sentir mais corajoso diante da situação.
- Dê ao seu filho algum controle diante de situações assustadoras e peça que ele diga algo que possa ajudar: "O que podemos fazer para você se sentir melhor na consulta médica?"
- Estabeleça limites de tempo para atividades hiperestimulantes (como festas de aniversário) e dê permissão ao seu filho para "encerrar" quando se sentir sobrecarregado ou cansado. Facilite a saída: "Se você não estiver se divertindo, a gente pode simplesmente ir embora."
- Destaque as conquistas dele. "Você estava com medo de entrar na piscina, mas veja como agora está se divertindo!"

A abordagem delicada para expandir a zona de conforto das crianças sensíveis também abre espaço para suas emoções mais intensas e as ajuda a lidar com sentimentos desconfortáveis – uma parte crucial da regulação emocional.

Seja o mentor emocional do seu filho

A regulação emocional é a habilidade de controlar seu estado emocional, a forma como você pensa sobre ele e o que faz (ou deixa de fazer) a partir dele. Embora nem sempre possamos controlar o que sentimos, podemos controlar nossa resposta: se gritamos ou mantemos a calma, se pensamos sobre o assunto em extremos ou o colocamos em perspectiva e, o mais importante, o que sai da nossa boca no calor do momento.

Sendo uma habilidade essencial para todas as crianças, a regulação emocional é ainda mais vital para as sensíveis. Talvez isso não seja surpresa, porque, como já vimos, essas pessoas sentem as emoções com maior intensidade e passam mais tempo pensando nelas. Um estudo descobriu inclusive que elas regulam menos as próprias emoções do que os demais.[12] Como pessoas sensíveis geralmente têm emoções intensas, o estudo descobriu que elas às vezes acham que suas emoções negativas não vão passar ou que vão persistir por tanto tempo que não há nada que possam fazer para se sentirem melhor. Essas crenças são sinais típicos de que faltam a esses indivíduos estratégias de regulação emocional. Seus sentimentos parecem assumir o comando e são intensos demais para serem confrontados. No entanto, o estudo constatou que estratégias de regulação emocional ajudaram a prevenir a ansiedade e a depressão – duas preocupações que muitos adultos têm em relação a crianças sensíveis.

É aqui que você entra no papel de pai ou mãe. Você já ensina habilidades de regulação emocional ao seu filho todos os dias ao dar o exemplo por meio da sua forma de lidar com as próprias emoções, seja em relação a seu estresse ou aos ataques de birra do seu filho. Quanto mais intencional você conseguir ser em relação a isso, melhor será o exemplo. De modo geral, filhos de pais que aceitam as emoções das crianças e dialogam com elas acabam apresentando um sistema nervoso central mais calmo, maior autoconfiança, melhor desempenho na escola e reações mais equilibradas a emoções intensas. Esses resultados são mais prováveis quanto maior for a frequência com que os pais conversam com os filhos sobre emoções. Diálogos recorrentes sobre sentimentos ajudam as crianças a identificar as próprias emoções à medida que vão surgindo, e assim elas não ficam com a sensação de que apareceram do nada.

De acordo com o psicólogo John Gottman, os pais servem de exemplo para a regulação emocional dos filhos de duas formas: através da mentoria emocional ou do descaso.[13] Cada um desses estilos representa uma forma distinta de os pais reagirem às emoções dos filhos, e ambos podem vir acompanhados de boas intenções. No entanto, todas as crianças – mas especialmente as sensíveis – precisam de mentores emocionais que as ensinem a lidar com seus sentimentos de maneira saudável.

Mentores emocionais entendem que é normal que as crianças (assim como os adultos!) experimentem uma ampla gama de sentimentos. Pais desse tipo enxergam as emoções como uma oportunidade de aprender, se confortar e se conectar. Eles intuitivamente parecem saber quando é melhor explorar os sentimentos dos filhos com eles e quando é melhor dar espaço para que lidem com os próprios sentimentos sozinhos. A mentoria também envolve ensinar seu filho a não ficar preso a uma única reação emocional. Por exemplo, você pode sugerir que seu filho espere até o dia seguinte para ver como sua disposição mental mudou.

Se dar o exemplo de regulação emocional lhe parecer uma tarefa difícil, tudo bem: respire fundo (ou, melhor, regule a si mesmo). Você não precisa fazer isso com perfeição para ser um bom exemplo para seus filhos. Na verdade, grande parte da tarefa envolve ter com os filhos conversas que nós mesmos não tivemos com nossos pais. Isso significa ouvir quando seu filho estiver chateado e ajudá-lo a explorar esses sentimentos, resolver problemas e, potencialmente, adotar atitudes construtivas. Essa abordagem pode ser aplicada até mesmo por quem nunca teve seus sentimentos validados ou que talvez até hoje sinta dificuldade para regular as próprias emoções.

Os perigos de não levar as emoções a sério

O outro lado da moeda são os pais que caem no descaso ou na negligência emocional. Talvez consciente ou inconscientemente eles acreditem no Mito da Dureza e enxerguem as emoções como uma distração em relação ao assunto em questão ou um sinal de fraqueza, e achem que estão ajudando os filhos ao ensinar a parar de chorar ou a ignorar os próprios sentimentos. Eles podem dizer coisas como "Isso não é nada de mais" ou "Vai ficar tudo bem", quando a criança expressa medo, por exemplo, ao manifestar nervosismo no primeiro dia de aula. Para crianças sensíveis, essa abordagem pode contribuir para a vergonha que surge quando lhes ensinam que suas emoções são exageradas ou que elas são sensíveis demais. Além disso, também planta uma ideia perigosa na cabeça delas: a de que não devem pedir ajuda para lidar com os sentimentos ruins, pois isso só vai piorar as coisas. Na realidade, precisamos da ajuda das outras pessoas para processar emoções muito intensas; precisamos falar com elas e ser ouvidos.

Não é surpresa nenhuma que a negligência na infância com frequência seja o ponto de partida das dificuldades de regulação emocional. Em comparação com crianças sensíveis que têm mentores emocionais, aquelas que crescem com pais que não dão importância às emoções não aprendem a regular nem a responder aos próprios sentimentos. O estresse e as emoções intensas continuam parecendo esmagadores para sempre, e a criança pode recorrer a comportamentos ou a padrões de pensamento destrutivos – como reprimir os sentimentos até perderem a cabeça. Elas não aprendem a identificar as próprias emoções nem aceitam que todas têm seu lugar, de modo que podem se apegar à vergonha ou ao constrangimento por sentirem as coisas com tanta intensidade. A negligência emocional pode ter efeitos duradouros. Na idade adulta, pode continuar presente na forma de culpa desnecessária, raiva de si, baixa autoconfiança ou uma sensação de que há algo profundamente errado com elas.

Notadamente, os papéis de gênero têm uma influência importante nesses resultados. Os adultos tendem a lidar com as emoções de maneira diferente quando se trata de meninos e meninas e a não acolher todas elas. Meninas tendem a aprender que determinadas emoções não serão aceitas, então com frequência substituem emoções inaceitáveis por outras "aceitáveis".[14] Por exemplo, elas podem lançar um olhar fofinho em vez de fazerem um pedido com firmeza, ou expressar tristeza em vez de raiva. Os meninos, por outro lado, tendem a aprender que não devem demonstrar emoção nenhuma e, portanto, não aprendem a regulá-las. Isso ajuda a explicar a chamada raiva masculina: a raiva talvez seja a emoção mais difícil de reprimir.

Meninos e meninas também tendem a ver lados diferentes de seus pais. Segundo os dados, os pais falam mais sobre emoções com as filhas do que com os filhos.[15] Também usam mais palavras relacionadas à emoção com as meninas do que com os meninos e se sentem mais à vontade para compartilhar sua tristeza com as filhas.[16] Já os filhos são mais propensos a sofrer punições e ter pouca troca emocional além das demonstrações de raiva dos adultos.[17] Toda criança é prejudicada por essa abordagem de descaso, mas pesquisadores descobriram que meninos são especialmente vulneráveis à negligência emocional.[18]

Você pode ajudar a fortalecer o desenvolvimento emocional de seu filho sensível concentrando-se em técnicas de regulação emocional. Pesquisadores identificaram três técnicas essenciais de regulação: perceber as emoções, controlar a intensidade delas e gerenciá-las.[19] Essas habilidades podem ajudar qualquer um a responder a emoções intensas, e os pais, enquanto mentores, podem ajudar os filhos a praticarem essas técnicas.

Perceber e identificar emoções

A capacidade de perceber, nomear e compreender a intensidade das emoções ajuda as crianças a entenderem melhor como estão se sentindo. Essa técnica é crucial para a regulação emocional. Por exemplo, crianças pequenas que aprendem a usar a linguagem para descrever como se sentem podem se autorregular diante de um momento desafiador falando sozinhas ou recorrer a alguém que possa ajudá-las a processar esses sentimentos.

Uma forma de ajudar as crianças a fazer isso é adotar *checagens de sentimentos* para ensiná-las a analisar regularmente quais emoções estão sentindo. Uma checagem de sentimentos pode ser algo tão simples como perguntar "Como você está se sentindo agora?". Incentive seu filho a usar palavras específicas e descritivas; em vez de "Estou me sentindo mal", talvez eles possam dizer que se sentem cansados, com dor, decepcionados, magoados ou sobrecarregados. (Existem muitas listas gratuitas disponíveis na internet com nomes de emoções para ajudar seu filho a expandir o vocabulário emocional dele.) A partir daí, você pode fazer a transição e começar a ensinar seu filho a gerenciar a intensidade das emoções que ele listou.

Controlar a intensidade das emoções

Uma criança que não aprender a regulação emocional sempre terá dificuldade para interromper as emoções intensas antes que elas transbordem.

Se não forem controladas, essas emoções podem se manifestar na forma de chutes, gritos, acessos de raiva, retraimento ou outros comportamentos destrutivos. No entanto, aprender a reconhecer a intensidade de um sentimento ajuda a criança sensível a entrar em sintonia com suas emoções e a gerenciá-las de maneira saudável. Um modo simples de ajudar seu filho a fazer isso é, quando perceber alguma mudança nele, dizer algo como "Você parece quietinho" ou "Você não quis brincar com seus amigos hoje". Em seguida, estimulá-lo a falar sobre a razão disso. Se você acha que sabe qual é o motivo, mencione-o com delicadeza: "Talvez você esteja triste porque seu amigo vai se mudar." Assim você ajuda seu filho a aprender a perceber os próprios sentimentos antes que eles se tornem opressivos.

Você também pode recorrer a um *termômetro de sentimentos* para perguntar a seu filho em que ponto as emoções dele estão – desde frio ou calmo até a zona quente, que representaria emoções fortes. A imagem ajuda as crianças a visualizar as próprias emoções, além de oferecer uma maneira simples de descrevê-las. (Novamente, existem termômetros gratuitos para impressão na internet, ou você pode fazer o seu próprio.) Assim como a checagem de sentimentos, o termômetro permite que a criança monitore o próprio estado emocional para que possa manter o controle com mais facilidade.

Gerenciar emoções

Depois que a pessoa identifica as próprias emoções e reduz a intensidade delas, a última etapa é desenvolver ferramentas para gerenciá-las. Crianças sensíveis experimentam reações emocionais intensas em muitas áreas da vida. Portanto, gerenciar emoções é uma habilidade inestimável a ser aprendida o mais cedo possível. Você pode ensinar a seu filho muitas estratégias para ele manter o controle e abrandar as emoções que sente, inclusive respirar fundo e se imaginar se afastando de tudo o que o está aborrecendo. Ele também pode imaginar que um guarda-chuva invisível sobre a cabeça dele o protege de situações ou palavras incômodas (as estratégias apresentadas no Capítulo 4 para os adultos lidarem com a hiperestimulação também podem ser adaptadas para crianças).

Essas ferramentas fazem a diferença desde muito cedo. Durante a pré-escola e o início do ensino fundamental, as crianças adquirem uma melhor compreensão das expressões emocionais e das regras culturalmente associadas a elas. Por exemplo, uma criança aprende que parecer mais chateada do que realmente está pode atrair mais simpatia. Por outro lado, elas podem aprender a sorrir mesmo quando não estão alegres ou a não deixar que as emoções transpareçam em seu rosto. Crianças pequenas aprendem rapidamente que a expressão nem sempre precisa corresponder ao que elas sentem. Essa tendência se intensifica na adolescência, quando os meninos são mais propensos a reprimir a tristeza e as meninas tendem a esconder a raiva. Na adolescência, as crianças já se tornaram ainda mais conscientes das opiniões dos outros sobre as emoções. Enquanto pai ou mãe, você pode ajudar seu filho sensível a desenvolver um gerenciamento e uma expressão emocional saudáveis durante esses anos por meio de mentoria contínua e de técnicas de regulação emocional.

Tenha esperança

O ambiente em que seu filho cresce pode ter um impacto maior sobre ele do que sobre uma criança menos sensível, mas isso dá a você um poder ainda maior para ajudá-lo a construir uma vida boa. À medida que ele for se tornando adulto, você verá os frutos de seu esforço e sua paciência e, o mais importante, poderá ver a sensibilidade em sua melhor forma. O lar amoroso e solidário que você está se esforçando para dar a ele hoje irá ajudá-lo a alcançar o sucesso e a felicidade no futuro.

capítulo 8

Mais que apenas um salário

> A mente verdadeiramente criativa, em qualquer
> campo, não é nada além disto: uma criatura humana
> extraordinária e desumanamente sensível.
> — Pearl S. Buck

Olhando com atenção, é possível identificar os funcionários sensíveis. Talvez sejam aqueles que correm para a própria mesa depois de uma breve troca de cumprimentos matinal. Ou os que prendem o choro enquanto tentam chegar ao fim de um dia de trabalho estressante. Se você perguntar a eles por que estão chateados, a resposta pode surpreendê-lo: talvez uma videochamada tenha sido tão emocionalmente desgastante que pareça impossível se concentrar em outras tarefas. Ou um comentário do chefe sobre a bagunça na mesa deles – ainda que em tom de brincadeira – tenha doído como uma facada. Para eles, a desorganização é um reflexo da própria sobrecarga. Ou pode ser que estejam exaustos por causa das ligações e notificações de mensagem constantes, mas se sintam culpados, porque todo mundo parece estar lidando com o caos melhor que eles. Talvez a culpa seja de uma cadeira desconfortável, um colega de trabalho batucando na mesa ou luzes fluorescentes muito fortes.

Pessoas sensíveis também sabem que voltar para casa não resolve todos os problemas. As emoções que elas experimentam no trabalho as perseguem como uma sombra e perduram no fundo da mente, um pensamento que só vai embora depois de ser processado. Os problemas parecem ainda maiores se uma pessoa sensível não puder fazer pausas ao longo do dia para descansar e refletir sobre uma dada experiência, seja no ambiente de trabalho, em uma sala de aula ou em um centro comercial.

No entanto, apesar de todo o estresse pelo qual as pessoas sensíveis passam no trabalho, existe outro lado. Elas podem ser as únicas que conseguem se aproximar daquele aluno com dificuldades que ninguém mais consegue cativar. As que dedicam tempo extra para impressionar um cliente, para tornar divertida uma aula ou para se aprofundar nos dados. As pessoas que "simplesmente sabem" quando algo não vai bem e enxergam pequenos furos antes que eles se tornem problemas imensos. Elas economizam tempo e dinheiro da empresa ou, em um ambiente médico, podem salvar a vida de um paciente. Ao mesmo tempo, são mestres em prever as necessidades dos outros ao seu redor – necessidades que muitas vezes são invisíveis aos que ocupam posições mais elevadas. Por exemplo, pessoas sensíveis podem ler nas entrelinhas e perceber quando seus colegas de equipe estão esgotados ou quando um cliente importante está insatisfeito. Os colegas de trabalho geralmente se aproximam de um colega sensível porque se sentem seguros para falar sobre os próprios medos, frustrações e inseguranças sem julgamento.

Como gerentes e líderes, as pessoas sensíveis são capazes de levar harmonia ao local de trabalho e de criar as condições para que os outros prosperem. Como inovadores, investidores e empreendedores, identificam tendências e lacunas valiosas no mercado. Em suma, um funcionário sensível pode ser um dos melhores que você terá. Em vez de desconfiar de trabalhadores "sensíveis demais", os empregadores deveriam cortejá-los.

Se esse retrato dos trabalhadores sensíveis parece contraditório, é porque eles com frequência experimentam contradições no trabalho: embora costumem apresentar um alto desempenho, também sofrem com altos níveis de estresse e de esgotamento. Uma pesquisa descobriu que pessoas sensíveis tinham o melhor desempenho entre os funcionários, apesar de passarem por um grau de estresse maior.[1] Esse trabalho foi conduzido por Bhavini Shrivastava, uma aluna de pós-graduação em psicologia organizacional que estudava pessoas sensíveis no ambiente de trabalho, e incluiu trabalhadores de uma grande empresa de TI em Mumbai, na Índia. Combinando relatórios de gerentes e dos próprios trabalhadores analisados, ela descobriu que, segundo seus gerentes, os funcionários identificados como pessoas sensíveis tinham um desempenho melhor do que seus colegas menos sensíveis. No entanto, os trabalhadores sensíveis também relataram um maior grau de estresse e pontuaram menos em termos de bem-estar geral. Esses resultados fazem sentido, levando em conta o que sabemos sobre o *efeito estimulante da sensibilidade*.

A pesquisa sugere que muitos excelentes profissionais sensíveis de TI provavelmente deixaram o emprego por causa do estresse, mas talvez pudessem ter sido mantidos se o cargo ou o ambiente de trabalho tivessem sido adaptados. Como vimos no capítulo anterior, sobre crianças sensíveis, o ambiente é extremamente importante para pessoas sensíveis. Dependendo das condições, esses trabalhadores podem se tornar os maiores talentos da empresa ou acabar esgotados pelo estresse.

Em suas próprias palavras: quais são seus pontos fortes – e suas fontes de estresse – no trabalho?

"Alguns dos meus alunos me disseram que não teriam conseguido concluir o semestre se eu não fosse a professora. Eles disseram que apreciavam o fato de eu ter um grau de empatia e compreensão que eles não recebiam de outros professores em momentos de necessidade. O lado ruim é que provavelmente me preocupo além da conta com as situações ruins que surgem na vida deles. Fico muito comovida e preocupada quando um deles me diz que está passando por dificuldades." – Shelby, professora universitária

"Trabalho com vendas há doze anos e venho tendo bastante sucesso no ramo. Mas também passei a maior parte desse tempo exausta e esgotada. Meu ponto forte é minha capacidade de desenvolver relacionamentos. Sou capaz de estabelecer conexões rapidamente, porque consigo imaginar como o cliente está se sentindo. Também sou muito atenciosa, por isso nunca perco prazos. No entanto, fico exausta por me comunicar constantemente com as pessoas o dia inteiro. O telefone tocando, os e-mails chegando, as pessoas entrando... há sempre muita coisa acontecendo!" – Emma, profissional de recrutamento e vendas

"Acho que sou capaz de criar um espaço seguro que permite que os clientes se abram sobre suas questões. O benefício é que isso nos ajuda a chegar à raiz dos problemas deles com mais rapidez, para que eles possam fazer mudanças que proporcionem resultados duradouros. Também acho que a minha sensibilidade me ajuda a descobrir a abordagem que funciona melhor para cada indivíduo. Minha maior dificuldade é o fato de a clínica agendar meus clientes em sequência, sem nenhum tempo de descanso para eu recarregar as energias entre um e outro. Quando tenho que seguir em um ritmo acelerado, sem intervalos, é muito mais provável que eu me torne uma esponja das emoções de todo mundo e fique mental e emocionalmente esgotada." – Daphnie, coach de saúde

"Acho que o maior ponto forte associado à minha sensibilidade é a minha capacidade de processar e analisar dados em um nível profundo. Também presto muita atenção nos detalhes. Já o maior ponto fraco é eu me sentir sobrecarregada com facilidade, principalmente quando tenho muitos prazos a cumprir, e não conseguir filtrar os estímulos externos durante o expediente no escritório (o contrário do que acontece quando trabalho de casa, em silêncio). Isso faz com que seja extremamente difícil eu me concentrar e fazer o que preciso." – Traci, subscritora de seguros

O ambiente físico ideal para trabalhadores sensíveis

Então como as empresas podem criar o ambiente ideal para que os trabalhadores sensíveis consigam prosperar? Como elas podem evitar perder aqueles colaboradores que têm potencial para se tornarem seus melhores funcionários? Para criar o local de trabalho ideal, é necessário abordar dois aspectos: o ambiente físico e o ambiente emocional.

Como vimos, pessoas sensíveis tendem a se sair melhor em ambientes tranquilos. Mais especificamente no trabalho, elas precisam de um volume de estímulos que não sobrecarregue sua capacidade de desempenhar sua função de maneira confortável e eficaz. O ruído de fundo, a atividade dos colegas, luzes muito fortes e cadeiras desconfortáveis são exemplos de coisas que alguns trabalhadores consideram impossíveis de ignorar. Elementos que talvez pareçam insignificantes para os outros, como o perfume forte de algum colega, podem atrapalhar muito a concentração de alguém sensível. Lembre-se de que, ao pedir mudanças no ambiente, essas pessoas não estão sendo difíceis de propósito – é que o cérebro delas é programado de forma diferente do cérebro da maioria dos indivíduos com quem convivem.

Criar o ambiente ideal pode ser um desafio, pois o local de trabalho típico não é pensado de acordo com as necessidades do sistema nervoso de uma pessoa sensível. Mas existem maneiras de deixá-lo mais confortável. Medidas básicas, que ajudariam qualquer trabalhador a se sentir menos estressado, têm um impacto ainda maior entre funcionários sensíveis. Claro que a configuração varia de acordo com o ramo e o cargo. Por exemplo, se você trabalha de casa, pode ter que lidar com tantas distrações em potencial quanto em um ambiente de trabalho presencial colaborativo, como um escritório ou um call center.

Se você é uma pessoa sensível, as seguintes práticas podem ajudá-lo no trabalho:

- Reduzir ou eliminar a bagunça visual no espaço de trabalho (ou em casa, se você trabalhar de casa)
- Fazer pleno uso da porta do seu escritório (se você tiver uma) para isolar o ruído ambiente

- Investir em um bom par de fones de ouvido com cancelamento de ruído
- Usar um purificador de ar para promover circulação do ar e reduzir o volume de alergênicos
- Decorar ou mobiliar seu espaço de trabalho de uma forma bonita, tranquilizante e inspiradora
- Fazer intervalos regulares para se alongar, tomar um copo d'água, fazer um lanche ou andar pelo ambiente

Se você trabalha de casa, tem ainda mais liberdade para criar o ambiente físico que funcione melhor para você. Você pode colocar ruído branco ou uma música instrumental calmante para tocar, ou até mesmo instalar painéis para bloquear o ruído. Também pode estabelecer horas de silêncio com seus colegas de quarto ou familiares – momentos em que todo mundo combina de reduzir o barulho e não interromper uns aos outros.

Pessoas sensíveis também precisam de colegas de trabalho e gerentes que entendam suas necessidades. Se você é chefe de indivíduos desse tipo, a regra é simples: dê a eles o máximo de controle possível sobre seu espaço de trabalho. Talvez isso signifique permitir que trabalhem em um canto mais isolado, que cheguem mais cedo ou fiquem até mais tarde, de modo a trabalhar quando há menos pessoas no escritório, ou que trabalhem de casa alguns dias por semana.

Uma comunicação aberta é outra política importante. Pessoas sensíveis geralmente se preocupam com os sentimentos dos outros e podem não falar sobre as próprias necessidades porque não querem sobrecarregar nem incomodar os demais. Um funcionário sensível pode até mesmo se sentir preso em seu atual ambiente de trabalho se não se sentir à vontade para pedir ajustes. Então pergunte a todo o seu pessoal, a intervalos regulares, se eles precisam de alguma coisa para executar melhor seu trabalho – e deixe de lado qualquer julgamento sobre pedidos que lhe pareçam estranhos. Repetir esse tipo de diálogo com frequência torna mais fácil para os funcionários sensíveis falarem com sinceridade sobre o que lhes provoca estresse e os impede de trabalhar com eficiência.

O ambiente emocional ideal para trabalhadores sensíveis

Os relacionamentos costumam ser o maior desafio que as pessoas sensíveis enfrentam no trabalho. Ao contrário das distrações físicas, que muitas vezes podem ser eliminadas sem maiores problemas, não há como silenciar as emoções e o estado de espírito das pessoas ao seu redor. Se a cultura de trabalho for tóxica, as emoções de todos serão o elemento mais desgastante. Conciliar diferentes personalidades, graus de energia e demandas é um desafio para qualquer um, mas, para pessoas sensíveis, isso pode ter um impacto descomunal na saúde mental. O ambiente emocional pode ser a diferença entre um dia de trabalho cansativo, que ainda assim nos deixa satisfeitos, e colapsos constantes porque a energia e as demandas do emprego são insuportáveis. Some-se a isso um local de trabalho barulhento e estressante, prazos apressados e muita pressão, e em pouco tempo um funcionário sensível se sentirá esgotado.

E, se é alguém sensível, você absorve com mais facilidade as emoções de todos ao seu redor. No ambiente de trabalho, você geralmente fica na companhia das mesmas pessoas por cerca de oito horas (ou mais). Elas costumam estar estressadas, preocupadas com prazos e experimentam uma série de emoções, tanto positivas quanto negativas. Quando você absorve tudo isso, pode ter dificuldade de se concentrar no seu próprio trabalho. E se levar esse peso todo para casa, a sobrecarga mental e psicológica pode até prejudicar seus relacionamentos familiares e sua qualidade de vida. Além disso, como pessoas sensíveis tendem a ser atenciosas e a querer agradar os outros, você pode acabar desgastado pelo vaivém constante entre as suas necessidades e os desejos dos seus colegas.

Portanto, assim como precisam do ambiente físico ideal para trabalhar bem, funcionários sensíveis também precisam do ambiente emocional ideal. Para isso, você tem que estabelecer limites saudáveis e deixar claro o que precisa. Embora ninguém – principalmente alguém sensível – goste de ser *aquele* tipo de pessoa no escritório, a comunicação direta é a melhor forma de ajudar os outros a entender suas necessidades. Eis alguns exemplos de frases que você pode usar para estabelecer limites no trabalho:

- "Preciso de algum tempo para pensar sobre sua pergunta. Mais tarde respondo, tudo bem?"
- "Estou me sentindo sobrecarregado agora e está difícil me concentrar no seu feedback. Preciso fazer uma pequena pausa."
- "Gostaria de poder ajudar, mas não posso pegar um turno extra este fim de semana."
- "Parece um projeto interessante, mas não tenho como dedicar o tempo que ele merece."
- "Consigo ver a importância do projeto, mas também estou trabalhando em X, Y e Z. Qual deles você gostaria que eu suspendesse por enquanto?"
- "Sei que isso é um pouco estranho e duvido que tenha sido sua intenção, mas quando você disse/fez ___, eu me senti desconfortável."

Lembre-se de que você tem tanto valor quanto seus colegas menos sensíveis. Não há nada em você que precise ser corrigido. Inclusive, segundo Linda Binns, coach de carreira para pessoas sensíveis, se você achar que tem algo errado com você, os outros também vão achar e tratá-lo de acordo.[2] Em vez disso, é preciso abraçar as inúmeras virtudes que você tem por ser uma pessoa sensível. "Ao se ver dessa maneira", explica ela, "você vai ganhar confiança, aprender a reconhecer e pedir o que precisa, e estabelecer limites com mais facilidade. Com isso, os outros naturalmente vão começar a responder de forma mais positiva, e sua confiança vai aumentar ainda mais". Essa confiança, por sua vez, o ajudará a lutar para que o ambiente se torne propício para você fazer seu trabalho da melhor forma.

O desejo de encontrar sentido no trabalho

Além de precisar do ambiente de trabalho ideal, pessoas sensíveis também têm uma grande necessidade de encontrar sentido no que fazem. Mais do que apenas receber o salário no fim do mês, elas também querem saber que seus esforços fazem a diferença para os outros e que estão colaborando para um bem maior. É claro que ninguém, sensível ou não, gosta de considerar o próprio trabalho inútil, mas muitos indivíduos sensíveis sentem tanta necessidade de encontrar um trabalho pleno de significado que organizam toda a vida em torno dessa busca. Como diz a escritora e pessoa sensível Anne Marie Crosthwaite: "Eles geralmente são movidos por uma busca interior por sentido e se algo não parece significativo, não conseguem simplesmente 'fazer mesmo assim'."[3]

Uma vocação plena de sentido é parte fundamental de uma vida sensível e feliz. Então o que exatamente é um trabalho desse tipo? A resposta varia de pessoa para pessoa, mas geralmente o trabalho tem significado quando você enxerga uma conexão concreta entre as tarefas que executa e um propósito maior, que vai além de você. Esse propósito maior pode ser salvar uma vida, combater as mudanças climáticas ou apenas tornar o dia de alguém um pouco mais tranquilo.

Ter um senso de propósito é bom, mas também valioso: contribui para nosso bem-estar pessoal e para as metas financeiras das empresas. De acordo com uma pesquisa da consultoria de gestão McKinsey, os funcionários que têm um forte senso de propósito no trabalho são mais saudáveis e resilientes.[4] Não surpreende que eles também estejam mais satisfeitos com o emprego. A satisfação no trabalho está ligada a um aumento na produtividade – segundo uma estimativa, o trabalho com sentido gera um ganho adicional de 9.078 dólares a mais por funcionário todos os anos.[5] As empresas também mantêm por mais tempo os funcionários satisfeitos, economizando por ano, em média, 6,43 milhões de dólares para cada 10 mil trabalhadores em despesas relacionadas à rotatividade. Aqui podemos aprender outra lição com as pessoas sensíveis, que naturalmente percebem o valor de um trabalho repleto de sentido.

No entanto, apesar de todos esses benefícios, muitas pessoas sensíveis dizem não encontrar significado nem relevância no próprio trabalho. Vejamos então algumas formas de tornar sua atuação profissional mais significativa.

Os melhores trabalhos para pessoas sensíveis

Os leitores do site Sensitive Refuge sempre nos pedem indicação dos melhores empregos para pessoas sensíveis. Aqui estão eles, em ordem:

- Qualquer
- Trabalho
- Que
- Você
- Queira
- Fazer

É isso. Não existe uma lista mágica de empregos que automaticamente farão com que o trabalho tenha sentido para um indivíduo como você. Pessoas sensíveis podem prosperar em qualquer cargo, de CEO a operário da construção civil.

Dito isso, algumas carreiras tendem a atrair as pessoas sensíveis e muitas vezes incluem ocupações que se beneficiam de características como empatia, criatividade e atenção aos detalhes. Entre essas, se destacam as profissões que envolvem cuidados, como terapeuta, professor, médico, enfermeiro, sacerdote, cuidador de crianças ou de idosos, massoterapeuta ou coach. Aleshia é uma pessoa sensível que trabalha como terapeuta recreativa na unidade de saúde comportamental de um hospital. Ser sensível lhe permite responder melhor às necessidades emocionais de seus pacientes: "Muitas vezes cheguei pronta para fazer uma determinada intervenção terapêutica e mudei completamente a abordagem no último minuto, de acordo com o que o grupo sentia", disse ela. No entanto, trabalhos desse tipo não são adequados a todas as pessoas sensíveis, porque o alto nível de estresse e de transferência emocional geralmente faz parte do pacote. Aleshia afirmou em seguida que o *burnout* do cuidador representa um sério desafio para ela: "Ser hipervigilante com os outros é cansativo. Nos dias em que eu trabalho, preciso tirar a noite para me recuperar. Sou mãe solo de dois adolescentes e, infelizmente, eles não veem minha melhor versão quando chego em casa."

Pessoas sensíveis também se destacam em profissões criativas, como na escrita, na música e nas artes. Alguns dos artistas mais bem-sucedidos do mundo são pessoas sensíveis.[6] Veja, por exemplo, a atriz Nicole Kidman, que ganhou vários Emmy e Globos de Ouro. Ela se define como uma pessoa altamente sensível e diz que muitos atores também são, embora precisem "desenvolver uma armadura" para lidar com as críticas constantes.

Entre outros famosos que se consideram sensíveis estão Dolly Parton, Lorde, Elton John, YoYo Ma, Alanis Morissette e, claro, Bruce Springsteen.[7] Esses indivíduos tendem a possuir algumas características aparentemente contraditórias: são sensíveis, mas também abertos a novas ideias e experiências, conforme observa o célebre psicólogo Mihaly Csikszentmihalyi.[8] Esse caráter dual explica como podem ser emocionalmente vulneráveis e se sentir facilmente sobrecarregados, mas ao mesmo tempo ser carismáticos e marcantes. "A abertura e a sensibilidade dos indivíduos criativos muitas vezes os expõem ao sofrimento e à dor, mas também a uma boa quantidade de prazer", explica Csikszentmihalyi.

Trabalhos que exigem atenção aos detalhes – seja prestar atenção em indivíduos, no seu entorno ou nos números em uma planilha – também costumam ser adequados para pessoas sensíveis. Empregos dessa natureza podem ser encontrados em áreas como planejamento de eventos, contabilidade, finanças, pesquisa, ciências, arquitetura, jardinagem e paisagismo, comércio, direito e desenvolvimento de software. Uma mulher sensível que se descreve como sociável, emotiva e artística nos disse que escolheu propositadamente um papel que era o oposto de tudo isso: analista de sistemas no setor financeiro. Lidar com números o dia inteiro é tranquilizador e lhe proporciona uma folga de seu lado emocional.

E o trabalho ideal para uma pessoa sensível pode nem ser um emprego. Barrie Jaeger, autora de *Making Work Work for the Highly Sensitive Person* (Fazendo o trabalho funcionar para a pessoa altamente sensível),[9] recomenda às pessoas sensíveis que trabalhem de forma autônoma, porque muitos de seus clientes sensíveis relatam se sentir mais satisfeitos dessa forma do que num emprego convencional. Como autônomo, você pode trabalhar com design, fotografia, videografia, restauração de móveis, gerenciamento de mídias sociais, lançamento de negócios, consultoria ou a versão freelance do seu emprego atual. O lado positivo do trabalho autônomo é que ele proporciona o controle sobre o ambiente de trabalho e os horários, deixando os indivíduos menos suscetíveis à hiperestimulação. Mas também existem desvantagens, como a ausência de um salário regular e, para certas funções, a necessidade de fazer marketing e networking, o que pode ser bem desgastante. Portanto, assim como qualquer tipo de trabalho, o trabalho autônomo pode não ser adequado para todas as pessoas sensíveis.

Vale repetir: as pessoas sensíveis podem fazer qualquer trabalho que quiserem, inclusive os que não foram mencionados aqui. No entanto, se quiser escolher a carreira ideal, você sem dúvida deve buscar um trabalho que tenha significado e evitar algumas coisas que cobram um alto preço do seu sistema nervoso e provocam hiperestimulação e esgotamento. Recomendamos evitar qualquer trabalho com uma grande presença dos seguintes fatores:

- Conflito ou confronto
- Competição ou alto grau de risco
- Ruídos ou ambiente físico agitado
- Interação com pessoas e poucos intervalos
- Tarefas repetitivas que não se conectam claramente com uma missão maior
- Cultura corporativa tóxica ou estilo de gestão pouco saudável
- Necessidade de deixar seus princípios de lado para ganhar dinheiro

Infelizmente, é provável que você encontre alguns desses elementos (ou todos eles) em quase qualquer emprego. O segredo é evitar aqueles nos quais esses elementos estão presentes regularmente, não apenas em um dia ruim (ou em uma época ruim). Preste atenção em si mesmo. Suas emoções e sua intuição vão indicar se a hiperestimulação é crônica ou só ocasional. Uma coisa é se sentir cansado e mentalmente esgotado no final de um dia de trabalho agitado, principalmente se você for uma pessoa sensível. Outra é experimentar hiperestimulação crônica no trabalho. Preste atenção também nas sensações físicas. Você sente dores e tensões musculares, dor de estômago, sensação de aperto no peito, dificuldade para dormir, dor ou fadiga com frequência? Se não tiverem uma causa física clara (como uma doença ou infecção), esses sintomas podem ser o seu corpo tentando se comunicar com você.

Trabalho profundo e produtividade lenta

Por uma razão ou outra, nem sempre podemos escolher o trabalho perfeito. Talvez as oportunidades de trabalho sejam limitadas no local onde você mora ou você ainda não tenha o diploma ou a formação necessários para fazer o que deseja. Talvez você esteja preso a um contrato por um determinado período. Ou, levando em conta outros fatores da vida, pode ser que não seja viável mudar de emprego agora. Construir uma carreira plena de significado leva tempo – em alguns casos, uma vida inteira –, e muitos aceitam empregos que não são os ideais porque todos nós temos contas para pagar. Mesmo nós dois já aceitamos vários empregos para pagar as contas: Jenn fez faxina em prédios e Andre foi cozinheiro. Não importa o motivo, se você optar por permanecer em seu emprego atual, existem formas de torná-lo mais significativo e menos hiperestimulante.

Uma tática que pessoas sensíveis podem tentar empregar é cultivar mais *espaço* – mais especificamente, espaço mental. O espaço mental permite que você se concentre em uma tarefa sem interrupções ou distrações. Todo mundo funciona melhor assim, mas, sendo uma pessoa sensível, você precisa dispor de um amplo espaço mental para fazer o processamento profundo que dá origem aos seus melhores resultados e, ao mesmo tempo, se manter tranquilo e confortável. O espaço mental tem diferentes aspectos em diferentes trabalhos. Para um analista de sistemas, pode significar se concentrar em silêncio em um ambiente privado, sem ser interrompido por e-mails nem reuniões. Para um mecânico, pode significar ouvir música num volume alto o suficiente para abafar outras atividades da oficina e ele ser capaz de se concentrar apenas no carro diante de si.

Infelizmente, pode ser particularmente difícil encontrar espaço mental nos escritórios modernos. Segundo o pesquisador e escritor de sucesso Cal Newport, nossos instintos explicam isso.[10] Como seres humanos, todos nós temos o impulso de realizar coisas e concluir tarefas; ver um projeto realizado é uma das partes mais prazerosas do trabalho. No entanto, para muitos funcionários de escritórios, a maior parte das tarefas nunca é concluída de fato. Pense na caixa de entrada que nunca pode ser esvaziada, no chat que não para mesmo quando você está dormindo e, sim, no temido calendário cheio de reuniões de utilidade duvidosa. Dá uma sensação boa riscar esses itens – ver que você deu conta de tudo –, mas, em questão de segundos, é preciso fazer tudo de novo. Segundo Newport, seu cérebro caçador-coletor começa a dar chilique: "A caçada não acabou! A colheita precisa ser concluída! As pessoas estão contando com a gente!" No entanto, a caçada nunca termina, e a parte ancestral do seu cérebro não entende que toda essa ansiedade não faz sentido nenhum. Então ela não para de gritar dentro da sua cabeça, e você continua passando do e-mail para o chat e para as mensagens de texto, e seu espaço mental desaparece – mesmo em um escritório privado com a porta fechada.

Newport chama esse estilo de trabalho de *mente coletiva hiperativa*, porque, em tese, é uma forma de trabalhadores intelectuais colaborarem (é para isso que servem todas essas mensagens e reuniões, certo?). Em vez disso, ele nos diz: "É um desastre. Acabamos esgotados, não conseguimos pensar direito e ficamos infelizes." Para pessoas sensíveis, a mente coletiva é ainda mais nociva – e não apenas por causa da hiperestimulação. "Isso é muito ruim para pessoas sensíveis", diz Newport, "porque, do ponto de vista da empatia, você está exposto a muitas e muitas pessoas que precisam de você, de coisas que você não consegue providenciar de imediato. Mesmo que racionalmente você saiba que esses e-mails não são urgentes, eles tocam em um ponto mais profundo. Porque você sabe que existem pessoas que precisam de você". Cada e-mail não respondido é como uma pessoa que você está deixando na mão.

Newport sabe do que está falando: ele construiu toda a sua carreira ensinando os outros a eliminar o máximo possível do trabalho "raso" e opressor. (Em vez de um formulário de contato, por exemplo, o site de Newport tem uma lista de opções que redirecionam pedidos para diversos colegas e caixas de entrada sem resposta, de modo a manter seu foco no trabalho que importa. Ele diz que arranjou tempo para nós porque ele mesmo é uma pessoa sensível – e essa é a razão de seu sucesso como escritor.)

Mas, segundo o autor, a mente coletiva hiperativa não é essencial para um bom trabalho – nem mesmo para o trabalho de escritório em uma economia pautada pela tecnologia. Na prática, como prejudica ativamente a produtividade, essa abordagem é tão ruim para o seu chefe quanto para a sua saúde mental no dia a dia. Newport acredita que a maior parte das empresas não quer que você gaste tanto tempo com essas tarefas de baixo valor, como ter que lidar continuamente com e-mails ou participar de reunião após reunião. Mas as pessoas tendem a cair nessa dinâmica sem querer, porque muitos funcionários têm objetivos vagos e carecem de orientação adequada.

Uma alternativa é o que ele chama de *produtividade lenta*: a arte de fazer menos coisas, mas melhor. Enquanto a mente coletiva devora o espaço mental, a produtividade lenta o cultiva. Esse é o modelo ideal para pessoas sensíveis porque exige planejamento atento, tomada de decisões cuidadosa e alto grau de perfeccionismo, coisas que esses indivíduos dominam. Em particular, isso deságua no que Newport chamou de *trabalho profundo*, longos períodos ininterruptos focados em tarefas de alto valor. Quando você está limpando sua caixa de entrada, está fazendo um trabalho raso; isso puxa você de volta para a mente coletiva. Quando reserva uma hora para si, põe o telefone no mudo e termina de preparar uma apresentação, você está fazendo um trabalho profundo.

Como pessoas sensíveis podem se dedicar mais ao trabalho profundo

Newport sugere que você pode ter mais autonomia sobre seu estilo de trabalho do que pensa. Em grande medida, você pode adotar a produtividade lenta sem ter que falar com seu chefe. Ele o aconselha a fazer mudanças que não afetem mais ninguém diretamente – como reservar uma sessão de trabalho profundo de uma hora todos os dias, durante a qual você não vai conferir nenhum tipo de comunicação, ou então passar a ler e-mails apenas duas vezes por dia. Ele recomenda não contar aos seus colegas sobre essas mudanças; é pouco provável que eles notem, e você pode evitar qualquer percepção equivocada de que vai gerar prejuízos a eles.

Da mesma forma, se você for falar com seu chefe sobre mudanças em seu estilo de trabalho, trate-as como uma decisão sobre a qual deseja a opinião dele e tenha clareza em relação aos benefícios envolvidos. Um bom roteiro para a conversa pode ser mais ou menos assim:

> *Gostaria de falar com você sobre quanto trabalho profundo eu deveria fazer em comparação com o trabalho superficial. Trabalho profundo é concluir minha parte do nosso projeto ou terminar meu plano de trabalho. Trabalho superficial são coisas como responder e-mails e participar de reuniões. Ambos são importantes, mas, para o meu cargo, qual a proporção ideal?*

Isso é radicalmente diferente de uma conversa em que você se queixa do excesso de e-mails ou reuniões (a maioria dos quais vêm justamente do seu chefe). Em vez disso, você se concentra nas metas que seu gestor valoriza. Você pode acabar descobrindo que a adesão é significativamente maior do que a esperada. Se isso acontecer, você passa a ter permissão para recusar reuniões e ir para uma sala onde possa fechar a porta e fazer um trabalho profundo. Essa sugestão não funciona só na teoria: quando Newport recomendou que seus leitores tivessem essa conversa com seus gerentes, ele recebeu vários relatos de pessoas dizendo como haviam ficado surpresas com as mudanças ocorridas, mesmo nas culturas que consideravam muito rígidas. Em muitos casos, os gerentes abraçavam a ideia e a levavam ainda mais longe, elaborando proporções ideais para toda a equipe e permitindo que os funcionários ficassem "fora de alcance" por metade do dia para se concentrarem. Os gerentes às vezes até proibiam completamente a troca interna de e-mails. "Aconteciam coisas que todo mundo achava que seriam impossíveis", diz Newport. "No fundo eles só precisavam de um número e uma justificativa." Oferecer esse tipo de ajuste no local de trabalho também ajuda a tirar proveito das habilidades naturais das pessoas sensíveis de moldarem o próprio trabalho.

Moldando o próprio trabalho

Quando a pesquisadora Amy Wrzesniewski quis saber o que torna o trabalho significativo, ela decidiu falar com pessoas que desempenham uma das funções menos glamorosas de todas: os faxineiros de hospital.[11] Ela esperava que eles estivessem insatisfeitos com o próprio trabalho, que é monótono, ingrato e envolve muita sujeira. Ela de fato se deparou com muitos trabalhadores que reclamaram, mas também encontrou exceções. Alguns falaram sobre o próprio emprego cheios de entusiasmo. Eles se descreveram como embaixadores do hospital e sentiam que, ao manter o local limpo e esterilizado, contribuíam muito para a recuperação dos pacientes. Eles não apenas gostavam de seu trabalho como se sentiam realizados.

Intrigada com esse conjunto de trabalhadores, Wrzesniewski os acompanhou para entender o que diferenciava esse grupo. Ela descobriu que eles faziam o mesmo trabalho que os outros faxineiros, mas se esforçavam para acrescentar outras tarefas – muitas vezes com toques cheios de significado. Alguns faziam questão de conversar com os pacientes e dedicar mais tempo aos que não recebiam visitas (um deles até trocou cartas com alguns por muito tempo depois da alta). Esses faxineiros pesquisavam como os produtos de limpeza afetariam os pacientes, por exemplo. Um deles chegou a fazer um rodízio das obras de arte na enfermaria em que ficavam pessoas em coma, na esperança de que a mudança ajudasse a estimular o cérebro delas. Todas essas atitudes extrapolavam as obrigações da função e eram, na verdade, tarefas extras. Mas esse esforço também deixava claro por que o trabalho deles era importante e como os faxineiros efetivamente serviam às pessoas. Esses trabalhadores provaram que o significado de um trabalho não depende inteiramente do serviço que fazemos, mas da forma como o fazemos.

À luz dessa compreensão e de outras pesquisas, Wrzesniewski desenvolveu o que ela chama de *job crafting*: a arte de moldar seu trabalho monótono de forma a transformá-lo em algo significativo.[12] Essa abordagem oferece uma maneira de pensar o seu trabalho que coloca você no comando. Desde então, inúmeros estudos provaram que moldar o próprio trabalho funciona em qualquer área e para qualquer profissional, de operários a CEOs estressados.[13]

Em grande parte, o *job crafting* é eficaz porque, assim como para adotar o trabalho profundo, você não precisa pedir permissão a ninguém.[14] (A anuência do supervisor lhe dará ainda mais opções, é claro, mas isso pode vir com o tempo.) Inclusive, como essa prática tende a melhorar o desempenho dos trabalhadores, os supervisores geralmente as incentivam ao notarem essas mudanças.[15] E, mais uma vez, pessoas sensíveis se destacam nessa abordagem. Quando os pesquisadores compararam os funcionários capazes de moldar o próprio trabalho com a personalidade deles, descobriram uma correlação com características como empatia, inteligência emocional, cortesia e atenção aos detalhes – todos traços comuns em pessoas sensíveis.[16] Por esse motivo, muitas pessoas sensíveis conseguem moldar o próprio trabalho naturalmente.

Maneiras de moldar seu trabalho

Parte do *job crafting* significa mudar sua percepção das tarefas que você executa e procurar uma maneira de conectá-las a um propósito maior.[17] Se acha que isso parece um truque psicológico – uma forma de fazê-lo gostar do seu trabalho atual sem ter que mudá-lo –, você está parcialmente certo. Claro, o que você pensa sobre o seu trabalho faz uma grande diferença em como se sente em relação a ele, mas moldar seu trabalho também proporciona resultados concretos. Muitas vezes, essa mudança cognitiva – que expande sua visão do seu trabalho e do que você é capaz de fazer – lhe permite transformar seu papel ao longo do tempo. Essa transformação representa uma mudança real em termos do que você faz dia após dia e aumenta a possibilidade de criar mais oportunidades no futuro, como promoções e progressão da carreira.

Esse aspecto do *job crafting*, chamado *lapidação cognitiva*, envolve duas mudanças mentais.[18] Primeiro, você *expande a visão que tem do próprio poder*. Isso significa aceitar que você tem o poder de mudar os limites do seu trabalho (esse passo é, em alguma medida, dar permissão a si mesmo para lapidar seu trabalho). Depois, você *expande a visão que tem do seu papel*. Muitas pessoas veem o próprio emprego como um conjunto específico de tarefas prescritas – o que é compreensível, porque é isso que consta nos anúncios de vagas disponíveis. Com essa visão, no entanto, sua capacidade de fazer um trabalho pleno de significado fica limitada pela descrição do seu cargo. Mas a verdade é que seu poder de fazer a diferença vai muito além de suas atribuições oficiais, e são esses resultados mais amplos que você deve usar para definir seu trabalho.

Por exemplo, o trabalho de uma enfermeira pode parecer intrinsecamente significativo, mas, quando o foco está nas pequenas tarefas – habilidades técnicas, como inserir um cateter, ou tarefas rotineiras, como conferir uma lista de procedimentos –, o trabalho se dissocia de seu propósito maior de curar pessoas.[19] Uma enfermeira que tenha uma visão mais ampla pode dizer: "Faço parte de uma equipe que oferece cuidado integral ao paciente." Ou simplesmente: "Proporciono a cada paciente o melhor tratamento possível." Se você descrever seu papel dessa forma, subitamente terá o compromisso de ir além da descrição das suas funções. Você pode conferir se há problemas não indicados em uma ficha, fazer perguntas aos pacientes, ajudá-los a resolver necessidades não diretamente relacionadas ao atendimento que está oferecendo ou abraçar as exigências deles. Em outras palavras, você será o que todos desejam de um cuidador. Esse padrão se repete em qualquer profissão. É o cozinheiro que vê o próprio trabalho como oferecer uma alimentação nutritiva ou o vice-presidente que considera que seu trabalho é desenvolver um produto capaz de transformar a vida das pessoas.

Nada disso significa que não haja obstáculos. Todo trabalho os tem. (E, como um chef que ama seu trabalho nos disse: "Todo trabalho tem suas idiotices.") No entanto, o *job crafting* ajuda você a contornar esses obstáculos. Eis algumas outras formas de moldar seu trabalho.

Ajuste as tarefas e a forma de executá-las

Nessa etapa, chamada de *lapidação de tarefas*, você pode incluir algumas tarefas novas por iniciativa própria ou, se tiver margem de manobra, descartar algumas.[20] Também pode alterar a forma como executa uma tarefa ou mudar o volume de tempo e atenção que dedica a diferentes responsabilidades. Por exemplo, um vendedor que faz um esforço extra para organizar uma vitrine pode ser designado para caprichar na criatividade e fazer todas as vitrines dali em diante. Ou um professor que ajusta seu procedimento de dispensa no final do dia pode ser designado para encontrar novas formas de melhorar o horário de saída da escola inteira. Às vezes você vai precisar da aprovação do seu superior para fazer essas coisas, mas muitas vezes pode começar de maneira informal, fazendo apenas uma tarefa, antes de precisar pedir permissão.

Mude suas interações

Pesquisas mostram que ter relacionamentos significativos no trabalho é um dos fatores mais importantes para o grau de satisfação profissional, ainda mais do que o ambiente ou as tarefas que você executa.[21] Em um estudo, funcionários que tinham apoio emocional e amigos no trabalho disseram ser mais felizes no emprego. É provável que você se lembre de uma época em que continuou em um trabalho difícil ou mal remunerado porque gostava dos colegas; e essa pesquisa explica o porquê disso. No entanto, quando se trata de moldar seu trabalho, o objetivo não é fazer amizade com todo mundo, mas analisar com quem você passa seu tempo e por quê.

Esse processo de intencionalidade em suas relações de trabalho é chamado de *lapidação relacional*.[22] O faxineiro do hospital estava fazendo isso ao conversar com pacientes que não recebiam visitas, porque optou por dedicar mais tempo àqueles que talvez estivessem se sentindo solitários. Da mesma forma, você pode fazer um esforço para conhecer melhor seus clientes ou pacientes e se lembrar deles. Considere parte do seu trabalho conseguir o melhor para eles, mesmo que essa função não esteja "no papel". Converse com colegas sobre os problemas comuns a todos e faça isso concentrando-se na busca de soluções. Pense nas pessoas com quem você *não* interage muito, mas deveria. Podem ser pessoas que você respeita pelo conhecimento que têm, ou cujo trabalho envolva um dos seus interesses ou pontos fortes. Da mesma forma, pergunte aos seus colegas de equipe mais novos se eles precisam de ajuda e deixe claro que você está à disposição para ajudar. No sentido inverso, identifique colegas de trabalho ou clientes que sugam sua energia e estabeleça limites saudáveis em suas interações com eles.

Job crafting *independente do seu status*

Você terá que adaptar sua abordagem de acordo com o seu cargo, porque pessoas em diferentes níveis de uma empresa precisam superar diferentes barreiras na busca por um trabalho com significado.[23] Se não está em um cargo de gerência, você provavelmente está preso a um conjunto específico de tarefas, o que significa que sua principal barreira é a falta de autonomia. Nesse caso, você pode se concentrar em corrigir processos ineficientes, cultivar relacionamentos fortes e conquistar confiança por meio de seu desempenho, de modo que os gerentes estejam abertos às suas sugestões e às suas demandas. Se fizer parte do alto escalão, o *job crafting* terá outro aspecto, porque você provavelmente terá muito mais liberdade para escolher como usar seu tempo. Por outro lado, você está limitado por um conjunto de metas ou resultados que precisam ser atingidos (em que há muitas vezes muita coisa em risco, como o lançamento de um produto dentro do prazo). Assim, suas principais barreiras são a sua escassez de tempo e a adesão de outros líderes. Com isso em mente, você pode se concentrar em delegar tarefas que se tornaram rotineiras para liberar seu tempo ou executar uma pequena versão piloto de um projeto inovador, para poder apresentar os resultados na próxima reunião de liderança ou no próximo retiro da empresa.

Domine habilidades raras e valiosas

De acordo com Cal Newport, empregos que oferecem mais autonomia e um domínio diferenciado de habilidades terão necessariamente mais significado.[24] Nem todo emprego oferece esses recursos, que raramente são encontrados em cargos de entrada. No entanto, Newport diz que a falta de autonomia em seu cargo não deve ser motivo de preocupação. Em vez disso, ela deve lhe oferecer uma estratégia: se você deseja um trabalho mais significativo – inclusive conquistando a capacidade de tomar suas próprias decisões –, deve começar por dominar habilidades que a maioria das outras pessoas em seu setor não possui. Claro que isso poderia significar algo como obter um diploma de direito em Harvard, mas essa não é a única forma. Por exemplo, conversamos com uma programadora que inicialmente trabalhava para qualquer cliente que aparecesse – ela era habilidosa, mas não necessariamente diferente de outros programadores. Então surgiu um projeto que exigia que ela criasse um site acessível para pessoas com deficiência. Ela ficou fascinada com o trabalho e dedicou cada vez mais tempo a dominar as melhores práticas para a acessibilidade de sites. Além disso, percebeu que poucos programadores tinham esse diferencial. Hoje ela não só pode escolher com quais clientes trabalha como também recebe mais e faz um trabalho com o qual se sente bem, porque sente que está ajudando as pessoas. Outro exemplo é o empresário que começou fazendo trabalhos corriqueiros de construção, mas se interessou em aprender a restaurar casas antigas. Sua nova especialidade exigiu que ele dominasse dezenas de técnicas que caíram em desuso, inclusive trabalhos complexos com madeira e gesso. Usar essas habilidades para transformar uma casa é extremamente satisfatório para ele, mas, mais do que isso, ele trabalha onde quer, quando quer e como quer.

Ao aplicar essas mudanças em sua vida profissional, você corre menos risco de acabar esgotado e passa a cultivar um ambiente no qual se destaca. Essa trajetória não leva apenas ao sucesso material na forma de reconhecimento e promoções mas também atende às suas necessidades de pessoa sensível. Afinal de contas, pessoas sensíveis podem prosperar em quase qualquer profissão. Pense nos faxineiros que escreviam cartas para seus pacientes e penduravam obras de arte coloridas nas paredes. Ao cuidar de seu ambiente e moldar seu trabalho ao longo do tempo, você pode desfrutar de uma carreira significativa para o coração sensível – sem ficar cronicamente exausto. Você pode ter um alto desempenho sem um alto grau de estresse. E se sair muito bem.

capítulo 9

A revolução sensível

> Os artistas são úteis para a sociedade porque
> são muito sensíveis. São supersensíveis...
> E quando uma sociedade está em risco, é provável
> que sejamos nós a soar o alarme.
> — Kurt Vonnegut

Hoje pensamos na Grande Depressão como uma época singular. Na época, entretanto, era apenas a mais recente de uma série de calamidades financeiras que já se estendia por um século. Uma das piores, o Pânico de 1837, deixou uma geração inteira de americanos desnutrida e, consequentemente, com estatura mais baixa.[1] Outra, a chamada Longa Depressão, desencadeou violentos tiroteios entre ferroviários em greve e tropas federais.[2] Um operário disse a um jornal que não tinha nada a perder e que "mais valia morrer baleado do que de fome aos poucos".[3] Essa crise perdurou por mais de vinte anos.

A resposta habitual às crises financeiras era cortar gastos, proteger os bancos e esperar que os mais fortes sobrevivessem. Em 1933, porém, o país estava pronto para uma solução diferente. Uma ativista trabalhista pouco conhecida chamada Frances Perkins foi nomeada Secretária do Trabalho, tornando-se a primeira mulher na história dos Estados Unidos a ocupar um cargo no governo federal.[4] Perkins foi uma escolha sábia: ela havia começado a carreira como voluntária em assentamentos de Chicago, trabalhando lado a lado com pessoas pobres e desempregadas. Sua causa vivenciou um momento decisivo no dia do incêndio da Triangle Shirtwaist Company, em 1911, quando ela testemunhou, em choque, os trabalhadores presos na fábrica pularem para a morte ao tentar fugir das chamas. É razoável dizer que, nos Estados Unidos, não havia ninguém mais comprometido em ajudar os trabalhadores do que ela.

Mas Perkins assumiu o cargo com uma condição: Só concordaria em ser secretária se o presidente Franklin D. Roosevelt prometesse apoiar suas políticas: abolir o trabalho infantil e implementar a semana de trabalho de quarenta horas, um salário mínimo, licença-médica remunerada, auxílio--desemprego federal, seguridade social e muito mais. Sua abordagem, que hoje chamaríamos de *rede de seguridade social*, era o oposto da filosofia de cortar gastos.

O presidente Roosevelt concordou com as exigências e, durante seu mandato, ela apresentou a ele uma série de políticas que abririam os bolsos do governo no momento mais difícil da história. Suas políticas canalizaram recursos para aqueles que mais precisavam: trabalhadores, artistas, jovens, famílias e até mesmo aqueles que nunca mais contribuiriam para a economia, como pessoas com deficiência e idosos. O presidente manteve sua promessa e apoiou todas essas políticas. De uma hora para outra, as pessoas se viram com salário mínimo, carga horária máxima semanal e financiamento para escolas, estradas e correios. A única mudança de Roosevelt foi dar às políticas um nome mais pomposo: Frances Perkins tinha acabado de criar o New Deal.

Será que Perkins era uma pessoa sensível? É impossível saber ao certo, porque ela faleceu em 1965, muito antes de haver qualquer conhecimento sobre essa categoria. No entanto, sua preocupação com os outros era sem dúvida a manifestação de uma das principais virtudes das pessoas sensíveis: a empatia. Seu neto, Tomlin Perkins Coggeshall, fundador do Frances Perkins Center, nos disse que ela queria ajudar todo mundo, e para isso se dedicou a criar uma legislação que melhorasse o bem-estar do maior número de pessoas possível.[5] Também vemos esse desejo de ajudar os outros em suas opiniões sobre governança. Muitos anos depois, ao refletir sobre os impactos do New Deal, ela deu o que viria a se tornar sua declaração mais famosa: "O povo é o que importa para o governo, [e] um governo deve ter como objetivo proporcionar a todas as pessoas sob sua jurisdição a melhor vida possível."[6]

Hoje sabemos que o New Deal não apenas contribuiu para acabar com a Grande Depressão como também moldou o espírito do país por mais de uma geração.[7] Longe de ser uma promessa vazia, essa política levou 8 milhões de pessoas de volta ao mercado de trabalho, injetou capital em uma economia vacilante e protegeu o patrimônio das pessoas de outra eventual crise bancária. Também interrompeu o ciclo de crescimento e recessão. Por quase um século, os Estados Unidos conseguiram evitar uma nova crise na escala da Grande Depressão. Em termos simples, uma política sensível é uma política inteligente.

Pessoas sensíveis devem se sentir empoderadas para liderar

Voltemos ao Jeito Sensível, do qual falamos pela primeira vez no Capítulo 1. O Jeito Sensível envolve acolher nossa sensibilidade em vez de escondê-la. Tem a ver com nos orgulharmos das nossas virtudes – como Perkins fez – em vez de termos vergonha da característica que as torna possíveis. Mais do que isso, essa abordagem nos convida a desacelerar e refletir, liderar com empatia e compaixão e expressar com coragem toda a gama de emoções humanas. O Jeito Sensível é o antídoto contra o Mito da Dureza. É justamente disso que o nosso mundo dividido, apressado e sobrecarregado precisa desesperadamente.

No entanto, apesar de todas as lições que as pessoas sensíveis têm a ensinar ao mundo, muitas delas não se veem como professores ou líderes. Inclusive, de modo inconsciente, muitas pessoas sensíveis se colocam em posição inferior em suas interações com os outros. O status não necessariamente é determinado por quanto dinheiro você tem nem pelo cargo que ocupa (embora esses fatores também sejam levados em conta); ele tem a ver com a sua postura, com a forma como se posiciona, fala e se apresenta. Nesse caso, status significa influência, autoridade ou poder.

Status inferior *versus* status superior é um conceito que tem origem na comédia de improviso, por mais estranho que pareça.[8] Keith Johnstone, um dramaturgo, percebeu que atores em cena se comunicam de maneira não verbal sinalizando seu status em relação aos outros. Quando ele lhes ensinou a comunicar seu status por meio de ações físicas no palco, cenas monótonas ganharam vida. Personagens de status elevado, por exemplo, foram instruídos a ficar de pé com uma postura corporal aberta, andar em linha reta e não recuar quando outro ator os tocasse ou se aproximasse. Personagens de status inferior foram orientados a fazer o oposto. Algumas das cenas mais interessantes nasceram da interação de dois personagens com grande diferença de status, como uma rainha e seu mordomo. A graça surgia quando os personagens se comportavam de forma incompatível com seu status – como se a rainha começasse a servir o mordomo.

Nem sempre é tão fácil detectar a diferença de status na vida real. Em um grupo de amigos, uma pessoa de status superior pode ser aquela que se levanta primeiro da mesa após o jantar e decide o que o grupo fará a seguir. Uma de status inferior pode ser aquela que pede conselhos e escuta. Todos nós mudamos de status dependendo da situação, e psicólogos acreditam que os relacionamentos mais saudáveis oferecem oportunidades para uma frequente inversão de status.[9] Se uma pessoa está eternamente presa em um status inferior, esse relacionamento não é saudável nem satisfatório.

No entanto, o status inferior não é necessariamente algo a ser evitado. Assim como o status superior tem algumas vantagens (como autoridade e respeito), o inferior também tem. Pessoas de status inferior são consideradas mais confiáveis, acessíveis e simpáticas; coaches de negócios geralmente aconselham pessoas poderosas – como o CEO da empresa – a cultivar características de status inferior. Quem sempre opta pelo status elevado pode soar arrogante, ameaçador e dominador, e acabar se sentindo solitário porque os outros acham menos agradável se relacionar com essa pessoa. Tendemos a nos sentir confortáveis desempenhando um desses dois papéis, e o escolhido se torna nosso padrão. Conforme observa a escritora best-seller Susan Cain, mulheres e pessoas introvertidas tendem a se comunicar de maneiras associadas a um status inferior.[10] O mesmo ocorre com pessoas sensíveis, que geralmente não estão interessadas em dominar ou ter poder sobre os outros.

Ter status superior ou inferior não é errado. No entanto, algumas pessoas sensíveis podem se sentir presas sem querer a um status inferior. Elas podem ter uma autoestima baixa por terem passado a vida inteira ouvindo que a sensibilidade é um defeito. Mas elas deveriam se sentir empoderadas para assumir um status elevado quando quiserem. Na verdade, elevar o nosso status é justamente o que o Jeito Sensível nos convida a fazer. Ele nos convida a tomar a frente e dizer o que pensamos, a usar nossas virtudes não apenas de maneira que nos beneficie como também de modo a beneficiar os demais. Esse chamado para expandir nosso status não significa que pessoas sensíveis tenham que mudar nem que devam tentar dominar ou subjugar aqueles ao seu redor. Significa apenas que pessoas sensíveis devem se sentir empoderadas para liderar – à sua própria maneira.

As vantagens da liderança sensível

Para entender como a personalidade de um líder pode fazer a diferença, Daniel Goleman e outros pesquisadores recorreram a um caso que aconteceu num hospital em Boston, onde dois médicos competiam pelo cargo de CEO da empresa que administrava o local.[11] Os pesquisadores os chamaram de Dr. Burke e Dr. Humboldt, embora esses não fossem seus verdadeiros nomes. "Ambos chefiavam departamentos, eram médicos excelentes e haviam publicado inúmeros artigos amplamente citados em revistas médicas de prestígio", explicam os pesquisadores. "Mas os dois tinham personalidades muito diferentes." Burke foi descrito como frio, focado nas tarefas e implacavelmente perfeccionista. Seu estilo belicoso obrigava sua equipe a pisar em ovos. Humboldt, por outro lado, era igualmente exigente com seus funcionários, mas era mais acessível, simpático e até brincalhão. Os pesquisadores observaram que as pessoas no departamento de Humboldt pareciam muito mais à vontade, sorrindo e provocando umas às outras de maneira amigável. Mais importante, elas se sentiam livres para falar o que pensavam. Por isso funcionários com alto desempenho muitas vezes eram atraídos para a equipe de Humboldt e deixavam o departamento de Burke. Não deve ser nenhuma surpresa que o conselho do hospital tenha escolhido Humboldt como o novo CEO. Ao personificar alguns dos pontos fortes do líder sensível – como um estilo emocionalmente inteligente –, ele criou um ambiente acolhedor para as pessoas que trabalhavam a seu lado.

A maioria de nós provavelmente quer trabalhar para alguém como Humboldt, não como Burke. Como Goleman e o coautor do estudo, o cientista comportamental Richard E. Boyatzis, sinalizam: "Liderar com eficácia (...) tem menos a ver com dominar as situações – ou mesmo dominar conjuntos de habilidades sociais – e mais com desenvolver um interesse genuíno e um talento para estimular sentimentos positivos nas pessoas de cujo apoio e cooperação você precisa." Nessa área, os líderes sensíveis se destacam, sejam líderes de uma empresa, de um movimento social, dos próprios amigos ou familiares. Se você é uma pessoa sensível, provavelmente não está dando a si mesmo crédito suficiente no departamento da liderança. Você provavelmente seria um líder melhor do que imagina.

Muitas das qualidades que constituem um grande líder, como a empatia, são naturais em pessoas sensíveis. Como vimos no Capítulo 3, elas são os atletas de ponta da empatia, característica que lhes permite compreender mais a fundo as pessoas ao seu redor. E a capacidade de "mergulhar" nas experiências alheias traz benefícios significativos aos líderes. De acordo com um estudo, líderes empáticos estimulam graus mais elevados de inovação, engajamento e cooperação no ambiente de trabalho.[12] Quando líderes incluem a empatia no processo de tomada de decisão, é mais provável que os funcionários sigam o exemplo – empatia gera empatia –, e é mais provável que continuem na empresa. Da mesma forma, líderes empáticos ajudam a criar e manter locais de trabalho mais inclusivos ao compreender e incentivar experiências de diferentes colaboradores.

Além de serem mais empáticos, os líderes sensíveis são rápidos em "ler" o ambiente e entrar em sintonia com os demais.[13] Essas habilidades são vantajosas em muitos locais, porque entender as emoções das pessoas é a chave para libertar o potencial delas. Um chefe emocionalmente intuitivo é capaz de captar rapidamente os sentimentos e as dificuldades de um funcionário e determinar o melhor curso de ação para ajudá-lo. Um pai, uma mãe, um professor ou terapeuta emocionalmente intuitivo fará o mesmo. Resumindo: como pessoas sensíveis se dedicam a entender as experiências alheias e a construir relacionamentos fortes, a liderança sensível tem um efeito poderoso na felicidade e na lealdade de seus seguidores.

Euny Hong, uma jornalista coreano-americana, nos oferece um termo para definir essa capacidade: *nunchi*.[14] Na Coreia, diz ela, *nunchi* significa a arte de perceber o que as pessoas estão sentindo ou pensando, o que é considerado o segredo da felicidade e do sucesso. Hong explica: "As crianças na Coreia aprendem essa palavra aos 3 anos. Ela geralmente é ensinada de forma negativa; se todo mundo está do lado direito de uma escada rolante e uma criança está parada do lado esquerdo, o pai dirá: 'Por que você não tem nenhum *nunchi*?' Em parte tem a ver com falta de bons modos, mas também com estar em sintonia com o seu ambiente." Na prática, *nunchi* significa ler o ambiente, perceber coisas como quem está falando, quem está escutando, quem está franzindo a testa e quem não está prestando atenção. Acredita-se que aqueles com *nunchi* natural ou "instantâneo", como dizem os coreanos, fazem mais conexões, parecem mais competentes, negociam melhor e vão mais longe na vida.

Pessoas sensíveis também projetam receptividade, o que faz com que seus seguidores confiem nelas. Quando Amy Cuddy e sua equipe na Harvard Business School examinaram a eficácia de diferentes tipos de líderes, descobriram que aqueles que demonstram receptividade (como o Dr. Humboldt) são mais eficazes do que os que parecem inacessíveis.[15] Uma das razões disso é a confiança. Líderes sensíveis tendem a ser mais acessíveis, promovendo relacionamentos mais autênticos. Por estarem abertos a uma variedade maior de perspectivas e experiências e proporcionar ativamente espaço para que todos compartilhem seus valores e crenças, esses líderes promovem uma cultura de honestidade e autenticidade. Em vez de ver os membros da equipe como um grupo homogêneo, é mais provável que um líder desse tipo os veja como indivíduos, entendendo as necessidades e pensando no bem-estar de cada um.

Por fim, líderes sensíveis tendem a ser ponderados. Eles são mais propensos a analisar cada detalhe para decidir o que funciona e o que não funciona, fazendo adaptações e progredindo de acordo com o necessário.[16] Além disso, eles têm uma intuição aguçada e sentem quando algo simplesmente não vai bem. A criatividade e a inovação permitem que eles vejam os problemas de diferentes ângulos e ofereçam novos insights. Enquanto alguns líderes enfatizam apenas os próprios êxitos, a maioria das pessoas sensíveis tenta aprender com os erros para evitar repeti-los no futuro.

Como levam as críticas muito a sério, eles as comunicam de forma mais construtiva aos outros, mantendo sua equipe e a si mesmos no mais alto padrão de autoaperfeiçoamento.

Em suas próprias palavras: quais são seus pontos fortes como líder sensível?

"Atualmente, lidero um projeto de tecnologia de ponta. Descobri que a minha sensibilidade é útil de várias maneiras. Tenho um bom olho para detalhes e para o modo como as inúmeras peças do projeto se encaixam – uma habilidade que me ajuda a mantê-lo no caminho certo. Como consigo (ou minimamente tento) entender os pontos de vista das outras pessoas, me dou bem com colegas em diferentes funções. Essa habilidade é útil quando preciso trabalhar com pessoas de outros grupos, que podem ter pontos de vista ou prioridades diferentes dos meus." – Bruce

"Percebo as necessidades dos meus gerentes apenas pelo tom de voz deles. Sou capaz de preencher as lacunas quando elas existem. E, o mais importante, brigas me deixam tão desconfortável que fiz meu mestrado em resolução de conflitos e depois me tornei uma mediadora certificada. Desde então, tenho usado essas habilidades para ensinar minhas equipes – e os meus próprios filhos – a se comunicarem, escutarem e trabalharem da melhor forma." – Wendy

"Ser sensível significa que muitas vezes vejo a dinâmica da equipe e suas necessidades mais rápido e com maior precisão do que os principais executivos. Essa visão me permite lidar melhor com tais questões." – Frankie

"Muitas vezes, me vejo em uma posição de liderança entre meus amigos. Parte disso certamente se deve às minhas características sensíveis. Eu processo as coisas de modo

> mais profundo e dinâmico, o que significa que consigo sintetizar um grande volume de informações, sejam opiniões sobre qual jogo vamos jogar, sejam indicações do que fazer em relação a um problema. Eu então mudo o rumo da conversa, saindo da discussão sem objetivo e indo em direção à solução prática." – Julie

Deixe sua intuição apontar o caminho

Lembre que liderar não significa necessariamente se tornar um CEO (embora tenhamos conversado com vários CEOs que consideram a sensibilidade um trunfo nessa função). Há muitas formas de liderar, seja à frente de uma equipe de vendas, seja entrando em contato com amigos ou familiares para planejar a próxima festa. A liderança pode ser algo simples, como perceber problemas que os outros ignoram e apontá-los. Por exemplo, em uma festa de aniversário, uma liderança sensível pode ser apenas dizer: "As crianças estão ficando cansadas, então deveríamos abrir os presentes agora, antes que elas fiquem exaustas e estraguem a diversão." Ou no trabalho: "Este formulário pode ser confuso para clientes em potencial, que talvez fiquem frustrados e o abandonem, então sugiro algo mais simples." Pessoas sensíveis geralmente percebem esse tipo de coisa, mas, como foram condicionadas a desconfiar da própria intuição, podem não dizer nada, mesmo quando falar traria benefícios para o grupo.

Portanto, para ser um líder forte e sensível, o primeiro passo é ouvir sua intuição. Honrar a voz dentro do seu coração e da sua cabeça que talvez lá atrás você tenha silenciado, abafado ou desprezado. Essa voz repara em lacunas, sinais de alerta, incômodos e problemas, notando quando algo simplesmente está esquisito. Ela faz previsões – muitas vezes precisas – sobre o que pode acontecer ou sobre o modo como uma determinada situação pode se desenrolar. Sendo uma pessoa sensível, você possui um *conhecimento secreto. Você sabe coisas que os outros não sabem.* Talvez você descubra que pessoas menos sensíveis não estão sequer cientes desses problemas, e a falta de ciência delas não quer dizer necessariamente que esses problemas não sejam importantes ou significativos. Quando reparar em alguma coisa, expresse isso com delicadeza e sem medo. Anne, a enfermeira sensível que conhecemos no Capítulo 1, fez justamente isso, e a atitude dela salvou uma vida.

Você também pode liderar pelo exemplo, como ao denunciar quando testemunhar uma injustiça. Em uma cidade pequena do Meio-Oeste, por exemplo, um motorista de ônibus escolar assediava estudantes somalis que andavam em seu veículo. Outros professores e membros da comunidade fizeram pouco caso das queixas de discriminação racial dos jovens estudantes. Foi preciso uma professora sensível para acreditar neles, denunciar e exigir que a empresa de ônibus pusesse fim àquilo. A professora fez isso mesmo depois de os colegas a advertirem de que suas ações poderiam colocar a carreira dela em risco, e que ficaria sujeita a alguma retaliação por parte da administração da escola. "Eu não podia ficar sem fazer *nada*", nos disse a professora, que preferiu não se identificar. "As crianças estavam sendo maltratadas e discriminadas, e isso estava afetando gravemente a vida e a formação delas." Mesmo que nunca tenha se considerado uma líder, ela se tornou uma quando deu ouvidos à própria intuição e se expôs em nome de seus alunos.

Pessoas sensíveis são os líderes de que nosso mundo precisa. Mas, antes que possam acolher esse propósito, elas precisam aprender a acolher a própria sensibilidade e dar um basta no ciclo da vergonha.

Libertando-se do ciclo da vergonha

Quando conversamos com as pessoas sobre o que significa ser sensível, com frequência ouvimos: "Eu sou bem assim!" Muitas pessoas sensíveis têm histórias para contar, geralmente relacionadas à infância: sobre como choraram ao encontrar um pássaro morto no quintal ou como os adultos repetidamente lhes diziam para deixar de lado seus sentimentos intensos e "superar" determinada coisa. Quando nos contam esses relatos – em conferências, festas e até mesmo em banheiros públicos –, elas baixam o tom de voz até um sussurro confidencial, como se as experiências delas fossem um segredo obsceno. Muitas manifestam vergonha ou a crença de que são problemáticas.

E essas expressões de vergonha não são surpresa nenhuma. Como vimos, o Mito da Dureza ensina a todos nós que somos pessoas sensíveis que nosso estado natural é algo que deve ser mudado. Em consequência disso, podemos questionar a forma como interagimos com o mundo. Por precisar de mais tempo para escrever um e-mail ou de uma pausa no trabalho, muitas vezes ficamos condicionados a navegar pelo mundo com mais cuidado. Embora não haja nada de errado em ser cauteloso, o problema é que podemos achar que temos que esconder do mundo nossa verdadeira natureza.

O antídoto é mudar a maneira como nos enxergamos no contexto da sociedade. Uma forma de fazer isso é parar de pedir desculpas pelo que não é motivo para isso. Pessoas sensíveis não têm que se desculpar por precisar de tempo para relaxar ou descansar, por dizer não, por ir embora mais cedo de um evento hiperestimulante, por chorar, por sentir as coisas com mais intensidade ou por quaisquer outras necessidades relacionadas à sua natureza sensível. Embora possa ser um longo caminho a trilhar, a decisão de parar de pedir desculpas começa aqui – para você e para todos nós. Todo mundo pode dar início a uma mudança de mentalidade coletiva para normalizar a sensibilidade. Em vez de um segredo constrangedor ou de uma série de explicações complicadas, a sensibilidade deve ser vista pelo que é: uma característica normal e saudável que todos nós compartilhamos até certo ponto. E não apenas normal como também uma fonte de orgulho, algo que podemos amar e apreciar em nós mesmos.

Assim como algumas pessoas são naturalmente atléticas, tagarelas ou altas, outras são naturalmente mais sensíveis. Não há nada que precise de ajuste – é simplesmente assim que somos. De acordo com essa mentalidade, não há nenhuma razão para pedir desculpas ou se culpar por supostamente não conseguir lidar com algo com que outras pessoas conseguem (e quando você age assim em relação à sua própria sensibilidade, aumenta a probabilidade de que os outros a vejam como um defeito também). Em vez disso, você pode optar por encarar a sensibilidade como seu maior ponto forte (o que ela efetivamente é), e essa postura vai ajudar os outros a seguir seus passos. Lembre-se: a sensibilidade é genética, saudável e até mesmo está ligada a uma capacidade intelectual superior.

Agora, a pergunta natural é: como você pode mudar a maneira como enxerga sua própria sensibilidade? Como pode parar de pensar nela como algo negativo e mudar sua perspectiva para passar a vê-la como um ponto forte?

Conheça (e, quem sabe, até decore) os benefícios dos seus pontos fortes

O ambiente de trabalho, as escolas e outros contextos costumam privilegiar pessoas que não apresentam traços de sensibilidade. Mas isso se dá apenas porque a nossa sociedade até agora ignorou as áreas nas quais as pessoas sensíveis se destacam – como situações em que profundidade, empatia, compreensão, intuição e a sintonia com os outros são necessárias. Nossa sociedade falhou com todo mundo agindo assim. Os sentimentos são – e sempre foram – importantes. E mais importante ainda é a capacidade de considerá-los válidos, de expressá-los e saber que eles têm espaço e são ouvidos. A escassez das tais *soft skills* na sociedade é apenas uma das lacunas que pessoas sensíveis são capazes de preencher de imediato; é da nossa natureza perceber as emoções dos outros e usar nossa empatia para nos conectarmos com eles. Também é da nossa natureza ir fundo nas coisas e oferecer soluções novas e inesperadas.

Faça questão de conhecer todos os pontos fortes que você traz para a equação. Tire um momento para fazer uma lista das suas características relacionadas à sensibilidade que beneficiam você ou os outros. Depois lembre-se dessa lista ao interagir com as pessoas ou ao falar sobre sensibilidade. Se você precisa de inspiração, eis alguns aspectos das pessoas sensíveis que proporcionam verdadeiros benefícios ao mundo (lembre-se: essas frases não devem ser usadas de maneira arrogante; são para termos um diálogo interior positivo).

- "Eu ajudo as pessoas próximas a se sentirem ouvidas e compreendidas."
- "Eu capto detalhes importantes que outras pessoas deixam passar, seja no trabalho, nos relacionamentos ou em outras áreas da vida."
- "Consigo perceber mais rapidamente quando minha energia está baixa ou quando estou ficando exausto. Essa percepção me ajuda a evitar chegar ao esgotamento a que os outros às vezes chegam."

- "Minha cabeça não se satisfaz com respostas rasas. Ela olha para o quadro mais amplo e para o cerne da questão, e não para até conseguir fazer algum progresso. Essa profundidade me ajuda a encontrar soluções que os outros não enxergam."
- "Como sinto as coisas com muita intensidade, tudo que faço ou crio traz consigo essa intensidade, que permeia meus valores, meus projetos pessoais, minha profissão, minha arte, meus relacionamentos e tudo o mais."
- "Eu choro com facilidade (ou demonstro emoções intensas de outras formas) porque me comovo facilmente com a vida, e nem todo mundo percebe a beleza da vida dessa maneira."
- "Sou capaz de ver conexões entre informações que não parecem relacionadas. Quando esmiúço essas conexões, consigo facilmente ver verdades que não vêm à cabeça de outras pessoas. Isso me torna criativo e, com a prática, pode me trazer sabedoria."
- "Mais do que as outras pessoas, tenho a tendência de olhar para o futuro e analisar todos os ângulos. Isso me ajuda a evitar erros, perceber pequenos problemas antes que eles se tornem grandes e, de modo geral, estar mais bem-preparado para a vida."
- "Minha intuição me mostra o caminho a seguir. Muitas vezes sou capaz de encontrar uma forma singular de resolver um problema ou alcançar uma meta. Outras pessoas tiram proveito dos meus insights, conselhos e da minha liderança, porque ofereço uma perspectiva à qual pessoas menos sensíveis não têm acesso."
- "Minha empatia me ajuda a levar em conta as necessidades e os pontos de vista dos outros. Também me ajuda a tomar decisões mais corretas, éticas, compassivas e altruístas. Tenho facilidade em distinguir o certo do errado, o saudável do doentio, o verdadeiro do falso."

Elaine Aron, a pesquisadora que cunhou o termo *pessoa altamente sensível*, coloca a questão da seguinte forma: "Você nasceu para estar entre os conselheiros e pensadores, entre os líderes espirituais e morais da sua sociedade. Você só tem motivos para se orgulhar."[17]

Pratique acolher sua sensibilidade

Faça questão de notar os pontos fortes da sua sensibilidade ao longo do dia. Mesmo que você fique frustrado com algo relacionado a isso – por exemplo, ao sentir-se esgotado depois de resolver tarefas rotineiras –, faça uma anotação mental para fazer uma pausa e enxergar a coisa de outro ângulo. Force seu cérebro a perceber os aspectos positivos da situação também. Você pode pensar: "Sou grato por ter a possibilidade de perceber quando estou cansado e preciso ir para casa", ou "Por conta da minha sensibilidade, percebo a beleza que existe ao meu redor, como todas as diferentes cores do céu no pôr do sol."

Essa mudança provavelmente não vai acontecer da noite para o dia. Na verdade, pode levar meses ou até anos para você acolher sua sensibilidade. Mas tudo bem, é normal que a transição seja demorada! Você passou anos e anos sendo condicionado a responder a uma sociedade que, em muitos aspectos, não entende nada de sensibilidade. Dê tempo a si mesmo e comece com pequenos passos para se sentir mais confortável em revelar sua sensibilidade. Ao fazer isso, você vai abrir caminho para que todas as pessoas sensíveis – agora e no futuro – aceitem a si mesmas como são e façam as mudanças de que nosso mundo precisa.

Como falar sobre sensibilidade de forma que os outros prestem atenção

Além de identificar seus pontos fortes como pessoa sensível, você também precisa mudar a maneira como fala sobre sua sensibilidade com os outros. De certa forma, você pode pensar nisso como um trabalho de relações públicas em prol da sensibilidade. Mas trata-se de algo muito mais profundo: ser autêntico e honesto sobre quem você é. Apropriar-se da sua sensibilidade. E com confiança, clareza e sem espaço para contestações. Eis alguns roteiros que você pode usar para explicar a sensibilidade às pessoas que fazem parte da sua vida:

- "Em termos psicológicos, ser sensível significa que você processa profundamente tanto suas experiências quanto seu ambiente. Eu sou as-

sim. Isso vem acompanhado de várias virtudes, mas também de alguns desafios. Lido com os dois lados da questão e tenho orgulho disso."
- "Não estou tentando ser menos sensível. A sensibilidade é uma coisa boa, e eu jamais abriria mão dela."
- "Sabe, sou uma pessoa muito sensível e acredito que essa seja uma das minhas melhores qualidades. É por isso que sou (criativo/idealista/bom no que faço/tão sintonizado com as pessoas). Queria que mais pessoas acolhessem a própria sensibilidade."
- "Quase uma em cada três pessoas nasce um pouco mais sensível, tanto emocional quanto fisicamente. Isso acontece porque o nosso cérebro está programado para processar as informações mais a fundo. Basicamente, pensamos nas coisas por mais tempo, sentimos com mais intensidade e fazemos conexões que outras pessoas deixam passar. Embora muitas vezes seja incompreendida, essa é uma característica saudável."

Você pode achar particularmente difícil explicar a sensibilidade a pessoas menos sensíveis, aquelas que não experimentam a vida da mesma forma ativa e sintonizada que você. É comum que haja equívocos sobre o que a sensibilidade é (e o que não é). Brittany Blount, uma escritora sensível que trata de temas de saúde mental, queria que seu pai menos sensível entendesse o que ela vivencia. "Meu pai, como a maioria de nós, cresceu com a ideia de que a sensibilidade é um sinal de fraqueza, algo a ser evitado", escreve ela no site Sensitive Refuge.[18] "Um dos maiores desafios para explicar o alto grau de sensibilidade é convencer os outros, pela primeira vez, a refletir sobre a possibilidade de que ela seja um ponto forte, o oposto do que nos foi ensinado." Depois de várias tentativas frustradas de explicar a sensibilidade para ele, ela a comparou com o super-herói preferido dele:

Sabe como o Superman consegue ouvir um alfinete cair mesmo lá longe? Ser sensível é quase como ter sentidos de super-herói sem a supervelocidade ou a capacidade de voar. Quando você é altamente sensível, tudo o que experimenta é intensificado. Você percebe as menores mudanças. Os menores ruídos, como o tique-taque de um relógio, se tornam altos. O perfume de uma pessoa pode ter um cheiro três vezes mais forte e enjoa-

tivo para você, mas ser agradável para os outros. E, quando eu converso com as pessoas, às vezes sei coisas sobre elas sem que elas precisem me dizer. Eu não leio a mente de ninguém, mas sei quando estão mentindo para mim ou quando alguém finge estar feliz sem estar. Eu enxergo além das máscaras das pessoas. Conheço suas intenções, suas paixões, seus medos. Não tenho motivo nenhum para saber tudo isso. Apenas sei.

A princípio, seu pai não disse uma palavra, mas Brittany notou uma ligeira mudança na postura dele. Ele estava refletindo sobre o que ela havia acabado de dizer. Depois de um instante, o pai olhou para ela e assentiu lentamente. "Eu acredito em você", disse ele, finalmente validando uma parte importante dela que havia muito tempo ela esperava que ele entendesse.

Dizer "Você é sensível demais" é gaslighting

Outro passo importante para acolher sua sensibilidade é reconhecer a acusação "Você é sensível demais" pelo que ela é: *gaslighting*. Com esse tipo de manipulação, o outro está tentando levar você a duvidar de si mesmo e da sua realidade para depender apenas da versão dele dos acontecimentos. O termo *gaslighting* vem da peça britânica *Gas Light*, de 1938, na qual um marido desonesto leva sua esposa a uma crise de saúde mental, convencendo-a de que ela imaginou certas coisas, como barulhos no sótão e a iluminação a gás da casa deles ficando mais fraca.[19] Na verdade, ele fez essas coisas todas na tentativa de roubar as joias da família dela. Eis algumas outras declarações comumente usadas para praticar *gaslighting* contra pessoas sensíveis:

- "Você está exagerando."
- "Você precisa ser mais durão."
- "Você precisa criar uma carapaça mais dura."
- "Por que você não consegue deixar nada pra lá?"
- "Você leva tudo para o lado pessoal."

Comentários assim podem ter sido especialmente nocivos se você os ouviu na infância vindos da boca de seus pais ou de outro adulto. Você pode até ter acreditado que existe um nível certo e um nível errado de sensibilidade. Por isso, talvez tenha passado anos sentindo vergonha por ser tão sensível ou por se magoar com facilidade. Essas críticas podem ser igualmente danosas quando feitas por um amigo, um parceiro romântico ou um colega de trabalho. Dizer que você está exagerando quando está sendo vítima de abuso é uma das formas mais comuns de *gaslighting* que narcisistas e outros abusadores usam, explica Julie L. Hall, autora de *The Narcissist in Your Life* (O narcisista na sua vida).[20] Eles dizem isso para desacreditá-lo e desprezar seus sentimentos, de forma que não tenham que assumir a responsabilidade pelas coisas ofensivas que disseram ou fizeram. "Você está exagerando" permite que o narcisista pinte *você* como a pessoa irracional ou excessivamente emotiva. Se conseguir fazê-lo duvidar de si mesmo – "Talvez ele tenha razão; talvez o que ele disse não tenha sido tão grave e eu esteja apenas sendo sensível demais" –, você vai tolerar o abuso. Mas são os próprios narcisistas que são hipersensíveis e emocionalmente desregulados. Quando eles dizem que você é sensível demais, essa é uma forma clássica de projeção; eles estão atribuindo os sentimentos deles a você.[21]

Não que toda pessoa que diz coisas assim seja narcisista. Algumas podem até acreditar equivocadamente que estão ajudando, apontando algo que você não sabia sobre si mesmo. Independentemente das intenções, frases como essas são ofensivas e nunca devem ser usadas contra uma pessoa sensível (contra ninguém, na verdade). Eis algumas coisas que você pode fazer quando alguém disser que você é sensível demais:

- **Não morda a isca.** Quando as pessoas falam coisas assim, é tentador se defender ou insultá-las de volta, principalmente se você é alvo delas por muito tempo, diz Hall. No entanto, essas táticas geralmente apenas aumentam o conflito em vez de apaziguá-lo. Por isso é melhor conter suas emoções. Crie algum espaço na conversa, refletindo as palavras de volta para elas: "Entendo. Então o que você está dizendo é que acha que sou sensível demais. É isso mesmo?"
- **Concentre-se nas virtudes da sensibilidade.** Diga algo como: "Estou aprendendo a gostar da minha sensibilidade. Inclusive, acho que é um dos meus maiores pontos fortes." Ou: "Eu amo ser sensível

assim. Acho que tenho o grau certo de sensibilidade." E então compartilhe algumas histórias ou exemplos de como sua sensibilidade traz benefícios para a sua vida ou para os seus relacionamentos.

- **Considere a opção de limitar ou cortar o contato.** Se não captar a mensagem e continuar a julgá-lo ou menosprezá-lo por sua sensibilidade, provavelmente essa não é uma pessoa que você desejará manter em sua vida. Com o tempo, o *gaslighting* vai corroer sua autoimagem e fazer você se questionar e se sentir mal a respeito da sua sensibilidade. Um relacionamento saudável, por outro lado, costuma fazer com que você se sinta bem consigo mesmo. Se possível, passe menos (ou nenhum) tempo com essa pessoa; se isso não for possível (talvez vocês trabalhem juntos ou tenham um filho), estabeleça limites para suas interações com ela.
- **Concentre-se em si mesmo.** Lembre-se: os manipuladores querem que você duvide de seus sentimentos e experiências para continuar controlando e maltratando você. Eles tendem a visar pessoas que já têm o hábito de desconfiar de si mesmas, seja porque têm dificuldade para impor limites, baixa autoestima ou uma desconexão com o próprio corpo ou as próprias emoções. Pessoas sensíveis têm uma forte intuição, mas, como vimos, muitas vezes são condicionadas a duvidar dela porque o Mito da Dureza diz que as emoções são uma fraqueza. Analise seus limites e veja se algum precisa ser reforçado. Valide seus sentimentos e sua intuição, dê ouvidos a eles. Lembre-se: todos os sentimentos são válidos; se você está chateado, tem motivos para estar. Se foi vítima do abuso de um narcisista, procure o apoio de um terapeuta e aprenda mais sobre o trauma que pode resultar de ser tratado dessa forma.
- **Cultive relacionamentos saudáveis**. Quando se importam genuinamente com você, as pessoas não ignoram nem desprezam suas emoções, mesmo ao se sentirem incomodadas com elas. As pessoas certas não apenas toleram sua sensibilidade mas também a acolhem e valorizam como uma parte importante de quem você é.

A revolução sensível é boa para todo mundo

Quando acolhemos nossa sensibilidade – escolhendo o Jeito Sensível em vez do Mito da Dureza –, plantamos as sementes da revolução em todas as camadas da nossa sociedade. Nas escolas, adotar o Jeito Sensível significa oferecer espaços silenciosos onde os alunos possam aliviar a tensão em vez de passarem cada minuto sendo bombardeados de estímulos. Significa ensinar a diretores e professores técnicas de disciplina delicada e capacitar os pais para defenderem seus filhos sensíveis nas escolas. Significa ensinar às crianças que não há nada de errado em ser sensível e que não há problema nenhum em levar mais tempo para fazer alguma coisa. Em vez de "meninos não choram", as crianças devem aprender que todas as emoções são normais e saudáveis, e que expressá-las faz parte do ser humano. Também significa implementar um currículo sobre desenvolvimento social e emocional, para que os alunos tenham exemplos de comportamento íntegro e psicologicamente saudável e sejam capazes de assumir as rédeas do próprio bem-estar. Essas mudanças beneficiariam não apenas os mais sensíveis como também tornariam o futuro de todas as crianças mais promissor.

No ambiente de trabalho, o Jeito Sensível coloca para cima aqueles que foram desvalorizados. *Soft skills* como a inteligência emocional precisam ser valorizadas na hora de contratar e promover. Da mesma forma, é hora de ensinar os gerentes a valorizar as necessidades emocionais dos funcionários e a liderar com compaixão. Isso significa menos conversa sobre ser mais durão, sobre se matar de trabalhar sem uma boa razão para isso, sobre sair na frente ou estar mais "certo" do que os seus colegas. E, para as empresas que desejam mesmo prosperar, significa investir em resultados de longo prazo, criando o ambiente físico e emocional ideal, que seja mentalmente saudável e fértil para todos os funcionários. É claro que, se todas essas recomendações parecerem excessivas, as empresas podem pegar um atalho simples: colocar pessoas sensíveis em funções de liderança e observar os problemas se resolverem sozinhos.

Essa mesma abordagem vale para a vida pessoal. O Jeito Sensível redireciona o foco para as interações significativas e saudáveis entre as pessoas. Ele entende que festas com música alta, shows e eventos de networking não são a única forma de socializar e, em vez disso, inclui locais mais silenciosos e experiências mais íntimas. O Jeito Sensível também capacita todas as pessoas a respeitar os próprios limites e a colocar o bem-estar mental e emocional em primeiro lugar. Isso cria uma cultura em que é socialmente aceito recusar um convite porque você precisa ficar em casa para relaxar ou ir embora de um evento mais cedo sem ter de ouvir perguntas incômodas. Ele elimina qualquer indício de malícia ou julgamento de frases como "Preciso de um tempo para relaxar" ou "Preciso de algum tempo para pensar sobre isso".

Imagine como nosso sistema político atual poderia ser transformado por meio do Jeito Sensível. Em vez de gritar com o "outro" lado, xingar e demonizar aqueles que não pensam como nós, poderíamos ter discussões mais empáticas. Em um mundo que abraça a sensibilidade em relação às necessidades e emoções dos outros – mesmo daqueles que são diferentes de nós –, podemos abordar questões políticas com a cabeça aberta, não com o coração fechado. Estaríamos mais dispostos a ver uns aos outros como companheiros, não como adversários. O candidato mais barulhento e repulsivo nunca mais tomaria o noticiário de assalto.

Em nosso mundo barulhento, agitado e sobrecarregado, devemos nos voltar para as pessoas sensíveis, pois elas têm lições a nos ensinar. Elas nos mostram o valor de desacelerar. De nos conectarmos profundamente. De criar sentido em nossa vida comum. Mais do que isso, pessoas sensíveis também são os líderes compassivos de que nosso mundo precisa. Elas são as mais bem-preparadas para enfrentar alguns dos maiores problemas da sociedade.

O escritor Kurt Vonnegut certa vez disse que o mundo precisa de artistas sensíveis porque eles são os canários da humanidade – em minas de carvão repletas de gases venenosos, eles perecem "muito antes de tipos mais robustos perceberem que existe algum perigo".[22] Nós preferimos ver as pessoas sensíveis de outra forma. Afinal, canários vivem em gaiolas e precisam se sacrificar para transmitir sua mensagem. E as pessoas sensíveis já estão cansadas de fazer isso. Está na hora de abrir a gaiola que as manteve presas por tanto tempo. Em vez de ver a sensibilidade como uma fraqueza, precisamos começar a vê-la como ela realmente é: um ponto forte. Está na hora de acolher a sensibilidade e tudo o que ela tem a oferecer.

Resumo rápido da Sensibilidade

- **Sensibilidade** é o grau de intensidade com que você percebe e responde ao mundo, em seu ambiente tanto físico quanto emocional. Quanto mais profundamente seu cérebro processa informações, mais sensível você é. Uma palavra mais precisa para *sensível* pode ser *responsivo*.
- **A sensibilidade é uma característica humana fundamental.** Todo mundo é sensível em alguma medida, e algumas pessoas são mais do que outras. Cerca de 30% das pessoas são *altamente* sensíveis.
- **A sensibilidade é determinada tanto pela genética quanto por suas experiências.** Se você é sensível, provavelmente nasceu assim. Algumas experiências em sua infância – a abundância de apoio ou a negligência – podem ter aumentado ainda mais sua sensibilidade.
- **Se você é sensível, isso faz parte de quem você é.** Pessoas sensíveis não têm como deixar de ser sensíveis – nem devem. Em vez disso, a sociedade precisa reconhecer que a sensibilidade traz consigo muitas virtudes, como criatividade, capacidade de reflexão, empatia e atenção aos detalhes. Essas características são vantagens na ciência, nos negócios, nas artes, na academia, na liderança e em qualquer outra área da vida que valorize mentes perspicazes e atenciosas.
- **Pessoas sensíveis estão em sintonia tanto com as pessoas quanto com o ambiente.** Elas percebem sensações sutis, detalhes mínimos e mudanças ou variações que os outros não veem. Como também captam mais deixas sociais e emocionais, são boas em ler os outros e têm uma forte empatia, mesmo com desconhecidos.

- **A sensibilidade tem um preço: a hiperestimulação.** Pessoas sensíveis tendem a sofrer em ambientes caóticos, barulhentos ou movimentados, principalmente se houver pressão para apressar as coisas e produzir mais. Como o cérebro sensível processa *todas* as informações mais a fundo, agendas ou ambientes lotados o deixam sobrecarregado.
- **Apesar dos equívocos da sociedade sobre a sensibilidade, ela é um traço de personalidade saudável.** A sensibilidade não é um distúrbio, não requer diagnóstico nem tratamento e não está relacionada à introversão, ao autismo, ao transtorno de processamento sensorial ou a traumas.
- **As pessoas sensíveis têm uma vantagem – o *efeito estimulante da sensibilidade*.** Como as pessoas sensíveis são mais afetadas por qualquer tipo de experiência, elas tiram muito mais proveito do apoio, das lições e do incentivo do que as pessoas menos sensíveis. Isso ativa um efeito estimulante, que, dadas as condições ideais, ajuda as pessoas sensíveis a superar as outras e conquistar mais.

Agradecimentos

Ao nosso agente, Todd Shuster, sem dúvida o aliado de maior destaque que um escritor poderia desejar: agradecemos por acreditar no nosso livro. A Georgia Frances King, a brilhante parceira de Todd, e a toda a equipe da Aevitas, nossos agradecimentos. Vocês nos ajudaram em momentos difíceis sem perder a confiança em nós.

A Marnie Cochran: um escritor não poderia pedir uma editora melhor. Você abraçou inúmeras ideias, reviravoltas na história e reescritas, sempre acreditando que nosso livro ficaria melhor no final. Inúmeras vezes, suas percepções (e sua paciência) aprimoraram o resultado final. Nossos agradecimentos.

A Diana Baroni: conversamos apenas uma vez, mas foram as suas palavras que nos deram a certeza de que a Harmony era a nossa casa. Você entendeu a nossa visão para este livro desde o início.

A toda a equipe da Harmony: jamais saberemos quantas horas vocês dedicaram para tornar este livro perfeito. Nossos agradecimentos.

A Lydia Yadi e à equipe da Penguin Random House UK: agradecemos por se unirem para ajudar a tornar este livro interessante para um público internacional.

A Rachel Livsey e Jeff Leeson: vocês enxergaram o potencial deste livro quando ele era apenas uma ideia no papel (literalmente). Agradecemos pela orientação e pela mentoria.

A Elaine Aron, que já foi chamada de "a madrinha das pessoas altamente sensíveis", e com razão: este livro jamais existiria se não fosse por sua pesquisa, sua visão e seu trabalho árduo ao longo de anos.

A Michael Pluess: agradecemos por nos dar tanto do seu tempo, por estar sempre disposto a responder a *mais uma* pergunta e por compartilhar suas pesquisas e seus insights conosco. Agradecemos também pelo trabalho que você faz e pelo empenho em mostrar ao mundo o lado positivo da sensibilidade.

A Cal Newport, Paul Gilbert, Ron Siegel, Larissa Geleris, Tomlin Perkins Coggeshall, Linda Silverman, Sharon Martin, Julie Bjelland, Brian Johnston, Alicia Davies, Brooke Nielsen, Rachel Horne, Bret Devereaux, Dimitri van der Linden, Suzanne Ouellette, Conrado Silva Miranda, Anindita Balslev e todas as outras pessoas que nos emprestaram seu conhecimento e seus insights: não pudemos imprimir todas as palavras que nos disseram, mas todos vocês ajudaram a moldar e a melhorar este livro de diversas maneiras. Agradecemos por compartilharem seu tempo e sua sabedoria conosco.

A BT Newberg: nenhum autor teve um assistente de pesquisa melhor. Sua capacidade de mergulhar fundo – e às vezes rejeitar ideias – nos ajudou a tomar rumos novos e emocionantes.

A Lauren Valko, nossa confiável assistente de redação: agradecemos por nos ajudar a resumir e entender tanta coisa em tão pouco tempo.

A Christine Utz: agradecemos por ser nosso segundo par de olhos e ajudar a trazer clareza ao caos.

Ao nosso grupo de escritores, Elizabeth, Paul e John: uau, quanto do nosso trabalho vocês leram? Vocês acreditaram *mesmo* que este livro ia sair? Agradecemos não apenas por seus comentários e sugestões, mas também pela enorme quantidade de tempo e incentivo que vocês nos deram.

À nossa equipe dos sites Sensitive Refuge e Introvert, Dear: agradecemos por manter o navio no curso certo durante as nossas constantes ausências para trabalhar no livro. Vocês foram incríveis.

Aos membros do grupo Sensitive Refuge no Facebook: agradecemos por estarem dispostos a compartilhar conosco seus pensamentos e experiências pessoais que compõem as seções "Em suas próprias palavras" deste livro. Acreditamos que suas palavras serão um farol para outras pessoas sensíveis. Nosso único arrependimento é não ter conseguido incluir mais delas no livro.

Agradecemos a Amy, Agata, Mathew, Trent, Nancy, Paul e Elizabeth, que foram nossos leitores beta e contribuíram com muitos insights e sugestões úteis.

A Dawn: agradecemos por criar um espaço onde escritores e editores possam se conhecer de verdade. E a David: agradecemos por identificar dois tipos sensíveis e desajeitados naquele espaço e decidir fazer amizade com eles. Este livro não teria acontecido sem vocês dois.

A Daryl: agradecemos por sua voz calma e carinhosa em momentos de estresse.

A Apollo, que nasceu em um dia de neve enquanto escrevíamos este livro: você sempre frustrou nossas tentativas de concluí-lo, mas as interrupções valeram a pena. Amamos você, filho.

Aos pais de Jenn, Marge e Steve Granneman, que cuidaram do pequeno Apollo quando estávamos em privação de sono e precisávamos de momentos sem interrupção para escrever. Agradecemos muitíssimo.

Jenn gostaria de dizer...

À minha mãe: obrigada por sempre estimular minha sensibilidade e por escrever minhas histórias bobas antes mesmo que eu soubesse segurar um lápis.

Ao meu pai: obrigada por incentivar meu interesse pela ciência que deu forma à minha carreira de escritora. Tudo começou quando você levou para casa aquelas placas de Petri do trabalho e colheu material na boca dos cães e gatos da vizinhança.

Às minhas amigas Amber, Amy, Bethany e Dawn: obrigada por me ouvir desabafar e me dar apoio nos momentos mais difíceis da conclusão deste livro. Agora vamos tomar uma taça de vinho.

Mais uma vez, a Elaine Aron: anos atrás, depois que terminei de ler seu livro, *Pessoas altamente sensíveis*, chorei porque finalmente me entendi melhor. Seu trabalho mudou minha vida e me colocou no caminho certo para acolher minha sensibilidade. Obrigada por tudo que você tem feito pelas pessoas sensíveis.

A todos os professores e adultos que me incentivaram a escrever quando eu era jovem: obrigada por acreditarem no sonho daquela garotinha.

A Mattie e Colmes, meus gatos, que faleceram enquanto eu escrevia este livro: vocês morreram com uma semana de diferença, confirmando o que eu sempre soube – que haviam sido feitos um para o outro. Saudades.

A todas as pessoas sensíveis que compartilharam suas histórias comigo na preparação deste livro (muitas vezes falando bem baixinho): obrigada por estarem dispostas a se abrir e me oferecer um vislumbre da vida de vocês. Anseio pelo dia em que nós, pessoas sensíveis, não vamos mais precisar sussurrar.

Andre gostaria de dizer...

É um clichê agradecer aos nossos pais, mas vocês mais do que merecem. Pai, uma vez você explicou nosso relacionamento dizendo que você é mecânico e seu filho é poeta. E você cuidou muito bem deste poeta. Você pode não se lembrar disso, mas quando descobriu que eu queria ser escritor, comprou para mim um exemplar de um livro de capa azul brilhante chamado *If You Want to Write* (Se você quer escrever), de Brenda Ueland. Aquele livro era diferente de tudo que eu já tinha visto e captou minha atenção de um jeito inédito. Eu o enchi de anotações, mudei tudo o que pensava graças a ele e nunca o esqueci. Obrigado, pai.

Mãe, você me ensinou a amar os livros, e tenho certeza de que foi você a primeira pessoa a plantar a sementinha da escrita em mim. Quando eu era pequeno, você tinha uma política: se eu estivesse lendo, não havia problema em ficar acordado mesmo depois da hora de dormir. Boa política, mãe. Obrigado por fazer bom uso do seu diploma em Letras – e de sua paciência – lendo alguns dos romances mais idiotas, assustadores e constrangedoramente ruins que um garoto de 12 anos poderia escrever.

Frederick Dobke, onde quer que você esteja, você foi mais do que um professor. Você me incentivava e desafiava ao mesmo tempo. Não sei dizer se eu teria ido tão longe se não fosse por você. E você estava certo, eu gosto mesmo de Simon & Garfunkel.

Ao editor que me enviou minha primeira (e mais gentil) carta de rejeição quando eu tinha 14 anos: obrigado. Hoje sei como é a rotina de um editor de aquisições, e a mensagem que você dedicou seu tempo para escrever jamais será esquecida.

A minha irmã, Zangmo (Juju): você é a melhor amiga que um irmão poderia desejar. Como mamãe e papai conseguiram arrumar filhos como nós dois?

A Saumya e Urban: Urban, você é uma *rocha*. Obrigado, irmão. Saumya, você é o oposto de uma rocha – você me faz voar. Amo vocês.

Brandon, obrigado pela amizade incondicional, pelo amor e a aceitação. Obrigado por ouvir meus desabafos. Obrigado pelos bilhetes de segunda-feira e por tantas outras coisas. Obrigado por ser quem você é.

Às pessoas que acreditaram em mim e me inspiraram: Ben, Cole, Beth, Ken, Manda, Arianna, "Good" Andrea, Amber e o velho grupo de escritores da Oak Street, em New Orleans, Liz, Cintain, Kevin (vamos terminar aquela casa da árvore, né?), Blake (descanse em paz), Damien (descanse em paz também), todos que seguiam meu antigo blog, Sra. Burrant, Sra. Lenart, Sra. Hallenbeck, John Longeway, Aaron Snyder, John Boatman, Matt Langdon, Ari Kohen, os desconhecidos de bom coração que me ajudaram nas minhas viagens e todas as pessoas que sou idiota demais para lembrar, mas que me deram um empurrãozinho mesmo assim. (E, Jessica, acho que você estava certa: eu sempre consigo no final.)

A todas as pessoas que não se achavam nem um pouco sensíveis, que paravam quando eu explicava sobre o que estava escrevendo, que faziam pergunta atrás de pergunta ou não diziam nada, mas escutavam tudo – e então começaram a ver outro lado de si mesmas (e às vezes até a assumi-lo): eu já estive na pele de vocês. Vocês estão se saindo muito bem. Mantenham-se fiéis ao seu ser sensível (secreta ou abertamente).

E ao divino, o que quer que você seja: eu vejo você. Eu vi o que você fez. Obrigado.

Aos nossos leitores

Por fim, nós dois gostaríamos de expressar nossa gratidão aos leitores e fãs dos sites Sensitive Refuge e Introvert, Dear. Este livro não seria possível sem vocês. Muitos de vocês leram nosso trabalho ao longo de muitos anos, e seu apoio e entusiasmo foram inspiradores. Obrigado, almas caladas e sensíveis.

Leituras complementares e referências

Elaine Aron, *Pessoas altamente sensíveis: Como lidar com o excesso de estímulos emocionais e usar a sensibilidade a seu favor* (Rio de Janeiro: Sextante, 2021)

Tom Falkenstein, *The Highly Sensitive Man: Finding Strength in Sensitivity* (Nova York: Citadel Press/Kensington Publishing, 2019)

Sharon Martin, *The Better Boundaries Workbook: A CBT-Based Program to Help You Set Limits, Express Your Needs, and Create Healthy Relationships* (Oakland, Califórnia: New Harbinger Publications, 2021)

Nosso site, Sensitive Refuge, sensitiverefuge.com, em inglês

O blog de Maureen Gaspari, thehighlysensitivechild.com, em inglês, que oferece conselhos para pais e mães de crianças sensíveis e inclui muitos recursos gratuitos, checklists e planilhas para imprimir

O site de Michael Pluess, sensitivityresearch.com, em inglês, que se dedica a levar informações acadêmicas sobre sensibilidade ao público mais amplo

O site da terapeuta Julie Bjelland, juliebjelland.com, em inglês, que oferece muitos recursos para ajudar pessoas sensíveis a viverem melhor; inclui um blog e um podcast gratuitos, assim como cursos pagos

April Snow, *Find Your Strength: A Workbook for the Highly Sensitive Person* (Nova York: Wellfleet Press, 2022)

Brian R. Johnston, *It's Okay to Fail: A Story for Highly Sensitive Children*, autopublicação, 2018

Bill Eddy, *It's All Your Fault! 12 Tips for Managing People Who Blame Others for Everything* (High Conflict Institute Press, 2008) e outros recursos do High Conflict Institute, highconflictinstitute.com, em inglês

Shahida Arabi, *The Highly Sensitive Person's Guide to Dealing with Toxic People: How to Reclaim Your Power from Narcissists and Other Manipulators* (Oakland, Califórnia: New Harbinger Publications, 2020)

Daniel J. Siegel e Tina Payne Bryson, *O cérebro da criança: 12 estratégias revolucionárias para nutrir a mente em desenvolvimento do seu filho e ajudar sua família a prosperar* (São Paulo: nVersos, 2015), que oferece ótimas dicas para pais e mães ensinarem regulação emocional aos seus filhos

Notas

Este conteúdo também pode ser encontrado em:
https://www.sextante.com.br/sensivel/notas.pdf

Capítulo 1 – Sensibilidade: estigma ou superpoder?

1   O artigo de Georg Simmel intitulado "Die Großstädte und das Geistesleben" [A metrópole e a vida espiritual] foi interpretado de diversas formas e defende muitos argumentos dos quais não tratamos aqui. Para uma perspectiva acadêmica, ver Dietmar Jazbinsek, "The Metropolis and the Mental Life of Georg Simmel", *Journal of Urban History* 30, n. 1 (2003): 102–25, https://doi.org/10.1177/0096144203258342. Para o leitor leigo, este resumo, que foi originalmente publicado na internet pelo Modernism Lab da Universidade Yale, é de grande valia: Matthew Wilsey, "The Metropolis and Mental Life", Campuspress, Universidade Yale, s/d, https://campuspress.yale.edu/modernismlab/the-metropolis-and-mental-life/. Para a íntegra do artigo de Simmel (em inglês), ver *The Sociology of Georg Simmel,* trad. Kurt Wolff (Nova York: Free Press, 1950), 409–24.

2   Georg Simmel, "Die Großstädte und das Geistesleben", in *Die Großstadt: Vorträge und Aufsätze zur Städteausstellung,* vol. 9, org. T. Petermann, tradução independente (Dresden: Zahn & Jaensch, 1903), 186–206.

3   Rick Smolan e Jennifer Erwitt, *The Human Face of Big Data* (Sausalito, Califórnia: Against All Odds Productions, 2012); e Susan Karlin, "Earth's Nervous System: Looking at Humanity Through Big Data", *Fast Company,* 28 de novembro de 2012, https://www.fastcompany.com/1681986/earth-s-nervous-system-looking-at-humanity-through-big-data.

4   Irfan Ahmad, "How Much Data Is Generated Every Minute? [Infographic]", *Social Media Today,* 15 de junho de 2018, https://www.socialmediatoday.com/news/how-much-data-is-generated-every-minute-infographic-1/525692/.

5   Leo Goldberger e Shlomo Breznitz, *Handbook of Stress,* 2ª ed. (Nova York: Free Press, 1993).

6   Mariella Frostrup, "I'm Too Sensitive. How Can I Toughen Up?" *The Guardian,* 26 de janeiro de 2014, https://www.theguardian.com/lifeandstyle/2014/jan/26/im-too-sensitive-want-to-toughen-up-mariella-frostrup.

7   "How to Stop Being So Sensitive", *JB Coaches,* 3 de fevereiro de 2020, https://jbcoaches.com/how-to-stop-being-so-sensitive/.

8   Robin Marantz-Henig, "Understanding the Anxious Mind", *The New York Times Magazine,* 29 de setembro de 2009, https:// www.nytimes.com/2009/10/04/magazine/04anxiety-t.html.

9   Ver, por exemplo, Corina U. Greven, Francesca Lionetti, Charlotte Booth, Elaine N. Aron, Elaine Fox, Haline E. Schendan, Michael Pluess, Hilgo Bruining, Bianca Acevedo, Patricia Bijttebier e Judith Homberg, "Sensory Processing Sensitivity in the Context of Environmental Sensitivity: A Critical Review and Development of Research Agenda", *Neuroscience & Biobehavioral Reviews* 98 (março de 2019), 287-305, https://doi.org/10.1016/j.neubiorev.2019.01.009.

10   Aron cunhou o termo *highly sensitive person* e o apresentou ao público geral em seu livro *Pessoas altamente sensíveis: Como lidar com o excesso de estímulos emocionais e usar a sensibilidade a seu favor* (Rio de Janeiro: Sextante, 2021).

11   Em adultos, por exemplo, ver Francesca Lionetti, Arthur Aron, Elaine N. Aron, G. Leonard Burns, Jadzia Jagiellowicz e Michael Pluess, "Dandelions, Tulips and Orchids: Evidence for the Existence of Low-Sensitive, Medium-Sensitive and High-Sensitive Individuals", *Translational Psychiatry* 8, n. 24 (2018), https://doi.org/10.1038/s41398-017-0090-6. Em crianças, ver Michael Pluess, Elham Assary, Francesca Lionetti, Kathryn J. Lester, Eva Krapohl, Elaine N. Aron e Arthur Aron, "Environmental Sensitivity in Children: Development of the Highly Sensitive Child Scale and Identification of Sensitivity Groups", *Developmental Psychology* 54, n. 1 (2018), 51–70, doi: https://doi.org/10.1037/dev0000406. E, para uma perspectiva integrada de um vasto número de estudos, ver Michael Pluess, Francesca Lionetti, Elaine Aron e Arthur Aron, "People Differ in Their Sensitivity to the Environment: An Integrated Theory and Empirical Evidence", (2020). 10.31234/osf.io/w53yc.

12   Aron, *Pessoas altamente sensíveis.*

13   Emily Deans, "On the Evolution of the Serotonin Transporter Gene", *Psychology Today,* 4 de setembro de 2017, https://www.psychologytoday.com/us/blog/evolutionary-psychiatry/201709/the-evolution-the-serotonin-transporter-gene.

14   S. J. Suomi, "Early Determinants of Behaviour: Evidence from Primate Studies", *British Medical Bulletin* 53, n. 1 (1997): 170–84, doi:10.1093/oxfordjournals.bmb.a011598; e S. J. Suomi, "Up-Tight and Laid-Back Monkeys: Individual Differences in the Response to Social Challenges", in *Plasticity of Development,* organização de S. Brauth, W. Hall e R. Dooling (Cambridge, Massachusetts: MIT, 1991), 27–56.

15   Jonathan P. Roiser, Robert D. Rogers, Lynnette J. Cook e Barbara J. Sahakian, "The Effect of Polymorphism at the Serotonin Transporter Gene on Decision-Making, Memory and Executive Function in Ecstasy Users and Controls", *Psychopharmacology* 188, n. 2 (2006): 213–27, https://doi.org/10.1007/s00213-006-0495-z.

16   M. Wolf, G. S. van Doorn e F. J. Weissin, "Evolutionary Emergence of Responsive and Unresponsive Personalities", *Proceedings of the National Academy of Sciences* 105, n. 41 (2008): 15,825–30, https://doi.org/10.1073/pnas.0805473105.

17   Ted Zeff e Elaine Aron, *The Power of Sensitivity: Success Stories by Highly Sensitive People Thriving in a Non-Sensitive World* (San Ramon, Califórnia: Prana Publishing, 2015).

18   Jadzia Jagiellowicz, Xiaomeng Xu, Arthur Aron, Elaine Aron, Guikang Cao, Tingyong Fenge e Xuchu Weng, "The Trait of Sensory Processing Sensitivity and Neural Responses to Changes in Visual Scenes", *Social Cognitive and Affective Neuroscience* 6, n. 1 (2011): 38–47, https://doi.org/10.1093/scan/nsq001.

19 Bianca Acevedo, T. Santander, R. Marhenke, Arthur Aron e Elaine Aron, "Sensory Processing Sensitivity Predicts Individual Differences in Resting-State Functional Connectivity Associated with Depth of Processing", *Neuropsychobiology* 80 (2021): 185–200, https://doi.org/10.1159/000513527.

20 Universidade da Califórnia em Santa Barbara, "The Sensitive Brain at Rest: Research Uncovers Patterns in the Resting Brains of Highly Sensitive People", *ScienceDaily*, 4 de maio de 2021, https://www.sciencedaily.com/releases/2021/05/210504135725.htm.

21 Linda Silverman, troca de e-mails com os autores, 7 de janeiro de 2022.

22 Scott Barry Kaufman, "After the Show: The Many Faces of the Creative Performer", *Scientific American*, 10 de junho de 2013, https://blogs.scientificamerican.com/beautiful-minds/after-the-show-the-many-faces-of-the-creative-performer/.

23 Elaine Aron, "Time Magazine: 'The Power of (Shyness)' and High Sensitivity", *Psychology Today*, 2 de fevereiro de 2012, https://www.psychologytoday.com/us/blog/attending-the--undervalued-self/201202/time-magazine-the-power-shyness-and-high-sensitivity.

24 Aron, "Time Magazine".

25 Elaine Aron, "HSPs and Trauma", The Highly Sensitive Person, 28 de novembro de 2007, https://hsperson.com/hsps-and-trauma/.

26 Acevedo et al., "Functional Highly Sensitive Brain".

27 Fábio Augusto Cunha, "The Challenges of Being a Highly Sensitive Man", Highly Sensitive Refuge, 12 de maio de 2021, https:// highlysensitiverefuge.com/the-challenges-of-being-a--highly-sensitive-man/.

28 Nell Scovell, "For Any Woman Who's Ever Been Told She's Too 'Emotional' at Work…". Oprah.com, s/d, https://www.oprah.com/inspiration/for-any-woman-whos-ever-been-told-shes-too-emotional-at-work.

29 Michael Parise, "Being Highly Sensitive and Gay", LGBT Relationship Network, s/d, https://lgbtrelationshipnetwork.org/highly-sensitive-gay/.

30 Kara Mankel, "Does Being a 'Superwoman' Protect African American Women's Health?" *Berkeley News,* 30 de setembro de 2019, https://news.berkeley.edu/2019/09/30/does-being--a-superwoman-protect-african-american-womens-health/.

31 Raneisha Price, "Here's What No One Told Me About Being a Highly Sensitive Black Woman", Highly Sensitive Refuge, 16 de outubro de 2020, https://highlysensitiverefuge.com/highly-sensitive-black-woman/.

32 Simmel, *Sociology of Georg Simmel.*

Capítulo 2 – O efeito estimulante da sensibilidade

1 Richard Ford, "Richard Ford Reviews Bruce Springsteen's Memoir", *The New York Times,* 22 de setembro de 2016, https:// www.nytimes.com/2016/09/25/books/review/bruce-springsteen-born-to-run-richard-ford.html.

2 Bruce Springsteen, "Bruce Springsteen: On Jersey, Masculinity and Wishing to Be His Stage

Persona", entrevista a Terry Gross, *Fresh Air,* NPR, 5 de outubro de 2016, https://www.npr.org/2016/10/05/496639696/bruce-springsteen-on-jersey-masculinity-and-wishing-to-be-his-stage-persona.

3. Bruce Springsteen, *Born to Run: Autobiografia* (São Paulo: Leya, 2016).

4. Joan Y. Chiao e Katherine D. Blizinsky, "Culture-Gene Coevolution of Individualism-Collectivism and the Serotonin Transporter Gene", *Proceedings Biological Sciences* 277, n. 1681 (2010): 529–37, https://doi.org/10.1098/rspb.2009.1650.

5. Dean G. Kilpatrick, Karestan C. Koenen, Kenneth J. Ruggiero, Ron Acierno, Sandro Galea, Heidi S. Resnick, John Roitzsch, John Boyle e Joel Gelernter, "The Serotonin Transporter Genotype and Social Support and Moderation of Posttraumatic Stress Disorder and Depression in Hurricane-Exposed Adults", *American Journal of Psychiatry* 164, n. 11 (2007): 1693–99, https://doi.org/10.1176/appi.ajp.2007.06122007.

6. David Dobbs, "The Depression Map: Genes, Culture, Serotonin, and a Side of Pathogens", *Wired,* 14 de setembro de 2010, https://www.wired.com/2010/09/the-depression-map-genes-culture-serotonin-and-a-side-of-pathogens/.

7. Baldwin M. Way e Matthew D. Lieberman, "Is There a Genetic Contribution to Cultural Differences? Collectivism, Individualism and Genetic Markers of Social Sensitivity", *Social Cognitive and Affective Neuroscience* 2–3 (2010): 203–11, https://doi.org/10.1093/scan/nsq059.

8. J. Belsky, C. Jonassaint, Michael Pluess, M. Stanton, B. Brummett e R. Williams, "Vulnerability Genes or Plasticity Genes?", *Molecular Psychiatry* 14, n. 8 (2009): 746–54, https://doi.org/10.1038/mp.2009.44.

9. Belsky et al., "Vulnerability Genes or Plasticity Genes?".

10. Hanne Listou Grimen e Åge Diseth, "Sensory Processing Sensitivity: Factors of the Highly Sensitive Person Scale and Their Relationships to Personality and Subjective Health Complaints", *Comprehensive Psychology* (2016), https://doi.org/10.1177/2165222816660077; Michael Pluess, entrevista com os autores via Zoom, 23 de novembro de 2021; e Kathy A. Smolewska, Scott B. McCabe e Erik Z. Woody, "A Psychometric Evaluation of the Highly Sensitive Person Scale: The Components of Sensory-Processing Sensitivity and Their Relation to the BIS/BAS and 'Big Five,'" *Personality and Individual Differences* (2006), https://doi.org/10.1016/j.paid.2005.09.022.

11. Corina U. Greven e Judith R. Hornberg, "Sensory Processing Sensitivity: For Better or Worse? Theory, Evidence, and Societal Implications", cap. 3 em *The Highly Sensitive Brain: Research, Assessment, and Treatment of Sensory Processing Sensitivity,* org. Bianca Acevedo (San Diego: Academic Press, 2020).

12. Annie Murphy Paul, "How Did 9/11 and the Holocaust Affect Pregnant Women and Their Children?", *Discover Magazine,* 14 de outubro de 2010, https://www.discovermagazine.com/health/how-did-9-11-and-the-holocaust-affect-pregnant-women-and-their-children.

13. Annie Murphy Paul, *Origins: How the Nine Months Before Birth Shape the Rest of Our Lives* (Nova York: Free Press, 2011).

14. Danielle Braff, "Moms Who Were Pregnant During 9/11 Share Their Stories", *Chicago Tribune,* 7 de setembro de 2016, https://www.chicagotribune.com/lifestyles/sc-911-moms-family-0906-20160911-story.html.

15 Rachel Yehuda, Stephanie Mulherin Engel, Sarah R. Brand, Jonathan Seckl, Sue M. Marcus e Gertrud S. Berkowitz, "Transgenerational Effects of Posttraumatic Stress Disorder in Babies of Mothers Exposed to the World Trade Center Attacks During Pregnancy", *Journal of Clinical Endocrinology & Metabolism* 90, n. 7 (2005): 4115–18, https://doi.org/10.1210/jc.2005-0550.

16 Yehuda et al., "Transgenerational Effects". https:// www.ncbi.nlm.nih.gov/pmc/articles/PMC2612639/ e https://www.ncbi.nlm.nih.gov/pmc/articles/PMC2612639/.

17 Centers for Disease Control and Prevention, "What Is Epigenetics?", Departamento de Saúde e Serviços Humanos dos Estados Unidos, 3 de agosto de 2020, https://www.cdc.gov/genomics/disease/epigenetics.htm.

18 Sarah Hartman, Sara M. Freeman, Karen L. Bales e Jay Belsky, "Prenatal Stress as a Risk and an OpportunityFactor", *Psychological Science* 29, n. 4 (2018): 572–80, https://doi.org/10.1177/0956797617739983.

19 Elham Assary, Helena M. S. Zavos, Eva Krapohl, Robert Keers e Michael Pluess, "Genetic Architecture of Environmental Sensitivity Reflects Multiple Heritable Components: A Twin Study with Adolescents", *Molecular Psychiatry* 26 (2021): 4896–4904, https://doi.org/10.1038/s41380-020-0783-8.

20 Pluess, entrevista.

21 Z. Li, M. Sturge-Apple, H. Jones-Gordils e P. Davies, "Sensory Processing Sensitivity Behavior Moderates the Association Between Environmental Harshness, Unpredictability, and Child Socioemotional Functioning", *Development and Psychopathology* (2022): 1–14, https://doi.org/10.1017/S0954579421001188.

22 Michael Pluess e Ilona Boniwell, "Sensory-Processing Sensitivity Predicts Treatment Response to a School-Based Depression Prevention Program: Evidence of Vantage Sensitivity", *Personality and Individual Differences* 82 (2015): 40–45, https://doi.org/10.1016/j.paid.2015.03.011.

23 Michael Pluess, Galena Rhoades, Rob Keers, Kayla Knopp, Jay Belsky, Howard Markman e Scott Stanley, "Genetic Sensitivity Predicts Long-Term Psychological Benefits of a Relationship Education Program for Married Couples", *Journal of Consulting and Clinical Psychology* 90, n. 2 (2022): 195–207, https://doi.org/10.1037/ccp0000715.

24 Grazyna Kochanska, Nazan Aksan e Mary E. Joy, "Children's Fearfulness as a Moderator of Parenting in Early Socialization: Two Longitudinal Studies", *Developmental Psychology* 43, n. 1 (2007): 222–37, https://doi.org/10.1037/0012-1649.43.1.222.

25 Paul G. Ramchandani, Marinus van IJzendoorn e Marian J. Bakermans-Kranenburg, "Differential Susceptibility to Fathers' Care and Involvement: The Moderating Effect of Infant Reactivity", *Family Science* 1, n. 2 (2010): 93–101, https://doi.org/10.1080/19424621003599835.

26 Springsteen, *Born to Run: Autobiografia*.

27 "World's Highest-Paid Musicians 2014", *Forbes*, 10 de dezembro de 2014, https://www.forbes.com/pictures/eeel45fdddi/5-bruce-springsteen-81-million/?sh=1f66bd816d71.

28 Springsteen, *Born to Run: Autobiografia*.

29 Michael Hainey, "Beneath the Surface of Bruce Springsteen", *Esquire*, 27 de novembro de

2018, https://www.esquire.com/entertainment/a25133821/bruce-springsteen-interview-netflix-broadway-2018/.

Capítulo 3 – As cinco virtudes da sensibilidade

1. "Being with Jane Goodall", in *The Secret Life of Scientists and Engineers,* temporada 2015, episódio 1, 12 de janeiro de 2015, PBS, https://www.pbs.org/video/secret-life-scientists-being-jane-goodall/.

2. Allen e Beatrix Gardner, os primeiros cientistas a ensinar um gorila a usar a linguagem de sinais, basearam-se em parte no trabalho de Jane Goodall. Ver Roger Fouts e Erin McKenna, "Chimpanzees and Sign Language: Darwinian Realities Versus Cartesian Delusions", *Pluralist* 6, n. 3 (2011): 19, https://doi.org/10.5406/pluralist.6.3.0019.

3. Maria Popova, "How a Dream Came True: Young Jane Goodall's Exuberant Letters and Diary Entries from Africa", *Marginalian,* 14 de julho de 2015, https://www.themarginalian.org/2015/07/14/jane-goodall-africa-in-my-blood-letters/.

4. *The Secret Life of Scientists,* "Being with Jane Goodall".

5. *The Secret Life of Scientists,* "Being with Jane Goodall".

6. Frans de Waal, "Sex, Empathy, Jealousy: How Emotions and Behavior of Other Primates Mirror Our Own", entrevista a Terry Gross, *Fresh Air,* NPR, 19 de março de 2019, https://www.npr.org/transcripts/704763681.

7. Karsten Stueber, "Empathy", in *The Stanford Encyclopedia of Philosophy,* org. Edward N. Zalta, revisado em 27 de junho de 2019, https://plato.stanford.edu/archives/fall2019/entries/empathy/; e Gustav Jahoda, "Theodor Lipps and the Shift from 'Sympathy' to 'Empathy?'", *Journal of the History of the Behavioral Sciences* 41, n. 2 (2005): 151–63, https://doi.org/10.1002/jhbs.20080.

8. Bianca Acevedo, T. Santander, R. Marhenke, Arthur Aron e Elaine Aron, "Sensory Processing Sensitivity Predicts Individual Differences in Resting-State Functional Connectivity Associated with Depth of Processing", *Neuropsychobiology* 80 (2021): 185–200, https://doi.org/ 10.1159/000513527.

9. *The Secret Life of Scientists*, "Being with Jane Goodall".

10. Helen Riess, "The Science of Empathy", *Journal of Patient Experience* 4, n. 2 (2017): 74–77, https://doi.org/10.1177/2374373517699267; e V. Warrier, R. Toro, B. Chakrabarti, et al., "Genome-Wide Analyses of Self-Reported Empathy: Correlations with Autism, Schizophrenia, and Anorexia Nervosa", *Translational Psychiatry* 8, n. 35 (2018), https://doi.org/10.1038/s41398-017-0082-6.

11. Riess, "Science of Empathy"; F. Diane Barth, "Can Empathy Be Taught?", *Psychology Today,* 18 de outubro de 2018, https://www.psychologytoday.com/us/blog/the-couch/201810/can-empathy-be-taught; e Vivian Manning-Schaffel, "What Is Empathy and How Do You Cultivate It?", *NBC News,* 29 de maio de 2018, https://www.nbcnews.com/better/pop-culture/can-empathy-be-taught-ncna878211.

12. Abigail Marsh, "Abigail Marsh: Are We Wired to Be Altruistic?", entrevista a Guy Raz, *TED Radio Hour,* NPR, 26 de maio de 2017, https://www.npr.org/transcripts/529957471; e

Abigail Marsh, "Why Some People Are More Altruistic Than Others", vídeo, TEDSummit, junho de 2016, https://www.ted.com/talks/abigail_marsh_why_some_people_are_more_altruistic_than_others?language=en.

13 Kristen Milstead, "New Research May Support the Existence of Empaths", *PsychCentral,* 30 de julho de 2018, https://psychcentral.com/blog/new-research-may-support-the-existence--of-empaths#1.

14 Marsh, "Are We Wired to Be Altruistic?"; e Marsh, "Why Some People Are More Altruistic".

15 Simon Baron-Cohen, *The Science of Evil: On Empathy and the Origins of Cruelty* (Nova York: Basic Books, 2012), cap. 3.

16 Tori DeAngelis, "A Broader View of Psychopathy: New Findings Show That People with Psychopathy Have Varying Degrees and Types of the Condition", *American Psychological Association* 53, n. 2 (2022): 46, https://www.apa.org/monitor/2022/03/ce-corner-psychopathy.

17 Kent A. Kiehl e Morris B Hoffman, "The Criminal Psychopath: History, Neuroscience, Treatment, and Economics", *Jurimetrics* 51 (2011): 355–97; e Wynne Parry, "How to Spot Psychopaths: Speech Patterns Give Them Away", *Live Science,* 20 de outubro de 2011, https://www.livescience.com/16585-psychopaths-speech-language.html.

18 Paul R. Ehrlich e Robert E Ornstein, *Humanity on a Tightrope: Thoughts on Empathy, Family and Big Changes for a Viable Future* (Lanham, Maryland: Rowman & Littlefield, 2010).

19 Claire Cain Miller, "How to Be More Empathetic", *The New York Times,* s/d, https://www.nytimes.com/guides/year-of-living-better/how-to-be-more-empathetic.

20 Adam Smith, *The Theory of Moral Sentiments,* org. D. D. Raphael e A. L. Macfie (Indianapolis: Liberty Fund, 1982), parte I, seção I, capítulos III–V, https://www.econlib.org/library/Smith/smMS.html?chapter_num=2#book-reader; e Stueber, "Empathy".

21 David Hume, *Tratado da natureza humana* (São Paulo: Unesp, 2009).

22 Daniel B. Klein, "Dissing the Theory of Moral Sentiments: Twenty-Six Critics, from 1765 to 1949", *Econ Journal Watch* 15, n. 2 (2018): 201–54, https://econjwatch.org/articles/dissing--the-theory-of-moral-sentiments-twenty-six-critics-from-1765-to-1949.

23 Lynne L. Kiesling, "Mirror Neuron Research and Adam Smith's Concept of Sympathy: Three Points of Correspondence", *Review of Austrian Economics* (2012), https://doi.org/10.2139/ssrn.1687343.

24 Kiesling, "Mirror Neuron Research"; e Antonella Corradini e Alessandro Antonietti, "Mirror Neurons and Their Function in Cognitively Understood Empathy", *Consciousness and Cognition* 22, n. 3 (2013): 1152–61, https://doi.org/10.1016/j.concog.2013.03.003.

25 Valeria Gazzola, Lisa Aziz-Zadeh e Christian Keysers, "Empathy and the Somatotopic Auditory Mirror System in Humans", *Current Biology* 16, n. 18 (2006): 1824–29, https:// doi.org/10.1016/j.cub.2006.07.072; e Mbema Jabbi, Marte Swart e Christian Keysers, "Empathy for Positive and Negative Emotions in the Gustatory Cortex", *NeuroImage* 34, n. 4 (2007): 1744–53, https://doi.org/10.1016/j.neuroimage.2006.10.032.

26 Bianca P. Acevedo, Elaine N. Aron, Arthur Aron, Matthew-Donald Sangster, Nancy Collins e Lucy L. Brown, "The Highly Sensitive Brain: An fMRI Study of Sensory Processing Sensitivity and Response to Others' Emotions", *Brain and Behavior* 4, n. 4 (2014): 580–94, https://doi.org/10.1002/brb3.242.

27. Corradini e Antonietti, "Mirror Neurons".

28. Paula M. Niedenthal, Lawrence W. Barsalou, Piotr Winkielman, Silvia Krauth-Gruber e François Ric, "Embodiment in Attitudes, Social Perception, and Emotion", *Personality and Social Psychology Review* 9, n. 3 (2005): 184–211, https://doi.org/10.1207/s15327957pspr0903_1.

29. Abigail Marsh, "Neural, Cognitive, and Evolutionary Foundations of Human Altruism", *Wiley Interdisciplinary Reviews: Cognitive Science* 7, n. 1 (2015): 59–71, https://doi.org/10.1002/wcs.1377; e Marsh, "Why Some People Are More Altruistic".

30. Ver, por exemplo, Patricia L. Lockwood, Ana Seara-Cardoso e Essi Viding, "Emotion Regulation Moderates the Association Between Empathy and Prosocial Behavior", *PLoS ONE* 9, n. 5 (2014): e96555, https://doi.org/10.1371/journal.pone.0096555; Jean Decety e William Ickes, "Empathy, Morality, and Social Convention", in *The Social Neuroscience of Empathy*, org. Jean Decety e William Ickes (Cambridge, Massachusets: MIT Press, 2009); Baron-Cohen, *Science of Evil*; e Leigh Hopper, "Mirror Neuron Activity Predicts People's Decision-Making in Moral Dilemmas, UCLA Study Finds", Universidade da Califórnia em Los Angeles, 4 de janeiro de 2018, https://newsroom.ucla.edu/releases/mirror-neurons-in--brain-nature-of-morality-iacoboni.

31. Ari Kohen, Matt Langdon e Brian R. Riches, "The Making of a Hero: Cultivating Empathy, Altruism, and Heroic Imagination", *Journal of Humanistic Psychology* 59, n. 4 (2017): 617–33, https://doi.org/10.1177/0022167817708064.

32. Lucio Russo, *The Forgotten Revolution: How Science Was Born in 300 BC and Why It Had to Be Reborn* (Nova York: Springer, 2004).

33. Baron-Cohen, *Science of Evil*, 194.

34. Nina V. Volf, Alexander V. Kulikov, Cyril U. Bortsov e Nina K. Popova, "Association of Verbal and Figural Creative Achievement with Polymorphism in the Human Serotonin Transporter Gene", *Neuroscience Letters* 463, n. 2 (2009): 154–57, https://doi.org/10.1016/j.neulet.2009.07.070.

35. Maria Popova, "The Role of 'Ripeness' in Creativity and Discovery: Arthur Koestler's Seminal 1964 Theory of the Creative Process", *Marginalian*, 8 de agosto de 2012, https://www.themarginalian.org/2012/08/08/koestler-the-act-of-creation/; Maria Popova, "How Creativity in Humor, Art, and Science Works: Arthur Koestler's Theory of Bisociation", *Marginalian*, 20 de maio de 2013, https://www.themarginalian.org/2013/05/20/arthur-koestler-creativity-bisociation/; e Brian Birdsell, "Creative Cognition: Conceptual Blending and Expansion in a Generative Exemplar Task", *IAFOR Journal of Psychology & the Behavioral Sciences* 5, SI (2019): 43–62, https://doi.org/10.22492/ijpbs.5.si.03.

36. Carl Sagan, *Carl Sagan's Cosmic Connection: An Extraterrestrial Perspective* (Cambridge: Cambridge University Press, 2000), 190.

37. Wikipédia, "Arthur Koestler", atualizado em 21 de junho de 2020, https://en.wikipedia.org/wiki/Arthur_Koestler.

38. Kawter, "Heroic Wife Brings Husband back to Life One Hour after His 'Death'", *Goalcast*, 5 de agosto de 2020, https://www.goalcast.com/wife-brings-husband-back-to-life-one-hour--after-his-death/.

39. National Research Council, *Tactical Display for Soldiers: Human Factors Considerations* (Washington, D.C.: National Academies Press, 1997).

40 Mica R. Endsley, "Situation Awareness and Human Error: Designing to Support Human Performance", artigo apresentado em Proceedings of the High Consequence Systems Surety Conference, Albuquerque, Novo México, 1999. https://www.researchgate.net/publication/252848339_Situation_Awareness_and_Human_Error_Designing_to_Support_Human_Performance.

41 Maggie Kirkwood, "Designing for Situation Awareness in the Main Control Room of a Small Modular Reactor", *Proceedings of the Human Factors and Ergonomics Society Annual Meeting* 63, n. 1 (2019): 2185-89, https://doi.org/10.1177/1071181319631154.

42 T. F. Sanquist, B. R. Brisbois e M. P. Baucum, "Attention and Situational Awareness in First Responder Operations Guidance for the Design and Use of Wearable and Mobile Technologies", relatório apresentado ao Departmento de Energia dos Estados Unidos, Richland, Washington, 2016.

43 Endsley, "Situation Awareness and Human Error".

44 Jeanne M. Farnan, "Situational Awareness and Patient Safety", Patient Safety Network, 1º de abril de 2016, https://psnet.ahrq.gov/web-mm/situational-awareness-and-patient-safety.

45 Craig Pulling, Philip Kearney, David Eldridge e Matt Dicks, "Football Coaches' Perceptions of the Introduction, Delivery and Evaluation of Visual Exploratory Activity", *Psychology of Sport and Exercise* 39 (2018): 81-89, https://doi.org/10.1016/j.psychsport.2018.08.001.

46 Wikipédia, "Wayne Gretzky", atualizado em 19 de março de 2019, https://en.wikipedia.org/wiki/Wayne_Gretzky.

47 Wikipedia, "Tom Brady", atualizado em 25 de fevereiro de 2019, https://en.wikipedia.org/wiki/Tom_Brady.

48 TeaMoe Oliver, "Tom Brady Cried on National Television, and That's Why He's Great", *Bleacher Report*, 12 de abril de 2011, https://bleacherreport.com/articles/659535-tom-brady--cried-on-national-television-and-thats-why-hes-great.

49 H. P. Jedema, P. J. Gianaros, P. J. Greer, D. D. Kerr, S. Liu, J. D. Higley, S. J. Suomi, A. S. Olsen, J. N. Porter, B. J. Lopresti, A. R. Hariri e C. W. Bradberry, "Cognitive Impact of Genetic Variation of the Serotonin Transporter in Primates Is Associated with Differences in Brain Morphology Rather Than Serotonin Neurotransmission", *Molecular Psychiatry* 15, n. 5 (2009): 512-22, https://doi.org/10.1038/mp.2009.90.

50 R. M. Todd, M. R. Ehlers, D. J. Muller, A. Robertson, D. J. Palombo, N. Freeman, B. Levine e A. K. Anderson, "Neurogenetic Variations in Norepinephrine Availability Enhance Perceptual Vividness", *Journal of Neuroscience* 35, n. 16 (2015): 6506-16, https://doi.org/10.1523/jneurosci.4489-14.2015.

51 Sharon Lind, "Overexcitability and the Gifted", SENG - Supporting Emotional Needs of the Gifted, 14 de setembro de 2011, https://www.sengifted.org/post/overexcitability-and-the--gifted.

52 Lind, "Overexcitability and the Gifted"; D. R. Gere, S. C. Capps, D. W. Mitchell e E. Grubbs, "Sensory Sensitivities of Gifted Children", *American Journal of Occupational Therapy* 63, n. 3 (2009): 288-95, https://doi.org/10.5014/ajot.63.3.288; e Linda Silverman, "What We Have Learned About Gifted Children 1979-2009", relatório apresentado ao Gifted Development Center, 2009, https://www.gifteddevelopment.org/s/What-We-Have-Learned-2009.pdf.

53 Jennifer M. Talarico, Kevin S. LaBar e David C. Rubin, "Emotional Intensity Predicts Autobiographical Memory Experience", *Memory & Cognition* 32, n. 7 (2004): 1118-32, https://doi.org/10.3758/bf03196886; e Olga Megalakaki, Ugo Ballenghein e Thierry Baccino, "Effects of Valence and Emotional Intensity on the Comprehension and Memorization of Texts", *Frontiers in Psychology* 10 (2019), https://doi.org/10.3389/fpsyg.2019.00179.

54 Heather Craig, "The Theories of Emotional Intelligence Explained", PositivePsychology.com, agosto de 2019, https:// positivepsychology.com/emotional-intelligence-theories/.

55 John D. Mayer, Richard D. Roberts e Sigal G. Barsade, "Human Abilities: Emotional Intelligence", *Annual Review of Psychology* 59, n. 1 (2008): 507–36, https://doi.org/10.1146/annurev.psych.59.103006.093646.

56 J. D. Mayer, P. Salovey e D. R. Caruso, "Emotional Intelligence: New Ability or Eclectic Traits?", *American Psychologist* 63, n. 6 (2008): 503–17, https://doi.org/10.1037/0003-066x.63.6.503.

57 Hassan Farrahi, Seyed Mousa Kafi, Tamjid Karimi e Robabeh Delazar, "Emotional Intelligence and Its Relationship with General Health Among the Students of University of Guilan, Iran", *Iranian Journal of Psychiatry and Behavioral Sciences* 9, n. 3 (2015), https://doi.org/10.17795/ijpbs-1582.

58 Dana L. Joseph, Jing Jin, Daniel A. Newman e Ernest H. O'Boyle, "Why Does Self-Reported Emotional Intelligence Predict Job Performance? A Meta-Analytic Investigation of Mixed EI", *Journal of Applied Psychology* 100, n. 2 (2015): 298–342, https://doi.org/10.1037/a0037681.

59 Robert Kerr, John Garvin, Norma Heaton e Emily Boyle, "Emotional Intelligence and Leadership Effectiveness", *Leadership & Organization Development Journal* 27, n. 4 (2006): 265–79, https:// doi.org/10.1108/01437730610666028.

60 Kelly C. Bass, "Was Dr. Martin Luther King Jr. a Highly Sensitive Person?", Highly Sensitive Refuge, 4 de fevereiro de 2022, https://highlysensitiverefuge.com/was-dr-martin-luther-king-jr-a-highly-sensitive-person/.

61 Bruce Springsteen, *Born to Run: Autobiografia* (São Paulo: Leya, 2016).

62 Bruce Springsteen, "Bruce Springsteen: On Jersey, Masculinity and Wishing to Be His Stage Persona", entrevista a Terry Gross, *Fresh Air*, NPR, 5 de outubro de 2016, https://www.npr.org/2016/10/05/496639696/bruce-springsteen-on-jersey-masculinity-and-wishing-to-be-his-stage-persona.

Capítulo 4 – Muita coisa, muito alto, muito rápido

1 Alicia Davies, troca de e-mails com os autores, 13 de março de 2022.

2 Alicia Davies, "This Is What Overstimulation Feels Like for HSPs", Highly Sensitive Refuge, 14 de outubro de 2019, https:// highlysensitiverefuge.com/what-overstimulation-feels-like/.

3 Larissa Geleris, entrevista com os autores via Zoom, 28 de junho de 2021.

4 Paul Gilbert, entrevista com os autores via Zoom, 14 de julho de 2021.

5 Daniel Goleman, *Inteligência Emocional* (Rio de Janeiro: Objetiva, 1996).

6   Gilbert, entrevista.

7   Davies, troca de e-mails.

8   Lama Lodro Zangmo, troca de e-mails com os autores, 15 de abril de 2022.

9   Tom Falkenstein, Elaine Aron e Ben Fergusson, *The Highly Sensitive Man: Finding Strength in Sensitivity* (Nova York: Citadel Press, 2019).

10 Geleris, entrevista.

11 Falkenstein, Aron e Fergusson, *Highly Sensitive Man*.

12 Julie Bjelland, "This Simple Mental Trick Has Helped Thousands of HSPs Stop Emotional Overload", Highly Sensitive Refuge, 12 de dezembro de 2018, https://highlysensitiverefuge.com/highly-sensitive-people-trick-bypass-emotional-overload/.

13 Stephen C. Hayes e Spencer Xavier Smith, *Saia da sua mente e entre na sua vida: A nova terapia de aceitação e compromisso* (Novo Hamburgo: Sinopsys, 2019).

14 Steven C. Hayes, "The Shortest Guide to Dealing with Emotions: People Often Avoid Emotions Instead of Confronting Them", *Psychology Today*, 13 de abril de 2021, https://www.psychologytoday.com/us/blog/get-out-your-mind/202104/the-shortest-guide-dealing-emotions.

15 Carolyn Cole, "How to Embrace Your 'Play Ethic' as a Highly Sensitive Person", Highly Sensitive Refuge, 14 de junho de 2021, https://highlysensitiverefuge.com/how-to-embrace-your-play-ethic-as-a-highly-sensitive-person/.

16 Geleris, entrevista.

Capítulo 5 – A dor da empatia

1   Rachel Horne, "Sensitive and Burned Out? You Might Be Ready for the Nomad Life", Highly Sensitive Refuge, 19 de outubro de 2020, https://highlysensitiverefuge.com/ready-for-the-nomad-life/.

2   Rachel Horne, entrevista com os autores via Zoom, 11 de junho de 2021.

3   Rachel Horne, "As an HSP, the Hermit's Life Is the Best Life for Me", Highly Sensitive Refuge, 26 de julho de 2021, https://highlysensitiverefuge.com/as-an-hsp-the-hermits-life-is-the-best-life-for-me/.

4   Qing Yang e Kevin Parker, "Health Matters: Turnover in the Health Care Workforce and Its Effects on Patients", *State Journal-Register*, 14 de março de 2022, https://www.sj-r.com/story/news/healthcare/2022/03/14/turnover-health-care-workforce-and-its-effects-patients/7001765001/.

5   T. L. Chartrand e J. A. Bargh, "The Chameleon Effect: The Perception-Behavior Link and Social Interaction", *Journal of Personality and Social Psychology* 76, n. 6 (1999): 893–910, https://doi.org/ 10.1037//0022–3514.76.6.893.

6   Gary W. Lewandowski Jr., "Is a Bad Mood Contagious?", *Scientific American Mind* 23, n. 3 (2012): 72, https://doi.org/10.1038/scientificamericanmind0712-72a.

7   Sherrie Bourg Carter, "Emotions Are Contagious: Choose Your Company Wisely", *Psycho-

logy Today, 20 de outubro de 2012, https://www.psychologytoday.com/us/blog/high-octane-women/201210/emotions-are-contagious-choose-your-company-wisely.

8   Elaine Hatfield, John T. Cacioppo e Richard L. Rapson, *Emotional Contagion* (Cambridge: Cambridge University Press, 2003).

9   Bourg Carter, "Emotions Are Contagious".

10 Bourg Carter, "Emotions Are Contagious".

11 Hatfield, Cacioppo e Rapson, *Emotional Contagion*.

12 Kelly McGonigal, "How to Overcome Stress by Seeing Other People's Joy", *Greater Good*, 15 de julho de 2017, https:// greatergood.berkeley.edu/article/item/how_to_overcome_stress_by_seeing_other_peoples_joy.

13 Ronald Siegel, entrevista com os autores via Zoom, 3 de junho de 2021.

14 Ronald Siegel, "Overcoming Burnout: Moving from Empathy to Compassion", *Praxis*, 3 de julho de 2019, https://www.praxiscet.com/posts/overcoming-burnout-moving-from-empathy-to-compassion/.

15 Siegel, "Overcoming Burnout".

16 Tania Singer e Olga M. Klimecki, "Empathy and Compassion", *Current Biology* 24, n. 18 (2014): R875–78, https://doi.org/10.1016/j.cub.2014.06.054.

17 Denise Lavoie, "Two 9/11 Widows Raise Funds to Help Bereaved Afghan Women", Boston.com, 4 de agosto de 2010, http:// archive.boston.com/news/local/massachusetts/articles/2010/08/04/two_911_widows_raise_funds_to_help_bereaved_afghan_women/.

18 Richard Davidson, "Tuesday Tip: Shift from Empathy to Compassion", Healthy Minds Innovations, 8 de dezembro de 2020, https://hminnovations.org/blog/learn-practice/tuesday-tip-shift-from-empathy-to-compassion.

19 Antoine Lutz, Julie Brefczynski-Lewis, Tom Johnstone e Richard J. Davidson, "Regulation of the Neural Circuitry of Emotion by Compassion Meditation: Effects of Meditative Expertise", *PLoS ONE* 3, n. 3 (2008): e1897, https://doi.org/10.1371/journal.pone.0001897.

20 Matthieu Ricard, "Interview with Matthieu Ricard", entrevista a Taking Charge of Your Health & Wellbeing, Universidade de Minnesota, 2016, https://www.takingcharge.csh.umn.edu/interview-matthieu-ricard.

21 Dorian Peters e Rafael Calvo, "Compassion vs. Empathy", *Interactions* 21, n. 5 (2014): 48–53, https://doi.org/10.1145/2647087; e Jennifer L. Goetz, Dacher Keltner e Emiliana Simon-Thomas, "Compassion: An Evolutionary Analysis and Empirical Review", *Psychological Bulletin* 136, n. 3 (2010): 351–74, https://doi.org/10.1037/a0018807.

22 Peters e Calvo, "Compassion vs. Empathy"; e Goetz et al., "Compassion".

23 McGonigal, "Seeing Other People's Joy".

24 Brooke Nielsen, entrevista com os autores via Zoom, 4 de junho de 2021.

25 Horne, entrevista.

26 Horne, "Sensitive and Burned Out?".

Capítulo 6 – Do fundo do coração

1. Brian R. Johnston e Sarah Johnston, entrevista com os autores via Zoom, 12 de agosto de 2021.
2. Brian R. Johnston, "My High Sensitivity Saved My Marriage. But First, It Almost Ruined It", Highly Sensitive Refuge, 4 de novembro de 2020, https://highlysensitiverefuge.com/my-high-sensitivity-saved-my-marriage/.
3. Johnston e Johnston, entrevista.
4. Elaine Aron, *Pessoas altamente sensíveis: Como lidar com o excesso de estímulos emocionais e usar a sensibilidade a seu favor* (Rio de Janeiro: Sextante, 2021).
5. Daniel A. Cox, "The State of American Friendship: Change, Challenges, and Loss", Survey Center on American Life, 8 de junho de 2021, https://www.americansurveycenter.org/research/the-state-of-american-friendship-change-challenges-and-loss/.
6. Julianne Holt-Lunstad, Timothy B. Smith e J. Bradley Layton, "Social Relationships and Mortality Risk: A Meta-Analytic Review", *PLoS Medicine* 7, n. 7 (2010), https://doi.org/10.1371/journal.pmed.1000316.
7. Office of Public Affairs, "Seven Reasons Why Loving Relationships Are Good for You", Universidade de Utah, 14 de fevereiro de 2017, https://healthcare.utah.edu/healthfeed/postings/2017/02/relationships.php.
8. Johnny Wood, "Why Workplace Friendships Can Make You Happier and More Productive", Fórum Econômico Mundial, 22 de novembro de 2019, https://www.weforum.org/agenda/2019/11/friends-relationships-work-productivity-career/.
9. "The Health Benefits of Strong Relationships", Harvard Health Publishing, 22 de novembro de 2010, https:// www.health.harvard.edu/staying-healthy/the-health-benefits-of-strong-relationships.
10. Margaret S. Clark, Aaron Greenberg, Emily Hill, Edward P. Lemay, Elizabeth Clark-Polner e David Roosth, "Heightened Interpersonal Security Diminishes the Monetary Value of Possessions", *Journal of Experimental Social Psychology* 47, n. 2 (2011): 359–64, https://doi.org/10.1016/j.jesp.2010.08.001.
11. "War and Peace and Cows", apresentação de Noel King e Gregory Warner, *Planet Money*, NPR, 15 de novembro de 2017, https:// www.npr.org/transcripts/563787988.
12. Eli J. Finkel. *The All-or-Nothing Marriage: How the Best Marriages Work* (Nova York: Dutton, 2017); e Eli J. Finkel, "The All-or-Nothing Marriage", *The New York Times,* 14 de fevereiro de 2014, https://www.nytimes.com/2014/02/15/opinion/sunday/the-all-or-nothing-marriage.html.
13. *Sideways – Entre umas e outras,* direção de Alexander Payne (Fox Searchlight Pictures, 2004), DVD.
14. John Gottman, *The Marriage Clinic: A Scientifically-Based Marital Therapy* (Nova York: Norton, 1999); e B. J. Atkinson, *Emotional Intelligence in Couples Therapy: Advances in Neurobiology and the Science of Intimate Relationships* (Nova York: Norton, 2005).
15. Megan Griffith, "How to Survive a Fight with Your Partner When You're the Sensitive One", Highly Sensitive Refuge, 19 de fevereiro de 2020, https://highlysensitiverefuge.com/how-to-survive-a-fight-with-your-partner-when-youre-the-sensitive-one/.

16 April Snow, troca de e-mails com os autores, 1º de setembro de 2021.

17 William A. Eddy, *It's All Your Fault!: 12 Tips for Managing People Who Blame Others for Everything* (San Diego: High Conflict Institute Press, 2008).

18 Lisa Firestone, "4 Ways to Say (and Get) What You Want in Your Relationship", *Psychology Today*, 11 de dezembro de 2015, https://www.psychologytoday.com/us/blog/compassion-matters/201512/4-ways-say-and-get-what-you-want-in-your-relationship.

19 Brené Brown, *A coragem de ser imperfeito: Como aceitar a própria vulnerabilidade, vencer a vergonha e ousar ser quem você é* (Rio de Janeiro: Sextante, 2016).

20 Robert Glover, *No More Mr. Nice Guy: A Proven Plan for Getting What You Want in Love, Sex, and Life* (Filadélfia: Running Press, 2017).

21 Seth Godin e Hugh MacLeod, *V Is for Vulnerable: Life Outside the Comfort Zone* (Nova York: Penguin, 2012).

22 Deborah Ward, "The HSP Relationship Dilemma: Are You Too Sensitive or Are You Neglecting Yourself?" *Psychology Today*, 2 de fevereiro de 2018, https://www.psychologytoday.com/us/blog/sense-and-sensitivity/201802/the-hsp-relationship-dilemma.

23 Sharon Martin, "How to Set Boundaries with Toxic People", Live Well with Sharon Martin, 14 de dezembro de 2017, https://www.livewellwithsharonmartin.com/set-boundaries-toxic-people/.

24 Sharon Martin, troca de e-mails com os autores, 3 de abril de 2022.

25 Martin, "Boundaries with Toxic People".

26 Martin, troca de e-mails.

27 Johnston e Johnston, entrevista.

Capítulo 7 – Criando uma geração sensível

1 Elaine Aron, "For Highly Sensitive Teenagers", part 1, "Feeling Different", The Highly Sensitive Person, 28 de fevereiro de 2008, https://hsperson.com/for-highly-sensitive-teenagers-feeling-different/.

2 Bianca Acevedo, *The Highly Sensitive Brain: Research, Assessment, and Treatment of Sensory Processing Sensitivity* (San Diego: Academic Press, 2020).

3 Barak Morgan, Robert Kumsta, Pasco Fearon, Dirk Moser, Sarah Skeen, Peter Cooper, Lynne Murray, Greg Moran e Mark Tomlinson, "Serotonin Transporter Gene (*SLC6A4*) Polymorphism and Susceptibility to a Home-Visiting Maternal-Infant Attachment Intervention Delivered by Community Health Workers in South Africa: Reanalysis of a Randomized Controlled Trial", *PLOS Medicine* 14, n. 2 (2017): e1002237, https://doi.org/10.1371/journal.pmed.1002237.

4 Michael Pluess, Stephanie A. De Brito, Alice Jones Bartoli, Eamon McCrory e Essi Viding, "Individual Differences in Sensitivity to the Early Environment as a Function of Amygdala and Hippocampus Volumes: An Exploratory Analysis in 12-Year-Old Boys", *Development and Psychopathology* (2020): 1–10, https://doi.org/10.1017/S0954579420001698.

5   Brandi Stupica, Laura J. Sherman e Jude Cassidy, "Newborn Irritability Moderates the Association Between Infant Attachment Security and Toddler Exploration and Sociability", *Child Development* 82, n. 5 (2011): 1381-89, https://doi.org/10.1111/j.1467-8624.2011.01638.x.

6   W. Thomas Boyce, *A criança orquídea: Por que algumas crianças têm dificuldades e o que fazer para que todas floresçam* (Rio de Janeiro: Objetiva, 2020).

7   Maureen Gaspari, "Discipline Strategies for the Sensitive Child", The Highly Sensitive Child, 28 de agosto de 2018, https://www.thehighlysensitivechild.com/discipline-strategies-for--the-sensitive-child/.

8   Monika Baryła-Matejczuk, Małgorzata Artymiak, Rosario Ferrer-Cascales e Moises Betancort, "The Highly Sensitive Child as a Challenge for Education: Introduction to the Concept", *Problemy Wczesnej Edukacji* 48, n. 1 (2020): 51-62, https:// doi.org/10.26881/pwe.2020.48.05.

9   Amanda Van Mulligen, "Why Gentle Discipline Works Best with the Highly Sensitive Child", Highly Sensitive Refuge, 27 de março de 2019, https://highlysensitiverefuge.com/highly-sensitive-child-gentle-discipline/.

10 Baryła-Matejczuk, "Challenge for Education".

11 Gaspari, "Discipline Strategies".

12 Kimberley Brindle, Richard Moulding, Kaitlyn Bakker e Maja Nedeljkovic, "Is the Relationship Between Sensory-Processing Sensitivity and Negative Affect Mediated by Emotional Regulation?", *Australian Journal of Psychology* 67, n. 4 (2015): 214-21, https://doi.org/10.1111/ajpy.12084.

13 John Gottman, Lynn Fainsilber Katz e Carole Hooven, *Meta-Emotion: How Families Communicate Emotionally* (Nova York: Routledge, 2013).

14 G. Young e J. Zeman, "Emotional Expression Management and Social Acceptance in Childhood", pôster apresentado na Society for Research in Child Development, Tampa, Flórida, abril de 2003.

15 Susan Adams, Janet Kuebli, Patricia A. Boyle e Robyn Fivush, "Gender Differences in Parent-Child Conversations About Past Emotions: A Longitudinal Investigation", *Sex Roles* 33 (1995): 309-23, https://link.springer.com/article/10.1007/BF01954572.

16 Robyn Fivush, "Exploring Sex Differences in the Emotional Context of Mother-Child Conversations About the Past", *Sex Roles* 20 (1989): 675-91, https://link.springer.com/article/10.1007/BF00288079.

17 Susanne A. Denham, Susan Renwick-DeBardi e Susan Hewes, "Affective Communication Between Mothers and Preschoolers: Relations with Social Emotional Competence", *Merrill--Palmer Quarterly* 40 (1994): 488-508, www.jstor.org/stable/23087919.

18 Young e Zeman, "Emotional Expression Management"; Adams et al., "Gender Differences in ParentChild Conversations"; Fivush, "Exploring Sex Differences"; e Denham et al., "Mothers and Preschoolers".

19 Peter A. Wyman, Wendi Cross, C. Hendricks Brown, Qin Yu, Xin Tu e Shirley Eberly, "Intervention to Strengthen Emotional Self-Regulation in Children with Emerging Mental Health Problems: Proximal Impact on School Behavior", *Journal of Abnormal Child Psychology* 38, n. 5 (2010): 707-20, https://doi.org/10.1007/s10802-010-9398-x.

Capítulo 8 – Mais que apenas um salário

1. Bhavini Shrivastava, "Identify and Unleash Your Talent", BCS, The Chartered Institute for IT, 24 de julho de 2019, https:// www.bcs.org/articles-opinion-and-research/identify-and--unleash-your-talent/.

2. Linda Binns, "Why Your Workplace Doesn't Value HSPs—and How to Change That", Highly Sensitive Refuge, 11 de outubro de 2021, https://highlysensitiverefuge.com/why-your-workplace-doesnt-value-hsps-and-how-to-change-that/.

3. Anne Marie Crosthwaite, "I Am a Highly Sensitive Person. Here's What I Wish More People Knew About HSPs", MindBodyGreen, 4 de agosto de 2017, https://www.mindbodygreen.com/articles/i-am-a-highly-sensitive-person-heres-what-i-wish-more-people-knew-about-hsps/.

4. Naina Dhingra, Andrew Samo, Bill Schaninger e Matt Schrimper, "Help Your Employees Find Purpose – or Watch Them Leave", McKinsey & Company, 5 de abril de 2021, https://www.mckinsey.com/business-functions/people-and-organizational-performance/our-insights/help-your-employees-find-purpose-or-watch-them-leave.

5. Shawn Achor, Andrew Reece, Gabriella Kellerman e Alexi Robichaux, "9 out of 10 People Are Willing to Earn Less Money to Do More-Meaningful Work", *Harvard Business Review*, 6 de novembro de 2018, https://hbr.org/2018/11/9-out-of-10-people-are-willing-to-earn-less-money-to-do-more-meaningful-work.

6. Jennifer Aniston, "Nicole Kidman Steps into Spring", *Harper's Bazaar*, 5 de janeiro de 2011, https://www.harpersbazaar.com/celebrity/latest/news/a643/nicole-kidman-interview-0211/.

7. Lauren Effron, "Dolly Parton Opens Up About Song Inspirations, Being 'Aunt Dolly' to Female Country Artists and Those Tattoos", *ABC News*, 11 de novembro de 2019, https://abcnews.go.com/Entertainment/dolly-parton-opens-song-inspirations-aunt-dolly-female/story?id=66801989.

    Rob Haskell, "Good Lorde! Behind the Blissed-Out Comeback of a Pop Iconoclast", *Vogue*, 8 de setembro de 2021, https://www.vogue.com/article/lorde-cover-october-2021.

    Tatiana Siegel, "'Rocketman' Takes Flight: Inside Taron Egerton's Transformation into Elton John (and, He Hopes, a Major Star)", *Hollywood Reporter*, 6 de maio de 2019, https://www.hollywoodreporter.com/movies/movie-features/rocketman-takes-taron-egertons-transformation-elton-john-1207544/.

    Carolyn Gregoire, "Why So Many Artists Are Highly Sensitive People", *HuffPost*, 28 de dezembro de 2015, https://www.huffpost.com/entry/artists-sensitive-creative_n_567f02dee4b0b958f6598764?u4ohia4i=.

    Sensitive: The Untold Story, direção de Will Harper (Global Touch Group, Inc., 2015), DVD.

    Bruce Springsteen, "Bruce Springsteen: On Jersey, Masculinity and Wishing to Be His Stage Persona", entrevista a Terry Gross, *Fresh Air*, NPR, 5 de outubro de 2016, https://www.npr.org/2016/10/05/496639696/bruce-springsteen-on-jersey-masculinity-and-wishing-to-be-his-stage-persona.

8. Scott Barry e Carolyn Gregoire, *Wired to Create: Unraveling the Mysteries of the Creative Mind* (Nova York: TarcherPerigee, 2016).

9   Barrie Jaeger, *Making Work Work for the Highly Sensitive Person* (Nova York: McGraw-Hill, 2004).

10 Cal Newport, entrevista com os autores via Zoom, 29 de abril de 2021.

11 David Zax, "Want to Be Happier at Work? Learn How from These 'Job Crafters'", *Fast Company*, 3 de junho de 2013, https://www.fastcompany.com/3011081/want-to-be-happier-at-work-learn-how-from-these-job-crafters.

12 Amy Wrzesniewski e Jane E. Dutton, "Crafting a Job: Revisioning Employees as Active Crafters of Their Work", *Academy of Management Review* 26, n. 2 (2001): 179–201, https://doi.org/10.5465/amr.2001.4378011; e Justin M. Berg, Jane E. Dutton e Amy Wrzesniewski, "Job Crafting and Meaningful Work", in *Purpose and Meaning in the Workplace*, org. Bryan J. Dik, Zinta S. Byrne e Michael F. Steger (Washington, DC: American Psychological Association, 2013).

13 Rebecca Fraser-Thill, "The 5 Biggest Myths About Meaningful Work", *Forbes*, 7 de agosto de 2019, https://www.forbes.com/sites/rebeccafraserthill/2019/08/07/the-5-biggest-myths-about-meaningful-work/?sh=7cda524770b8; Catherine Bailey, "What Makes Work Meaningful – or Meaningless", *MIT Sloan Management Review*, 1º de junho de 2016, https://sloanreview.mit.edu/article/what-makes-work-meaningful-or-meaningless/; Amy Wrzesniewski, Nicholas LoBuglio, Jane E. Dutton e Justin M. Berg, "Job Crafting and Cultivating Positive Meaning and Identity in Work", *Advances in Positive Organizational Psychology* (2013): 281–302, https://doi.org/10.1108/s2046-410x(2013)0000001015; Wrzesniewski e Dutton, "Crafting a Job"; e Justin M. Berg, Amy Wrzesniewski e Jane E. Dutton, "Perceiving and Responding to Challenges in Job Crafting at Different Ranks: When Proactivity Requires Adaptivity", *Journal of Organizational Behavior* 31, n. 2–3 (2010): 158–86, https://doi.org/10.1002/job.645.

14 Tom Rath, "Job Crafting from the Outside In", *Harvard Business Review*, 24 de março de 2020, https://hbr.org/2020/03/job-crafting-from-the-outside-in; e Wrzesniewski and Dutton, "Crafting a Job", 187, 193–194.

15 Cort W. Rudolph, Ian M. Katz, Kristi N. Lavigne e Hannes Zacher, "Job Crafting: A Meta-Analysis of Relationships with Individual Differences, Job Characteristics, and Work Outcomes", *Journal of Vocational Behavior* 102 (2017): 112–38, https://doi.org/10.1016/j.jvb.2017.05.008.

16 Alessio Gori, Alessandro Arcioni, Eleonora Topino, Letizia Palazzeschi e Annamaria Di Fabio, "Constructing Well-Being in Organizations: First Empirical Results on Job Crafting, Personality Traits, and Insight", *International Journal of Environmental Research and Public Health* 18, n. 12 (2021): 6661, https://doi.org/10.3390/ijerph18126661.

17 Wrzesniewski e Dutton, "Crafting a Job"; e Berg et al., "Job Crafting and Meaningful Work".

18 Wrzesniewski e Dutton, "Crafting a Job"; e Berg et al., "Job Crafting and Meaningful Work", pp. 89–92.

19 Wrzesniewski e Dutton, "Crafting a Job", 185–86.

20 Wrzesniewski e Dutton, "Crafting a Job"; e Berg et al., "Job Crafting and Meaningful Work", 86–87.

21 L. Meyers, "Social Relationships Matter in Job Satisfaction", *American Psychological Association* 38, n. 4 (2007), https://www.apa.org/monitor/apr07/social.

22 Wrzesniewski e Dutton, "Crafting a Job"; e Berg et al., "Job Crafting and Meaningful Work", 87–89.

23 Berg et al., "Challenges in Job Crafting".

24 Newport, entrevista.

Capítulo 9 – A revolução sensível

1   "The Bank War", apresentação de Jacob Goldstein e Robert Smith, *Planet Money*, NPR, 24 de março de 2017, https://www.npr.org/transcripts/521436839; e Martin A. Armstrong, "Panic of 1837", Armstrong Economics, Princeton Economic Institute, s/d, https://www.armstrongeconomics.com/panic-of-1837/.

2   Wikipedia, "Long Depression", atualizado em 13 de dezembro de 2020, https://en.wikipedia.org/wiki/Long_Depression.

3   Departamento do Interior dos Estados Unidos, National Park Service, "The Baltimore and Ohio Railroad Martinsburg Shops", National Historical Landmark Nomination, 31 de julho de 2003, 41, https://npgallery.nps.gov/pdfhost/docs/NHLS/Text/03001045.pdf.

4   "Her Life: The Woman Behind the New Deal", Frances Perkins Center, 2022, http://francesperkinscenter.org/life-new/.

5   Tomlin Perkins Coggeshall, fundador do Frances Perkins Center, entrevista com os autores via Zoom, 16 de setembro de 2021.

6   Frances Perkins e J. Paul St. Sure, *Two Views of American Labor* (Los Angeles: Institute of Industrial Relations, Universidade da Califórnia, 1965), 2.

7   Brian Dunleavy, "Did New Deal Programs Help End the Great Depression?", *History*, 10 de setembro de 2018, https://www.history.com/.amp/news/new-deal-effects-great-depression.

8   Keith Johnstone e Irving Wardle, *Impro: Improvisation and the Theatre* (Nova York: Bloomsbury Academic, 2019).

9   Assael Romanelli, "The Key to Unlocking the Power Dynamic in Your Life", *Psychology Today*, 27 de novembro de 2019, https://www.psychologytoday.com/us/blog/the-other-side-relationships/201911/the-key-unlocking-the-power-dynamic-in-your-life.

10 Susan Cain, "7 Tips to Improve Communication Skills", 20 de abril de 2015, https://susancain.net/7-ways-to-use-powerless-communication/#.

11 Daniel Goleman e Richard E. Boyatzis, "Social Intelligence and the Biology of Leadership", *Harvard Business Review*, 31 de outubro de 2016, https://hbr.org/2008/09/social-intelligence-and-the-biology-of-leadership.

12 Tracy Brower, "Empathy Is the Most Important Leadership Skill According to Research", *Forbes*, 19 de setembro de 2021, https://www.forbes.com/sites/tracybrower/2021/09/19/empathy-is-the-most-important-leadership-skill-according-to-research/?sh=15d7a3453dc5.

13 Eric Owens, "Why Highly Sensitive People Make the Best Leaders", Highly Sensitive Refuge, 4 de março de 2020, https:// highlysensitiverefuge.com/why-highly-sensitive-people-make-the-best-leaders/.

14 Adrienne Matei, "What Is 'Nunchi,' the Korean Secret to Happiness?", *The Guardian*, 11 de novembro de 2019, https://www.theguardian.com/lifeandstyle/2019/nov/11/what-is-nunchi-the-korean-secret-to-happiness.

15 Emma Seppälä, "The Hard Data on Being a Nice Boss", *Harvard Business Review*, 24 de novembro de 2014, https://hbr.org/2014/11/the-hard-data-on-being-a-nice-boss.

16 Owens, "Make the Best Leaders".

17 Elaine Aron, *Pessoas altamente sensíveis: Como lidar com o excesso de estímulos emocionais e usar a sensibilidade a seu favor* (Rio de Janeiro: Sextante, 2021).

18 Brittany Blount, "Being an HSP Is a Superpower – but It's Almost Impossible to Explain It", Highly Sensitive Refuge, 4 de março de 2019, https://highlysensitiverefuge.com/highly-sensitive-person-hsp-superpower/.

19 Brian Duignan, "Gaslighting", *Encyclopedia Britannica*, s/d, https://www.britannica.com/topic/gaslighting.

20 Julie L. Hall, "When Narcissists and Enablers Say You're Too Sensitive", *Psychology Today*, 21 de fevereiro de 2021, https://www.psychologytoday.com/us/blog/the-narcissist-in-your-life/202102/when-narcissists-and-enablers-say-youre-too-sensitive.

21 Hall, "Narcissists and Enablers".

22 Kurt Vonnegut, "Physicist, Heal Thyself", *Chicago Tribune*, 22 de junho de 1969.

CONHEÇA ALGUNS DESTAQUES DE NOSSO CATÁLOGO

- Augusto Cury: Você é insubstituível (2,8 milhões de livros vendidos), Nunca desista de seus sonhos (2,7 milhões de livros vendidos) e O médico da emoção
- Dale Carnegie: Como fazer amigos e influenciar pessoas (16 milhões de livros vendidos) e Como evitar preocupações e começar a viver
- Brené Brown: A coragem de ser imperfeito – Como aceitar a própria vulnerabilidade e vencer a vergonha (600 mil livros vendidos)
- T. Harv Eker: Os segredos da mente milionária (2 milhões de livros vendidos)
- Gustavo Cerbasi: Casais inteligentes enriquecem juntos (1,2 milhão de livros vendidos) e Como organizar sua vida financeira
- Greg McKeown: Essencialismo – A disciplinada busca por menos (400 mil livros vendidos) e Sem esforço – Torne mais fácil o que é mais importante
- Haemin Sunim: As coisas que você só vê quando desacelera (450 mil livros vendidos) e Amor pelas coisas imperfeitas
- Ana Claudia Quintana Arantes: A morte é um dia que vale a pena viver (400 mil livros vendidos) e Pra vida toda valer a pena viver
- Ichiro Kishimi e Fumitake Koga: A coragem de não agradar – Como se libertar da opinião dos outros (200 mil livros vendidos)
- Simon Sinek: Comece pelo porquê (200 mil livros vendidos) e O jogo infinito
- Robert B. Cialdini: As armas da persuasão (350 mil livros vendidos)
- Eckhart Tolle: O poder do agora (1,2 milhão de livros vendidos)
- Edith Eva Eger: A bailarina de Auschwitz (600 mil livros vendidos)
- Cristina Núñez Pereira e Rafael R. Valcárcel: Emocionário – Um guia lúdico para lidar com as emoções (800 mil livros vendidos)
- Nizan Guanaes e Arthur Guerra: Você aguenta ser feliz? – Como cuidar da saúde mental e física para ter qualidade de vida
- Suhas Kshirsagar: Mude seus horários, mude sua vida – Como usar o relógio biológico para perder peso, reduzir o estresse e ter mais saúde e energia

sextante.com.br